dtv

Außergewöhnliche Geschichten über Menschen, Bücher und Katzen. Wahres und Erfundenes, Träume und Märchenhaftes um bekannte und weniger bekannte Dichter, Denker, Forscher und ganz normale Menschen, nachdenklich und nachdenkenswert, poetisch, heiter und schwerelos. Die eigentlichen Hauptpersonen sind in jedem Fall die Katzen, Luthers Käthchen oder die ägyptische Göttin Bastet und viele andere. Anmutig, lebensklug und immer überraschend. Und es gelingt sogar, das letzte Geheimnis um Goethe und Schiller zu lüften …

Eva Berberich, geboren in Karlsruhe, lebt mit Katze und Ehemann, dem Schriftsteller Armin Ayren, im Schwarzwald. Mit ihren Büchern hat sie sich in die Herzen unzähliger Katzenfreunde geschrieben. Bei <u>dtv</u> erschien u. a. ›Der Kater, der nicht reden wollte‹.

Eva Berberich

Die Bücherkatze

Erzählungen

Ausführliche Informationen über
unsere Autoren und Bücher
www.dtv.de

Von Eva Berberich sind bei <u>dtv</u> u. a. erschienen:
Alles für den Kater (25187)
Der Kater, der nicht reden wollte (25316)
Ein himmlischer Fall auf vier Pfoten (25322)

Originalausgabe 2017
© 2017 dtv Verlagsgesellschaft GmbH & Co.KG, München
Das Werk ist urheberrechtlich geschützt.
Sämtliche Verwertungen bleiben vorbehalten.
Katzenmotive Eva Berberich, Bildgestaltung Valerie Nyre.
Umschlaggestaltung: dtv unter Verwendung einer Illustration von
Katharina Rücker-Weininger, www.ruecker-art.de
Satz: Fotosatz Amann, Memmingen
Druck und Bindung: CPI books GmbH, Leck
Gedruckt auf säurefreiem, chlorfrei gebleichtem Papier
Printed in Germany · ISBN 978-3-423-21707-1

*Für Armin, der Kommata an die richtige Stelle gesetzt,
falsche Konjunktive verbessert und überflüssige Wörter
aus den Geschichten hinausgeworfen hat.*

Das Wunderbarste an den Wundern ist,
dass sie manchmal wirklich geschehen.

Gilbert Keith Chesterton

Inhalt

Die Katze, das unbekannte Wesen. Wir glauben alles über sie zu wissen, aber was wissen wir schon! Sie ist vertraut mit Wirklichkeiten, die uns verborgen sind, hinter die wir nie kommen werden. Schnurrt sich durch die Zeiten, weiß von längst vom Erdboden verschwundenen Städten, untergegangenen Kontinenten, von Menschen, die vor uns gelebt haben. Als vor Jahrtausenden die Sphinx aus dem Wüstensand wuchs, lag sie vor der riesigen Steinkatze und erzählte ihr von Katz zu Katz – von Geheimnissen, die jene aber – ihres abbröckelnden Gedächtnisses wegen, längst vergessen hat.

Der Mensch kommt nicht los von diesem rätselhaften Geschöpf. Die Katze hat ihn fest im Griff. Und wenn er über sie schreibt, gehen ihm die Wörter nie aus.

Von der Würde des Buches
und der Würde der Katze

Sie hinkte, sich immer wieder umschauend, an mir vorüber: dürr, verklebtes Fell, Schlenzer im Ohr.

Ich warf den gelben Sack in einen der Container im Recyclinghof. »Wer bist du denn, Hinkebein?«

Sie fauchte mich an: »Ein Krokodil.«

Ich entschuldigte mich. »Darf ich fragen, wo du herkommst?«

»Aus dem großen Ding dort hinten.«

Das große Ding war eine Tonne. »Papier hier!«, befahl das Schild, »Kartonagen zum Platzsparen gefälligst zusammenfalten!«

»›Zur Platzersparnis zusammengefaltete Katzen hier reinschmeißen‹ steht aber nicht da«, sagte ich.

»Jemand hat mein Buch reingeschmissen.«

»Katzen haben keine Bücher.«

»Aber Bücher haben Katzen. Hab's gerade noch geschafft, rauszukommen.«

»Was war's denn für ein Buch?«

»Ein besonderes. Man hockt ja nicht in jedem dahergeschriebenen Buch. Ich bin nämlich die Buchkatze.« Ihr Ton drückte aus, wie sehr sie sich ihrer Bedeutung bewusst war. »Staunst du?«

Ich staunte gebührlich. Ich kenne Bücher, die sich um Katzen drehen, aber dass Katzen aus Büchern herausspringen, war mir neu. Wieder sah sie sich nach allen Seiten um.

»Ist jemand hinter dir her?«

Ihr Schwanz wurde zur Bürste. »Der große böse Wolf. Der schreckliche Totmacher, Totreißer, Totbeißer.«

Mit großen bösen Wölfen leg auch ich mich nicht gern an. Ich stieg ins Auto und öffnete die Tür: »Rein mit dir!«

Die Katze musterte mich mit schräg gelegtem Kopf – soll ich oder soll ich nicht? –, schaute sich noch mal um, sprang dann auf den Nebensitz, verlangte, ich solle das Fenster aufmachen, und drückte sich eng an die Tür. Wir fuhren ein Stück weiter zu der Wiese mit der Bank, auf der ich gern etwas verschnaufe, wenn mir beim Laufen die Luft ausgeht. Die Bank lehnt sich an einen Baum, ein paar Latten auf der Sitzfläche sind kaputt, und wenn man sitzt, hängt der Hintern durch. Ich fegte Blätter und einen Vogelschiss weg, ließ mich nieder, und die Katze setzte sich unter Wahrung eines gehörigen Sicherheitsabstands ans andere Ende. Auf der abgemähten Wiese blühten melancholische Herbstzeitlose in sanftem Rosa und Violett.

»Erzähl mal!«, sagte ich.

Die Katze erzählte: »Ich hatte einen Dichter. Der war nicht mehr der Jüngste. Manchmal hat er gedichtet, manchmal nicht.

Dann hing er nur so rum, hatte schlechte Laune und fing an zu saufen, rumzudöbern und zu motzen: ›Mir fällt nichts ein.‹

›Warum nicht?‹, frag ich.

›Es liegt an der Muse. Ich hab keine. Eine Muse ist jemand, der einem lahmen Dichter auf die Sprünge hilft. Dieser Jemand ist meistens eine Jemandin.‹

›Du hast eine‹, sag ich zu meinem lahmen Dichter. ›Mich. Eine bessre findst du nicht.‹

›Musen müssen Dichter küssen‹, sagt er.

Ich hab meinen Schwanz um seine Schultern rumgelegt, meinen Kopf an seinem Kopf gerieben und geschnurrt. ›Das ist besser als ein Kuss‹, sagt er, ›und nicht so feucht.‹«

Die Katze hüllte sich in ihren Schwanz. »Mir ist kalt.«

»Mir auch.« Ich wickelte meinen Schal zweimal um den Hals. »Du bist also zu seiner Katzenmuse geworden. Zu seiner Musekatze.«

Die Katze fixierte die Fransen des Schals. Ihre Pfoten zuckten. »Dann setzt er sich auf den Hintern und legt los. Es flutscht. Er lahmt nicht mehr, macht wieder Sprünge. Hohe weite Dichtersprünge. Er schreibt und schreibt und schreibt, bis seine Pfoten wund sind. Unter die letzte Geschichte setzt er einen Punkt. Einen Schlusspunkt. Er macht aus den Geschichten ein Buch, und aufs erste Blatt schreibt er: *Ich widme dieses Buch in tiefer Dankbarkeit meiner geliebten Katzenmuse, ohne die mir rein gar nichts eingefallen wär.* Dann sieht er mich an. Ganz inniglich, ganz minniglich.«

»Minniglich und inniglich sagt heut kein Mensch mehr.«

»Klingt aber schön. ›Meine allerliebste Katzenmuse‹, sagt er, ›ich hab genug. Hiermit lege ich den Löffel – den Griffel – aus der Hand. Aber was wird mit dir, wenn ich nicht mehr bin?‹

›Wo bist du dann, wenn du nicht mehr bist?‹, frag ich.

›Auf dem Olymp. Dem Berg, auf dem nur bedeutende Persönlichkeiten wohnen dürfen.‹

›Bist du eine bedeutende …?‹

›Das vermute ich. Ich hoffe auf einen Lorbeerkranz, Unsterblichkeit und ewigen Nachruhm.‹

›Ich komm mit. Ich will auch einen Unsterblichkeitsruhm. Aber ohne Lorbeerkranz.‹

›Geht leider nicht. Auf dem Olymp ist nur Platz für Dichter allererster Güte.‹

›Ich bin eine Katze allererster Güte, dazu eine Musekatze. Ohne Katzenmuse käm kein Dichter da rauf.‹

›An der Tür zum Olymp hängt ein Schild: ›Musekatzen und Katzenmusen müssen leider draußen bleiben!‹ Die Unsterblichen wollen verehrt werden, und Katzen verehren grundsätzlich nur sich selber. Aber ich weiß was Besseres. Du ziehst in unser Buch mit den Geschichten. Da wirst du dich wohler fühlen als auf dem Olymp.‹

›Wie komm ich da rein?‹, frag ich.

›Mit einem Zauberwort.‹ Dichter kennen sich ja aus mit Zauberwörtern. Einer hat mal gesagt: Und die Welt fängt an zu schnurren, wenn einem so eins übern Weg läuft.«

»Und die Welt fängt an zu singen, triffst du nur das Zauberwort«, sagte ich. »Das war der Herr von Eichendorff. Was ist das für ein Zauberwort? Sesam öffne dich? Oder Buch öffne dich? Oder Simsalabim? Oder mantje, mantje, timpe te? Oder dreimal schwarzer Kater, viermal bunter Hund? Könnt ja sein, ich brauch mal eins.«

»Zauberwörter sind hoch geheim, die darf nicht jeder Trottel von Mensch wissen.«

Nachdem ich ihr großehrenwörtlich versichert hatte, ich sei weder ein Trottelmensch noch ein Menschentrottel, schnurrte sie mir das hochgeheime Zauberwort ins Ohr. Sie habe es von einem alten Kater, der von einem goldschillernden Käfer, der von einem blauen Schmetterling, der von einem Feuersalamander, der aber nicht mehr wisse, wo er es her habe.

Ich versprach, es nur im allerdringendsten Notfall zu gebrauchen, etwa wenn ein Mammut es auf mich abgesehen hätte oder der große böse Wolf oder der kleine, aber gar nicht feine Wadenbeißer meines Nachbarn. »Und dann?«

»Er packt sein Bündel, setzt sich drauf und wartet. Und als seine Zeit kommt, um ihn für die Reise zum Olymp abzuholen, nimmt er mich in die Arme, drückt seinen Kopf an meinen Kopf und sagt, ohne mich wär er nie ein Dichter allererster Güte geworden. Höchstens ein Dichter siebter oder zehnter Güte. Und dann sagt er das Zauberwort. Und dann war ich drin.«

Ein Blatt fiel vom Baum und tänzelte kokett vor uns hin und her. Die Katze pfotete danach, das Blatt wich aus und landete auf dem Boden.

»Wie ist es so in einem Buch?«

»Kann ich nur empfehlen. Das Papier riecht fein. Die Wörter auch. Wenigstens die meisten. Es gibt natürlich auch Wörter, die stinken. Nette runde Fragezeichen tanzen um dich rum, lange dünne Ausrufezeichen und jede Menge Striche und Pünktchen. Vorne und hinten ein Deckel, damit du nicht rausfällst. Kein Hund verbellt dich, kein Jäger erschießt dich, kein Floh beißt dich, kein Auto macht dich platt. Im Buch bist du sicher. Und es ist immer schön warm. Wenn du mal die Nase voll hast von der Welt und nicht weißt, wohin – ab in ein Buch!«

»Und dann?«

»Schenkt jemand mein Buch einem Kind. Das Kind lacht

und zeigt mit dem Finger auf mich und miaut: Katze, Kaaaatze, Katzzzzze. Es macht Flecken – Kakao, Marmelade, Dreck, Spucke, Tomatensoße –, kneift Eselsohren in die Seiten und verbiegt den Deckel. Muss das Kind ins Bett, liegt rechts der Bär, links das Buch. Zuerst liest ihm jemand draus vor, dann erzählt das Kind dem Bär meine Geschichten. Fast wie Honig, brummt er, aber Bärengeschichten seien nicht fast, sondern ganz honiglich und noch empfehlenswürdiger. Das Kind wird größer, wie das so ist mit Kindern, kriegt neue Bücher mit neuen Geschichten, und eines Tages lieg ich mit den anderen Büchern in einer Kiste, die kommt auf den Speicher. *Bücherkiste* steht drauf. Wir erzählen uns im Dunkeln unsere Geschichten. Hab bedeutende Leute kennengelernt. Den Robinson mit dem langen Bart. Ronja, die wilde Räuberstochter. Den kleinen Hadschi Halef Omar ben Hadschi Abul Abbas Ibn Hadschi Dawud all Gossarah. Der hat links sieben Schnurrbarthaare, rechts vier …«

»Links acht, rechts drei«, sagte ich. »Ein lieber alter Freund von Kara ben Nemsi und von mir, aus dem Stamm der tapferen Haddedihn.«

»Eines Tages wird's wieder hell und die Kiste geöffnet. Mein Kind ist auf einmal ein Mann und hat selbst ein Kind. ›Das sind meine lieben alten Bücher‹, sagt er, nimmt mein Buch in die Hand und streichelt es – ›schau, hier ist mein allergeliebtestes Buch mit den wundervollen tollen Geschichten.‹ Er blättert herum, begrüßt jeden Fleck, jedes Eselsohr. An einer Stelle hatte er ›das ist lustig‹ an den Rand gekritzelt, woanders einen kleinen Teufel gekrakelt, aber warum weiß er nicht mehr. ›Jetzt ist es deins‹, sagt er zum Kind.«

Die Katze sah mich von der Seite an. »Katzen sind streichelbar.«

»Mein Arm ist zu kurz«, sagte ich, »du bist zu weit weg.« Immer mehr Blätter umschwebten uns – ein anmutiges Blätterballett. Rote, gelbe, orangefarbene, braune und gefleckte spielten Fangerles …

Die Katze rückte näher. »Mein Buch wird auch das Lieblingsbuch des Kindes. Es macht noch ein paar Flecken und ein paar Eselsohren mehr dazu, und als es ein bisschen aus dem Leim gegangen ist, klebt der Vater es wieder zusammen. Eine Seite spuckt das Kind voll, weil es Vitamin-A-reiche Gelbe Rüben essen soll. Es hat aber was gegen reiche Gelberübenvitamine. Da muss der Vater die ganze Seite noch mal schreiben und ins Buch kleben. Unter seinem Namen steht nun der Name vom Kind. Vom Kindeskind. Auch das Kindeskind wird größer und bekommt noch viele andere Bücher. Und eines Tages – ich bring's fast nicht raus – es ist so schrecklich –, eines Tages sagt eine Stimme …«

Die Katze legte als Zeichen höchster Missbilligung die Ohren flach an. Das Blatt, das gerade vom Baum heruntersegelte, verharrte bewegungslos in der Luft, der Wind hielt den Atem an.

»Was hat die Stimme gesagt?«, fragte ich, aufs Schlimmste gefasst.

»Weg mit den Büchern!«

Das Blatt stürzte erschüttert ab. Die Herbstzeitlosen wurden noch blasser, und der Wind machte einen empörten Wirbel.

»Nein!«, sagte ich. »Nein, nein, nein!«

»Doch, doch, doch!« Der Abstand zwischen uns wurde kleiner. »Arm lang genug?«

Ihr Fell war klebrig und – »du muffelst.«

»Hock du mal ein paar Tage in dem Ding, dann muffelst du auch. ›Die Bücherzeit ist vorbei‹, sagt die Stimme. ›Nur Hintermmondhocker nehmen noch ein Buch in die Hand. Bücher stehen nur dumm rum. Es gibt was viel Besseres.‹«

Die Katze lag nun dicht neben mir. »Ich hab's gesehen, das viel Bessere: kleine flache viereckige Scheiben. Darauf stehen heute die Geschichten. Man wischt mit den Fingern auf ihnen rum, man muss nicht mehr umblättern, wischt immer neue Seiten her. Wisch und weg – und wisch und weg. Man kann nicht mehr an den Geschichten riechen, keine Eselsohren machen, keine schönen farbigen Flecken und nichts dazumalen, keine Teufel oder Schweinchen oder Gesichter oder Männchen. Man kann nicht mehr ›das ist lustig‹ an den Rand schreiben. Man löscht die Geschichten einfach aus. Man bringt sie um. Ermordet sie.«

Sie drückte den Kopf auf die Pfoten und legte eine Schweigeminute ein. Für die weggewischten, ausgelöschten, umgebrachten Geschichten.

»Einige Bücher landen bei den Flöhen …«

»Auf dem Flohmarkt«, sagte ich …

»… mit vielen anderen in dieser Tonne, wo ›Papier‹ draufsteht und dass man die Kartons gefälligst zusammenfalten soll.«

Der Herbstwind, ein ruheloser Geselle, fegte den Boden und wirbelte die dort liegenden Blätter wieder auf, was denen gefiel.

»Hab gewusst, was uns blüht: Der große böse Wolf. Der würde uns zerreißen, zerschreddern, zerhäckseln, zerschnipseln und fressen. Da hab ich an die Bremer Stadtmusikanten gedacht und mir gesagt: Was Besseres als Zerreißung, Zerschredderung, Zerschnipselung und Gefressenwerden findest du allemal. Hau ab! Raus aus dem Buch! Und als jemand den Tonnendeckel geöffnet hat, um noch mehr Bücher reinzuwerfen, zieh ich mich mit den Pfoten an der Wand hoch – und dann nix wie fort. Hab erst mal verschnauft. Dann bist du gekommen. Und jetzt bin ich hier.«

Sie legte eine Pfote auf mein Bein. Die Pfote war dreckig und hinterließ einen dunklen Fleck auf der Hose. Ein leuchtend rotes Blatt fiel mir in den Schoß. In meinen Kopf fielen Wörter:

»Die Krähen schrei'n
Und ziehen schwirren Flugs zur Stadt.
Bald wird es schnei'n ...«

»Was ist das?«, fragte die Katze.

»Ein Gedicht. Von Nietzsche, Vorname Friedrich.«

»Hockt der auch auf dem Olymp, mit einem Lorbeerkranz und ewigem Nachruhm?«

»Wo er hockt, weiß ich nicht. Aber seine Gedichte sind ...«

»Erster Güte?«, fragte sie.

»Allererster Güte.«

»Meine Pfoten frieren trotz seiner Gütegedichte.«

»Meine auch.«

»Aber du hast schöne warme Pfotenschuhe. Die Vögel fliegen in die Stadt. Die Raben irren faul. Ja, so sind sie, die Raben: faul und irrig.«

»Die Raben sind Krähen! Und sie fliegen nicht, sie irren auch nicht, sie schwirren trägen Flugs ...«

»Bald schneit's«, sagte die Katze.

»Bald wird es schnei'n«, sagte ich.

»Kommt aufs Gleiche raus.«

»Aber es ist poetischer.«

»Kalte Pfoten sind nicht poetisch. Und dann? Was sagt der – der Dings dann?«

»Wohl dem, der jetzt noch Heimat hat. Sagt der Dings.«

»Du hast eine. Aber ich bin eine heimatlose, buchlose, frierende, kaltpfotige, fast zerrissene, zerbissene, zerschredderte, zerstückelte und aufgefressene höchst mitleidige Katze.«

»Bemitleidenswerte«, sagte ich. »Mitleidig kann nur ich sein.«

»Bist du mitleidig?«

Ich rupfte kleine Stücke aus dem roten Blatt.

»Vielleicht schmeißen sie dich auch mal ins Loch«, sagte die Katze. »Und du wirst auch zerschreddert und zerrissen und verhäckselt und zerschnipselt.«

Nur der Stiel war noch übrig.

»Oder weggewischt und gelöscht.«

Ich blies die roten Blattreste über die Wiese. Der Wind trug sie fort, sie flogen schwirren Flugs zur Stadt – nein, das waren ja die Krähen … »›Weh dem, der keine Heimat hat‹«, sagte ich.

Sie sah mich an. Was für Augen. Große, tiefgründige, dunkle samtige Katzenaugen.

Ich sah sie an. Ich hab kleine Augen, Tränensäcke und Schlupflider.

Sie hielt es länger aus als ich. Katzenblicke brechen jeden Widerstand. Sie lassen etwas in einem schmelzen. Der liebe Gott oder sonst ein Katzelmacher muss eine Prise Unwiderstehlichkeit hineingetan haben.

»Du sollst wieder eine Heimat haben«, sagte ich. »In einer neuen Geschichte. Ich schreib dir eine. Da kannst du drin wohnen, solang du willst.«

Sie sah mich abschätzend an. »Kriegst du sowas hin?«

»Wenn ich mir Mühe geb, vielleicht schon.«

Sie fing an sich zu putzen. Wenn eine Katze sich putzt, geht's ihr besser. »Eine einzige Geschichte ist nicht so toll«, sagte sie und beknasperte ihre Zehen.

»Ich kann ja noch mehr schreiben.«

»Aber du hast keine Katzenmuse. Keine Musekatze. Ohne so eine läuft nix.«

»Doch. Ich hab dich. Komm mit!«

Sie grabschte nach den Fransen meines Schals. »Hast du auch so ein Lese-, Wisch- und Löschdings?«

»Nein, hab ich nicht. Aber eine Menge Bücher. Es wird immer Menschen geben, die Bücher lieben, Bücherfreunde, Büchernarren und Leseratten. Sie schlagen das Buch auf und vergessen alles um sich herum. Wie das riecht, sagen sie. Nach Abenteuer. Nach Liebe. Nach Kindheit, Heimlichkeit und Unheimlichkeit. Nach der großen weiten Welt. Der Welt um uns herum und der Welt in uns drin, die ist noch viel größer, unendlich tief, reicht bis zu den Sternen und weit über die Sterne hinaus. Die Menschen verschwinden im Buch, und wenn sie es gelesen haben, tauchen sie wieder auf und freuen sich, dass noch alles drin steht. Sie machen Eselsohren, legen das Buch irgendwo hin, verlieren es, finden es wieder, vielleicht vergessen sie es auch für eine lange Zeit. Und irgendwann stoßen sie wieder drauf und sind gerührt. Drücken das Buch ans Herz. Weißt du noch, Buch? Hab dich unter der Bettdecke gelesen, mit der Taschenlampe, die halbe Nacht durch. Hab dich unter der Matratze versteckt, damit meine Mutter dich nicht findet.«

»Klingt nicht übel«, sagte die Katze. »Aber wenn ich mitkomm, komm ich ganz bestimmt nicht mit, weil du es willst, sondern weil ich es will. Ich bin nämlich eine freiwillige Katze. Ist das klar?«

»Sonnen-, mond- und sternklar«, sagte ich. »Du bist und bleibst eine freie Katze und kannst tun und lassen, was du willst.«

»Gibst du mir die Pfote drauf?«

Ich gab ihr die Pfote drauf. Die Katze sprang ins Auto, fuhr mit mir heim und verlangte meine Bücher zu sehen. Vertrauen ist gut, Kontrolle ist besser, mochte sie denken.

»Hier die Märchen der Brüder Grimm. ›Von deiner lieben Oma Klara zum siebten Geburtstag‹ steht vorne drin. Und das ist der Heidradei. Der fährt mit seiner Kutsche am silbernen Rheinstrom entlang und sammelt alle Märchen, die er kriegen kann. Die Märchen von Andersen sind schön traurig. Ich hab geheult, als die kleine Seejungfrau wieder zurück ins Meer gegangen ist, weil dieser blöde Prinz eine andere geliebt hat. Das dicke Buch heißt: ›Die Sagen des Klassischen Altertums‹. Schau, den nackigen Göttern hab ich die Feigenblättchen, die bei ihnen unten drauf sind, damit man nicht sieht, was drunter ist, immer grün angemalt. Ich kenn heut noch alle Götter und Helden persönlich: Achill und Hektor und Priamos und Paris und Ajax und Kassandra und die schöne Helena und den listenreichen Odysseus. Und sogar Argos, den Hund, der seinen Herrn Odysseus wiedererkennt, als der nach zwanzig Jahren zurückkehrt in seine Heimat Ithaka. Da hab ich wieder geheult, und unseren Spitz hab ich Argos getauft, damit der mich, wenn ich später mal aus der großen weiten Welt heimkomm, auch wiedererkennt. In diesem Buch hier leben andere Helden: Siegfried der Drachentöter, der grimme Hagen und der edle Dietrich von Bern. Mit Omas großen Waschkesseldeckeln haben wir ihre Kämpfe gekämpft. Und da ist das Buch von den beiden Bibern Tschilawii und Tschikanii. Wäscha Kwonnesin hat es geschrieben, das ist Indianisch und heißt Graueule. Und so fängt's an: ›Weit hinter Stadt und Ackerland, hinter den letzten Handelsniederlassungen Nordkanadas, liegt ein wildes, fast unbekanntes Land‹«, sagte ich mit geheimnisvoller Stimme. »›Wer es erreichen will, muss in fernste Fernen wandern‹ … Diese Worte haben mich verzaubert. Ich hab sie oft vor dem Einschlafen vor mich hingemurmelt, und dann bin ich in diese fernsten Fernen gewandert zu den beiden Bibern – und einmal wär ich fast dortgeblieben. Hier siehst du meinen Freund Nils Holgersson, der fliegt auf Martin, dem Gänserich, mit den anderen Wildgänsen weit übers Land. Ich hab mich hinter Nils gesetzt, mich an ihm festgehalten und bin mitgeflogen. Der mit der langen Lügennase ist das hölzerne Bengele.«

»Freut mich katzenmäßig, dich kennenzulernen!«, sagte die Katze zu jedem Buch.

Ich nahm eins in die Hand. »Das hier stammt aus dem sechzehnten Jahrhundert und hat einen Deckel aus Holz. Und dieses Buch wurde mal gewaschen. Hier hinten steht's: ›Gewaschen anno domini 1821‹.«

»Vielleicht hat ein früheres Kind auch vitaminreichen Gelberübenbrei draufgespuckt«, sagte die Katze, spazierte auf dem Regal entlang, setzte eine Pfote vor die andere, so vorsichtig, dass keins der Bücher das Gleichgewicht verlor.

Aus einem Buch fiel eine getrocknete Blume. Eine Rose. »Die hab ich hineingelegt, weil es in der Geschichte um eine Rose geht. Um ›Die Rose des Paracelsus‹. Der alte Mann wirft sie ins Kaminfeuer. Die Rose verbrennt. Da sagt Paracelsus ein Wort, und aus der Asche ersteht die Rose aufs Neue. Manchmal, wenn es mir schlecht geht – ›in *dürftiger* Zeit, wie ein anderer Dichter sagt –, lese ich die Geschichte wieder. Natürlich glaub ich nicht, dass eine verbrannte Rose neu aus Asche erstehen kann, das glaubt kein vernünftiger Mensch, das glauben nur unvernünftige wie der blinde Dichter aus Südamerika, der sie geschrieben hat. Aber hinterher geht es mir immer gut. Und ich denk drüber nach, warum es einem wieder gut geht, wenn man etwas gelesen hat, das es gar nicht geben kann. Nur im Buch. Verstehst du das?«

»Ja«, sagte die Katze, beschnüffelte die ewige Rose des Paracelsus und nieste.

»Die Bücher leben. Sie reden mit mir. Ruhig und gelassen die älteren, schneller, lebhafter, geschwätziger die neueren. Manchmal stehen sie anders als am Abend zuvor. Die Buchmenschen, auch die Buchtiere, besuchen sich nachts. Oft halte ich mein Ohr an die Buchrücken, und dann hör ich sie miteinander reden. Und es kommt vor, dass ich etwas lese, das ich noch nie gelesen habe, und es erinnert mich an etwas Wichtiges, das ich einmal gewusst, aber vergessen hatte. Natürlich kann ich nicht mehr alle lesen. Aber ich bin nie einsam, nie unbeschützt. Mein Haus ist immer warm. Geschichtenwarm. Bücherwarm. Bücher sind eine Heimat.«

Die Katze rieb den Kopf an Nils Holgersson und legte den Schwanz um Tom Sawyer herum.

»Vor über sechshundert Jahren schrieb einer im Turmzimmer seines Schlosses in der Dordogne: ›Ich fühle mich unsäglich beruhigt und geborgen in dem Gedanken, dass sie bei mir sind, um mich zu erfreuen, wenn ich sie brauche; dankbar erkenne ich an, wie sie mir im Leben helfen.‹«

»Er muss eine Katze gehabt haben«, sagte sie. »Denn alle Gescheitheit kommt von den Katzen.«

»Er hatte eine. Wenn ich ein altes Buch in die Hand nehme, spür ich ein Kribbeln. Ich denk an den Menschen, der es angefasst und gelesen und geliebt hat. Und ich hör, was er sagt: Geh vorsichtig damit um, du Mensch nach mir. Es hat viel gesehen, viel mitgemacht, es lag auf einem Speicher, in einem Keller oder in einer Rumpelkammer, hat Kriege und Feuer und Überschwemmungen überlebt. Freud und Leid. Lustiges und Trauriges. Mehr, als du je erleben wirst. Es hat ein Schicksal. Es hat eine Würde.«

Die Katze sah das auch so. »Die Würde des Buches ist unantastbar«, sagte sie, »da beißt die Maus keinen Faden ab. Die

Würde der Katze erst recht. Steckt im Buch eine Katze, ist die Buchwürde eine ganz besonders unantastbare. Man muss sie achten und schützen und …«

Auf dem Fußboden lag ein Stapel Bücher. »Leg noch ein paar drauf«, sagte die Katze. Dann: »Noch ein paar.« Als der Turm zwanzig Bücher hoch war, sprang sie hinauf, ohne dass er wackelte oder kippte, und machte es sich darauf bequem. »Eine Katze«, belehrte sie mich, »muss immer ganz oben sein. Damit sie alles beobachten kann und weil sie die Krone der Schöpfung ist. Kronen sind immer oben. Oder kennst du eine Krone, die unten …?«

»Natürlich nicht. Ich hab's auch schon immer gewusst. Dass nicht wir die Krone der Schöpfung sind.«

»Du schreibst jetzt die Geschichte – aber eine von allererster Güte! –, und ich hau mich aufs Ohr. Aber lass dir Zeit, eine Katze braucht viel Schlaf.« Sie rieb ihren Kopf an meinem Kopf und verschwand in das uns Menschen unzugängliche Land der Katzenträume.

Ich setzte mich an den Computer und fing an zu schreiben. Dank meiner sanft schnarchelnden Musekatze flutschte es …

Durch alle Geschichten schleichen, rennen, klettern, maunzen, fauchen, jaulen und schnurren Katzen: berühmte und unberühmte, wirkliche, geträumte, poetische, gläserne, sichtbare und unsichtbare, heimliche und unheimliche, mögliche und unmögliche Katzen. Und am nächtlichen Himmel leuchtet, für den, der Augen hat, sie zu sehen, die wunderbare Sternenkatze. Zuletzt schrieb ich die Geschichte ›Von der Würde des Buches und der Würde der Katze‹.

Ich gab meiner Katzenmuse einen Stupps. »Die Geschichten sind fertig!«

Sie streckte und reckte sich. »Und? Sind sie von allererster Güte?«

»Ich hab mir Müh gegeben.« Ich sagte das hoch geheime Zauberwort –, und schon war sie drin, ruckelte, trapste sich zurecht und schnurrte so laut, dass Wörter und Sätze vibrierten.

Aus den Geschichten machte ich ein Buch. Die Katz war im Buch. Die Katz war im Glück. Die Katz im Buchglück.

Und wenn keiner das Buch in die dunkle Tonne oder dem großen bösen Reiß- und Beißwolf in den Rachen wirft, ist sie, unverwischbar und unlöschbar, morgen noch drin.

Der Beweis

»Wahnsinn«, rief der Forscher, »ich glaub's nicht. Ein Messfehler.«

Er starrte auf den Bildschirm. Die Daten erschienen zu perfekt, zu stimmig. Kein Messfehler.

Er holte die Daten näher heran, vergrößerte sie. Nein, nicht zu perfekt, nicht zu stimmig. Sie stimmten einfach. Kein Zweifel möglich. Der Beweis, nach dem seit hundert Jahren kluge Köpfe gesucht hatten, war gefunden. Obwohl Einstein gesagt hatte, es müsse ihn geben, aber draufkommen werde man wohl nie.

Generationen von Prinzen waren gescheitert an der Dornenhecke, die um das Schloss gewachsen und in der noch alle hängengeblieben waren, in dem Schloss, in dem hold und süß der Beweis schlummerte.

Prinzen? Dornenhecke? Der Forscher griff sich an den Kopf. Unsinn, das hier war kein Märchen. Das war Realität. Der Beweis lag nicht in der Turmstube eines alten Gemäuers, sondern auf seinem Computerbildschirm und hatte die Schönheit und Eleganz einer mathematischen Formel. Da konnte kein Dornröschen mithalten.

Der Forscher küsste den Bildschirm und druckte, was da stand, aus.

»Komm her, Hubble, schau dir das an!«

Hubble – er hieß nach dem Erfinder des berühmten Weltraumteleskops und leistete dem Forscher beim Forschen Gesellschaft – lag auf der Heizung, blinzelte träge und dachte nicht daran, sich zu erheben. Weshalb der Forscher ihn wie ein Bündel um den Bauch packte – Vorder- und Hinterpfoten hingen herunter – und auf dem Computertisch absetzte.

Hubble jagte erbost die Maus über die Tischplatte. Die Maus stürzte sich in den Abgrund, versteckte sich hinterm Papierkorb, worauf Hubble das Interesse an der Maus, die nicht mal quietschen konnte, verlor und es sich auf dem Papierstapel mit Berechnungen, Kurven und Zahlenkolonnen bequem machte.

Der Forscher sah Archimedes vor sich, wie der vor 2000 Jahren – ›Heureka! Ich hab's gefunden!‹ rufend – nackt durch die Straßen von Syrakus rannte und der Stadt und dem Erdkreis das später nach ihm benannte archimedische Prinzip verkündete, welches er, zwischen Badeentchen und Schiffchen in der Wanne hockend (wenigstens stellte sich der Forscher den antiken Kollegen so vor), gerade gefunden hatte. Am liebsten hätte der Forscher auch ›Heureka!‹ geschrien und dem Rest der Welt seine Entdeckung verkündet, aber im Winter läuft man nicht gerne nackt herum. Und die Welt würde es auch so mitbekommen.

Plötzlich verspürte er den ungewohnten inneren, aber äußerst unwissenschaftlichen Drang zu danken. Nur wem?

»Lieber Gott«, sagte er, »ich bin gerührt und ergriffen, dass Du mich diesen wunderbaren Beweis hast finden lassen.« Und mangels Passenderem betete er, was er als Kind immer vor dem Essen gebetet hatte: »Jedes Tierlein hat sein Essen, jedes Blümlein trinkt von Dir, hast auch meiner nicht vergessen, lieber Gott, das dank ich Dir, Amen!«

Dann bedachte er, dass im wissenschaftlichen Weltbild der liebe Gott keinen Platz mehr hatte. Aber es gab ja Kant. Der Forscher gehörte der Generation an, die noch wusste, wer Kant, Vorname Immanuel, war und die sogar den kategorischen Imperativ zitieren konnte.

»Verehrter Herr Kant«, sagte er, »Sie haben mal so schön gesagt, dass der gestirnte Himmel über Ihnen Sie immer wieder mit Erstaunen erfülle. Wie auch mich. Und jetzt haben wir noch mehr Grund zu staunen.« Nun fiel ihm auch noch Goethe ein. »Ihr Faust weiß es nicht«, sagte er, »und Sie wissen es auch nicht, Herr von Goethe, aber« – er strich über seines Katers Ohren – »Hubble und ich, wir werden wissen, was die Welt im Innersten zusammenhält. Na ja, nicht gleich morgen oder übermorgen, aber der Anfang ist gemacht, den Rest kriegen wir später.«

»Das weiß ich schon lang, was mich zusammenhält.« Hubble fing an, sich die Pfoten zu lecken.

»So?«

»Mein Pelzmantel. Ohne den tät ich auseinanderfallen.«

»Ich hab nicht von dir gesprochen, sondern von der Welt. Dem Universum. Dem All.«

»Die Welt bin ich«, sagte Hubble mit großer Selbstverständlichkeit und ganz ohne Arroganz, wie einer, der weiß, wer und was er ist. »Ich bin die Welt. Die Welt hat Ohren und einen Schwanz. Das reicht.«

Der Forscher starrte verzückt auf den Bildschirm. »Das Universum spricht mit mir. Ich meine, mit uns.« Er ging zum Fenster, öffnete es, blickte hinaus und atmete ein paarmal tief ein. Der Sternenhimmel war überwältigend klar. Wunderbar. Geheimnisvoll. Und seit dieser Stunde etwas weniger geheimnis-voll. Dann fiel ihm ein, dass er nach dem lieben Gott, den Herren Kant und Goethe auch seine Frau informieren könnte.

Er rief sie an: »Schatz, wir haben den Beweis, den wir seit hundert Jahren suchen. Du weißt schon.«

»Na, toll«, sagte seine Frau. »Gratuliere. Ich bin furchtbar stolz auf dich. Wenn du am Wochenende heimkommst, bring bitte zwei Kilo Kartoffeln mit. Und Hubble. Ich frag mich, warum du den immer mitnimmst. Nachbars Musch schleicht ums Haus und fragt dauernd nach ihm.«

»Damit ich besser rechnen kann. Wenn er daliegt und pennt oder sich putzt, kommen mir die besten Ideen. Hubble ist ungemein denkfördernd.«

»Was sagt er zum Beweis?«

»Na ja, seine Begeisterung hält sich in Grenzen.«

Die Begeisterung des Forschers nicht. Nachdem er im Kopf »Kartoffeln und Hubble mitbringen« notiert hatte, rannte er nun doch hinaus in den frisch gefallenen Schnee, aber nicht nackt, er trug einen dicken Pullover und eine Pudelmütze. Rollte drei verschieden große Kugeln, baute einen Schneemann und setzte ihm seine Mütze auf.

Sagte: »Da fehlt noch was!« Rannte zurück ins Haus, zog eine rotbraune Einlegesohle aus seinem Pantoffel, steckte sie in den Mund des Schneemanns und taufte ihn »Albert«.

Zurück im Warmen schenkte der Forscher sich einen Schnaps ein und prostete durchs Fenster Albert zu. »Hast recht gehabt. Es gibt ihn, den Beweis. Auch wenn du behauptet hast, man werde ihn nie und nimmermehr finden. Komm rein, dann zeig ich ihn dir.«

Albert streckte ihm und der Welt die Zunge raus. Der Forscher verstand es als kollegiales Lob.

Dann läutete das Telefon. »Das Nobelpreiskomitee«, sagte er zu Hubble, »sie wissen's schon, ich brauch dringend einen Frack.«

Es war aber die Frau des Forschers. Sie habe vorhin vergessen, ihm zu sagen, er solle unbedingt mehlige Kartoffeln mitbringen, bloß keine festkochenden, die matschten. »Schreib's auf«, verlangte sie, »sonst vergisst du's, wie immer!«

Er notierte unter dem Blatt mit dem Beweis: »Festkochende Kartoffeln matschen«, schenkte sich noch einen Schnaps ein, packte Hubble, der gerade eingedöst war, trug ihn zum Fenster und setzte ihn auf den Sims. »Dies ist nicht die Zeit zum Schlafen, mein Lieber. Dies ist eine historische Stunde, und du kannst später mal deinen Enkelkindern sagen, du seist dabei gewesen – oh, Verzeihung, ich vergaß, mit Enkeln ist natürlich nichts, dafür hat ja der Tierarzt gesorgt – schau nur den Himmel an, die Sterne, die Milchstraße, den Andromedanebel, nein, den kannst du noch nicht sehen – aber bald werden wir auf dem Mars – wir werden unser Planetensystem hinter uns lassen – und die Milchstraße – werden in fernste Galaxien – durch Wurmlöcher in andere Welten – und bis hinter den Urknall – auf dem Mond waren wir ja schon ...«

Hubble gähnte. »Der Mensch kann auf dem Mond erwachen, aber keine Katze machen«, sagte er, »erst recht keinen Kater.« Den Spruch hatte er von der Frau des Forschers, die hatte ihn von dem Dichter Reiner Kunze, und der hatte vermutlich einen anbetungs- und bedichtungswürdigen Kater.

Hubble gähnte abermals, sprang vom Fensterbrett, marschierte zurück zur Heizung.

»Dir fehlt jeder Sinn für die Bedeutung dieses Ereignisses«, sagte der Forscher vorwurfsvoll.

»Ich mag keinen Knall, auch wenn der noch so ur ist. Knall

ist Knall!« Hubble legte, mit dem Gefühl, damit alles gesagt zu haben, den Kopf auf die Pfoten.

Dann war Ruh. Der Kater des Forschers, der wusste, was die Welt – also ihn – im Innersten zusammenhält, nämlich ein wunderbar warmer graugestreifter Pelz, machte Müffchen und meditierte über die Stille, den gestirnten Himmel und die Unendlichkeit des Alls. Vielleicht pennte er auch nur.

Schirm und Schild

Adam äußert den dringenden Wunsch nach Bratkartoffeln mit Bärlauchbratwurst, weshalb Eva ihn bittet, Kartoffeln aus dem Keller zu holen. Was Adam auch tut. Dann ein Schrei: »Das sind meine Kartoffeln!«

Eva ruft zurück, es seien ihre gemeinsamen Kartoffeln, sie esse schließlich mit.

Er rede nicht mit ihr, brüllt Adam.

»Mit wem dann?«

»Na, mit ihr. Mit der Maus.«

»Mit was für einer Maus?«

»Irgendeiner Maus halt. Zwei Ohren, langer Schwanz, Fell grau.«

»Tolle Personenbeschreibung«, findet Eva. »Und was will sie?«

»Sie frisst eine Kartoffel. Vielmehr, ich hab sie dabei gestört, wie sie an einer Kartoffel herumnagt. An der nag ich nicht mehr rum.«

»Sag ihr, sie soll sich verziehen.«

Adam schlägt der Maus vor, sich an anderer Leute Kartoffeln zu laben, der Nachbar habe gestern einen Sack ins Haus geschleppt.

Was die Maus ablehnt, vermutlich, weil sie nicht weiß, wie sie aus dem Keller wieder herauskommen kann, ohne Adam auf die Füße zu treten.

»Sie muss durch den Lichtschacht gekrabbelt sein«, verkündet Adam. »Hat sich durch das Gitter, das daraufliegt, durchgezwängt. Hab ich dir nicht schon letztes Jahr gesagt, da gehört ein engmaschigeres Gitter hin? Aber mir hört ja niemand zu.« Adam sagt gern, es ist sozusagen eine adamsche Spezialität, dass er irgendetwas schon immer gesagt habe, aber niemand – niemand ist Eva – ihm zugehört habe. »Und jetzt haben wir den Salat.«

»Nein«, ruft Eva, »wir haben die Maus. Was macht sie?«

»Hockt da und stellt sich tot … Jetzt guckt sie.«

»Wie guckt sie?«

»Wie wenn sie kein Wässerchen trüben – keiner Kartoffel was antun könnte.«

Eva kommt in den Keller, um sich die Übeltäterin anzuschauen. Die entspricht genau Adams Beschreibung. Ohren: zwei. Schwanz: lang. Fell: grau. Adam erklärt, die Maus müsse eliminiert werden. Denn wer nicht willig sei, dem müsse man mit Gewalt …

Auf sie dürfe er dabei nicht zählen, so Eva, und auf eine Kartoffel mehr oder weniger komme es ihr nicht an.

»Dann muss Frau Ebner ran, als Fachfrau für Mäuse wird sie sie schon kriegen.« Adam ruft Frau Ebner, die draußen über dem Gitter auftaucht, aber erst, nachdem Adam dreimal gerufen hat. Der solle nicht denken, sie folge ihm aufs Wort. Adam erklärt Frau Ebner die Sachlage und fordert sie energisch auf, sich der mundräuberischen Maus anzunehmen.

Frau Ebner wird so gerufen, weil ihre Vorbesitzerin – sie hat längst das Zeitliche gesegnet – so hieß, und weil Adam und

Eva den Eindruck hatten, sie höre, wenigstens gelegentlich, auf diesen Namen. Frau Ebner, energische Aufforderungen wie stets ignorierend, putzt sich erst mal den Bart. Putzen ist immer gut.

Die Maus versteckt sich hinter der geschändeten Kartoffel.

Eva, mit ihrer Katze solidarisch, verlangt, auch in Frau Ebners Namen, einen höflicheren Ton.

Adam bittet Frau Ebner einigermaßen höflich, die Maus abzumurksen.

Frau Ebner schleckt sich die rechte Pfote. Adam verspricht ihr ein Leckerli. Aber Frau Ebner murkst nicht unter zwei Leckerli. Mindestens.

Nun erscheint Herr Ebner, Adams Kater und männliche Verstärkung, der zuvor im Bücherschrank ein Nickerchen gemacht hat, aber bei dem Wort Leckerli sofort aus dem Tiefschlaf erwacht sein muss. Herr Ebner ist nicht Frau Ebners Gatte, sondern ihr Zwillingsbruder, der sich von seiner Schwester nur durch einen weißen Brustfleck unterscheidet.

»Also drei Leckerli für den, der sie erwischt«, sagt Adam, und zu Frau Ebner, sie solle vorne reinkommen, die Haustür stehe offen. In diesem Haus stünden ja immer die Türen offen, da könne er sich den Mund fusselig reden und einen Schnupfen nach dem andern kriegen.

Sie führe nun mal ein offenes Haus, erklärt Eva, damit die Katzen nicht dauernd klopfen oder an der Tür läuten müssten, wenn sie rein oder raus wollten.

Während Adam und Herr und Frau Ebner noch über die Anzahl der Leckerli verhandeln, sagt sich die Maus, wie einst der alte Adenauer: Die Situation ist da! Und ist weg. Adam vermutet, sie sei in schlimmer Absicht aus dem Keller ins Erdgeschoss geflüchtet, und rennt hinterher. Eva und Herr Ebner folgen gemesseneren Schrittes, und Frau Ebner kommt zur Haustür hereinspaziert.

»Sie muss im Wohnzimmer sein«, brüllt Adam. »Aber wo?«

Eva rät, mal unterm Schrank nachzusehen.

»Aber da muss ich mich auf den Bauch – und ich brauch was Langes zum Stochern, einen Stock oder einen Besen. Der ist bestimmt wieder mal nicht da.«

»Unser Besen«, sagt Eva, »hält sich meistens im Putzschrank auf, wenn er nicht gerade ausgegangen ist oder seinen freien Nachmittag hat. Siehst du was?«

»Da ist nichts. Ich schau mal hinter der Truhe nach. Nein, auch nicht. Wo könnte sie sonst noch …?«

»Vielleicht ist sie in dein Schlafzimmer gerannt.«

Was Adam sich verbittet. Sein Bett gehöre ihm. »Tu was, Herr Ebner. Such die Maus!«

Herr Ebner, er hat es nicht so mit Mäusen, zeigt, um Adam zu gefallen, guten Willen, rollt ein bisschen die Augen, guckt gemäßigt wild, wirft den Papierkorb um, inspiziert den Kamin, frisst etwas Asche – Herr Ebner ist wild auf Asche. Laut Tierarzt soll er ruhig, weil in der Asche irgendwelche wichtigen Mineralsalze sind –, springt dann mit aschgrauen Pfoten auf Adams Musiksessel, guckt lieb und vergisst ganz, was seine Pflicht ist. Bis ihn Adam daran erinnert, herunterscheucht und dringend ersucht, ein Mann zu sein und endlich die Maus Mores zu lehren.

»Der kriegt sie doch nicht«, ruft Eva. »Dein Herr Ebner« – sie betont das ›dein‹ – »hat noch nie eine gekriegt.«

Adam, in männlicher Solidarität, verbittet sich jede Beleidigung seines Katers, feuert ihn leidenschaftlich an und verspricht vier Leckerli, wenn er die Maus …

Frau Ebner zeigt noch weniger Interesse als ihr Bruder, vermutet sie doch, es handle sich um eine Spitzmaus, die seien ihr sowieso zuwider, und sie habe eine dringende Verabredung mit Ottl, dem schwarzen Nachbarskater, der eigentlich Othello heißt.

Dann sieht Eva die Beule unterm Teppich. Unterm Adamsteppich, so nennen sie ihn, weil Adam ihn mitgebracht hat, auf dass das Wohnzimmer heimeliger werde und die Katzen sich drauflegen können. Was sie natürlich nicht tun, sie liegen weiterhin auf seinem Musiksessel oder in seinem Bett.

Die Beule wird lebendig und bewegt sich. In Herrn Ebner erwacht nun doch etwas wie Jagdeifer. Er visiert die Beule an, macht einen Satz, landet auf der Beule, die Beule quiekt, Herr Ebner fährt erschrocken zurück, quiekt auch, hockt sich hin und besinnt sich darauf, dass er im Grunde Pazifist ist.

Die Maus tut Eva leid. Alle gegen eine. Das ist nicht fair.

Die Todesangst verleiht der Armen übermausige Kräfte, sie schleicht unterm Teppich durch, und dann hockt ein graues kleines Ding, eher Mäuschen als Maus, zwischen den Fransen und stellt sich tot. Herr Ebner hebt nun doch, aber ohne es bös zu meinen und in eher spielerischer Absicht, die Tatze; die Maus saust im Zickzack über den Boden, verschwindet unter der Sitzbank am Kamin und ist abermals weg. Wie wenn sie sich in Luft aufgelöst hätte. Was, so Adam, nicht sein könne, aber es ist so.

Herr Ebner schnüffelt noch ein bisschen herum, springt dann aufs Sofa, rollt sich auf Adams Kissen zusammen – es heißt so, weil Adam seine Füße daraufzulegen pflegt, wenn er Musik hört oder liest – und schläft erschöpft ein.

Nichts tut sich.

Die Maus bleibt verschwunden. Obwohl sie irgendwo sein muss, weil Mäuse sich nicht in Luft auflösen können. Adam zweifelt an seinem Verstand, was selten vorkommt, meistens zweifelt er an dem Evas. Erwägt das Aufstellen einer Mausefalle, aber Eva hat keine, hat auch keinen Lock-Käse im Haus. Das heißt, sie hat schon, aber sie will nicht, dass die Maus an ihrem Käse den Tod findet.

Frau Ebner, sie ist auf den Apfelbaum geklettert, schaut zum Fenster herein, erkundigt sich mit hochgezogenen Schnauzwinkeln nach dem Erfolg der Aktion, erklärt Adam, so werde das nichts, er müsse mindestens zwei Stunden vor dem Loch hocken. Adam sagt gereizt, da sei aber kein Mausloch, und Frau Ebner sagt, ja dann, macht es sich in der Astgabel bequem und harrt interessiert der Dinge, die da kommen. Nichts kommt, weshalb sie sich wieder verzieht.

Adam fährt zum Supermarkt, der Mausfalle wegen, aber der hat nur die teuren zu fünf zwanzig. Das kann man mit Adam nicht machen und nicht mit der Maus. Fünf zwanzig, ein Nepp ist das. Eva, sie kennt ihren Adam, sucht seine blutdrucksenkenden Tabletten, die nicht da liegen, wo sie immer liegen, weil irgendwer, der nicht Adam sein kann, wie Adam erklärt, diese Tabletten verräumt haben muss, und findet die Schachtel auf dem Kaminbalken. Und nicht nur die Schachtel.

»Ich hab sie«, ruft Eva. »Komm mal her, Adam!«

Adam ist nicht da.

»Adam, wo bist du?«

»Auf dem Klo«, brüllt Adam. »Warum?«

»Ich zeig dir was.«

Adam kommt aus dem Klo. »Und?«

Eva steht am Kamin. »Was siehst du hier?«

»Ich sehe«, so Adam, »eine Postkarte. Die stand gestern auch schon da. Und deswegen muss ich schneller pinkeln!«

»Unsere Nachbarin hat sie geschickt. Sie macht gerade mit

dem Seniorenverein eine Bildungsreise. Die Karte kommt aus St. Zussenhausen. Schau sie mal genauer an!«

»Sieht aus wie eine Kunstkarte. Eine zum Falten.«

»Scharf beobachtet. Noch genauer!«

Adam erklärt mit leichter Ungeduld, er sehe eine aus drei Teilen bestehende Kunstkarte mit einem rechteckigen Mittelteil und zwei schmaleren Außenteilen, die zusammen ein Dreieck bildeten, wenn man, wie hier zu sehen sei, die beiden Außenteile locker zum Mittelteil hin klappe. Wie bei einem dreiteiligen Altarbild, was man ein Triptychon nenne. »Zufrieden?«

»Und was ist da drauf?«

»Engel«, sagt Adam missmutig. »Einer rechts, einer links. Gucken etwas borniert, wie Engel halt gucken. Die waren gestern auch schon drauf. Was in der Mitte ist, weiß ich nicht, aber ich kann's mir schon denken. Irgendwas Frommes halt.« Adam ist allergisch gegen alles Fromme.

»Aber ich weiß es«, sagt Eva.

»Woher?«

»Ich hab geguckt.«

»Und?«

»Guck selber!«

Adam guckt von oben in die Faltkarte und erstarrt. »Das ist nichts Frommes. Seit wann hockt die wohl dort?«

»Bestimmt schon ziemlich lang«, sagt Eva. »Sie hat sich nicht gemuckst, wohl in der Hoffnung, irgendwann seien wir ebenso weg wie vorhin sie, dann traut sie sich raus.«

»Frau Ebner sitzt draußen auf der Wiese«, sagt Adam. »Ich hol sie, damit die ihr den Kragen umdreht und Hackfleisch aus ihr macht. Das ist ihre verdammte Pflicht. Sie muss sie ja nicht fressen, wenn sie Spitzmaus nicht mag, was ich sogar verstehen kann. Sag dieser Maus, sie soll sich bloß nicht vom Fleck rühren, wir sind gleich zurück.«

»Kommt nicht in Frage«, sagt Eva.

»Aber soll das Viech den ganzen Abend hier …?«

»Wir gehen human vor. Wir setzen die Maus aus.«

Adam verdreht die Augen. »Aber …«

»Nix aber«, sagt Eva. »Was soll sie sonst von uns denken?«

»Die Maus?«

»Nein, die, bei der unsere Maus Zuflucht gesucht hat. Ihr Schutz und Schirm. Guck noch mal!«

Adam guckt noch mal. Der Schutz und Schirm der Maus ist die Madonna auf dem mittleren Teil der Kunstkarte. Eine bezaubernde, in S-Form sanft geschwungene spätgotische Madonna. Ihr langes Haar, zum Teil von einem Schleier bedeckt, fällt in Wellen auf Schultern und Rücken. Sie trägt über einem bis zu den Füßen reichenden, in schöne Knitterfalten gelegten goldfarbenen Untergewand einen tiefblauen, mit winzigen roten Marienkäferchen geschmückten, weit geöffneten Mantel, unter dem sich eine Gruppe von zehn Menschlein, die Hände zum Gebet gefaltet, zusammendrängt. Unten am Rocksaum hockt die Maus und hört ihnen mit zitterndem Schnurrbart zu. Mag sein, sie betet auch.

Was das sei, fragt Adam.

Eine Schutzmantelmadonna, sagt Eva, eine der allerschönsten hierzuland. Nicht mal Schneewittchen hinter den sieben Bergen bei den sieben Zwergen sei schöner als die.

»Aber sie ist …«

»In Lindenholz geschnitzt von Michael Erhardt, um 1480.«

»Woher willst du das wissen?«

»Hintendrauf steht's.«

Adam sagt dann mit markiger Stimme, es sei ihm wurscht,

was die Madonna von ihm halte, er sei schließlich aus der Kirche ausgetreten. Er hat es nämlich immer noch nicht verwunden, aus dem Paradies hinausgeschmissen worden zu sein und sein Brot im Schweiße seines Angesichts verdienen zu müssen. Eva ist zwar noch in der Kirche drin, aber nur, wenn sie ab und zu im Kirchenchor mitsingt, weil sie nun mal gern singt, und eine Haydn-Messe ist auch wirklich was Schönes. Früher, im Paradies, hat sie auch gesungen. Mit allen Vöglein, allen.

Adam findet Evas Verhalten nicht konsequent, aber Eva findet es anstrengend und manchmal albern, immer konsequent sein zu müssen. Dafür, sagt sie gern, sei das Leben zu kurz. »Im Gegensatz zu dir, mein lieber Adam, bin ich imstand, Zeichen zu erkennen. Diese Maus wird nicht abgemurkst. Sie wird ausgesetzt und darf am Leben bleiben, vielleicht hat sie ja Familie, und ein Mord an ihr wäre auch ein Kindermord, wozu ich mich nicht hergebe. Und Mörder haben kein Recht auf Bratkartoffeln mit Bärlauchbratwurst. Höchstens, wie in den USA, auf eine Henkersmahlzeit.«

Adam knurrt etwas von kindischem Aberglauben, Schwachsinn und alberner Gefühlsduselei.

»Weißt du, was mir gerade einfällt?«

Adam sieht sie von der Seite an, er misstraut grundsätzlich Evas spontanen Einfällen.

»Maria breit den Mantel aus«, singt Eva mit heller Stimme – sie verstärkt den Sopran im Chor –, »mach Schirm und Schild für uns daraus, lass uns darunter sicher stehn, bis alle Stürm vorübergehn.«

»Was soll das denn?«

»Das haben wir als Kinder immer gesungen. In der Maiandacht. Voll Inbrunst. Patronin voller Güte – warte mal, wie geht's doch gleich weiter?«

»Uns al-le -Zeit be-hü-ü-te«, brummelt Adam. »Kenn ich, aus meiner Zeit als Ministrant.«

»Du warst mal …?«

»Man hat mich dazu gezwungen.« Was eine glatte Lüge ist. Klein-Adam hat sich gerissen darum, Ministrant sein zu dürfen, um am Karfreitag die hölzerne Ratsche drehen zu können. »Und sowas bleibt einem nun im Gedächtnis! Eine Schande!«

»Vielleicht hat die Maus es auch gesungen, und die Madonna hat sie erhört.«

»Blödsinn«, sagt Adam.

Die Madonna sieht ihn an. Sie hat etwas sanft Überlegenes im Blick, das Adam weitere Einwände hinunterschlucken lässt. Er hat keine Lust, sich mit der himmlischen Dame anzulegen. Das ist ihm die Sache nicht wert. Die Schützlinge, auch die Maus, sehen andächtig und vertrauensvoll zu ihr auf. Wenn sich das herumspreche, grummelt Adam, könnten sie sich vor schutzsuchendem Getier wohl bald nicht mehr retten und sowas wie einen Gnadenhof aufmachen. Er holt eine Schachtel, stülpt sie über die reglos dasitzende Maus, schiebt eine Zeitung darunter, trägt sie zum Komposthaufen und lüpft den Karton. Die Maus verweilt noch ein paar Sekunden, dann glaubt sie's und wuselt davon.

»Vielleicht bist du auch mal froh, wenn ein Löwe oder ein Säbelzahntiger hinter dir her ist und irgendwer seinen blauen Mantel über dir ausbreitet, lieber Adam.«

Adam knurrt, eher lasse er sich fressen, wirft der Madonna einen schiefen Blick zu und geht in den Garten, die Ligusterhecke schneiden.

Er stutzt nicht nur die Hecke; er stutzt, weil es ihn überkommt, auch den Sommerflieder, der das nicht überleben wird, weil man ihn nur im Frühjahr stutzen darf. Schneidet dann dem Johannisbeerstrauch die jungen Triebe ab, was die Ernte im nächsten Jahr reduzieren wird, denn die Beeren wachsen, wie Johannisbeeren halt sind, nur an den neuen Trieben.

*

»Da hockt schon wieder eine«, sagt Adam. »Jetzt reicht's aber!«

In der Tat, vor der Madonna sitzt wieder eine Maus. Eine Spielmaus, ein adamsches Mitbringsel für seinen Kater mit eingebautem Quietschmechanismus.

»Vielleicht hat sie sich vor Herrn Ebner hierher gerettet«, sagt Eva, zupft etwas Rotes von Adams Pullover und hält es hoch. Ein Marienkäferchen, so groß wie die auf dem blauen Mantel der Madonna. Auf dem fehlt eins.

Die Sternenkatze

Der Mann auf dem Hügel blickte himmelwärts. Nachdem Héloïse ihm einige Zeit dabei zugeschaut hatte, stellte sie sich neben ihn, legte, wie er, den Kopf in den Nacken, ließ ihre Ohren nach hinten baumeln, und so sahen beide einträchtig in den klaren winterlichen Nachthimmel.

Nach einiger Zeit sagte er, ohne sich ihr zuzuwenden: »*Bonsoir*, Madame!«

»Guten Abend, Monsieur. Besser gesagt: Gute Nacht!«

Es war gegen elf Uhr, sie hatte mit Freunden gefeiert und ging nun, um frische Luft zu schnappen und weil man an einem solchen Abend ja nicht gerade Apfelsaft trinkt, zu Fuß nach Hause.

Er fuhr fort in der schweigenden Beobachtung des in dieser letzten Nacht des Jahres besonders prächtig gestirnten Firmaments. Im hellen Licht des Mondes, der sich im kahlen Geäst der Birke, unter der sie standen, niedergelassen hatte, warf sie immer wieder einen Blick auf den Fremden. Er war klein, mager, fast spillerig, hatte ein gescheites Gesicht und eine hohe, tief gefurchte Stirn – ein Denker!, dachte Héloïse. An den Seiten seines kahlen Kopfes hingen dünne Haarsträhnen herunter.

»Was für ein hässlicher Mann, haben Sie gerade gedacht. Ich kann nämlich Gedanken lesen. Sie müssen sich nicht entschuldigen, ich leide nicht darunter. Frauen sind verrückt nach hässlichen Männern, hebt ihre Hässlichkeit doch die weibliche Schönheit besonders hervor.«

Er trug Kniehosen, eine bestickte Jacke und Schnallen-
schuhe. Vermutlich kam er von einer Silvesterparty, deren Teil-
nehmer sich in Kostüme des achtzehnten Jahrhunderts geworfen hatten, wozu seine etwas altmodisch wirkende Sprechweise
gut passte. Héloïse trug eine Hasenkappe mit langen Ohren
und hinten einen Stummelschwanz, der sie nun etwas genierte.

»Sie sind Franzose, Monsieur?«

»*Oui*, Madame.«

»Meine Oma Héloïse war auch Französin. Ich heiße eigentlich Luise, aber ich mag den Namen nicht. Wir hatten mal ein
Kaninchen, das hieß auch Luise, es war ziemlich dumm. Ich
fühl mich als Héloïse.«

Er lächelte. »Abaelard et Héloïse – eine berühmte Liebes-
geschichte, die aber schlecht ausgegangen ist, wie die meisten
berühmten Liebesgeschichten. Die nicht berühmten werden
vergessen.«

Wieder sahen sie himmelwärts. Da ihr immer noch nichts
Besonderes auffiel, der Nacken schmerzte und ihre Füße kalt
wurden, fragte Héloïse, was er dort oben suche.

»Ich suche nichts. Ich staune.«

»Worüber?«

»Darüber.« Er machte eine weit ausholende Handbewegung,
die den ganzen Himmel einschloss. »Was wir gerade sehen. Was
ich so oft schon gesehen habe. Den gestirnten Himmel über
mir.«

»Das hat Herr Kant in Königsberg auch gesagt. Sind Sie zufällig … ?«

»Nein, bin ich nicht. Um auf Ihre Frage zurückzukommen:
Ich staune darüber, dass es das alles gibt. Und Sie?«

»Als Kind hab ich viel gestaunt und viel gefragt. Oma Héloïse
hat mir erzählt, der liebe Gott habe, weil ihm langweilig war,

die Ärmel aufgekrempelt, Sonne, Mond und Sterne an den Himmel gehängt – *le soleil, la lune et les étoiles* –, um gut sehen zu können. Engel hätten eimerweise Lehm angeschleppt, er habe angefangen zu schöpfen und sich am siebten Tag auf dem Regenbogen ausgeruht und gesehen: Alles war gut. Damit war ich zufrieden.«

Leider oder Gott sei Dank, sagte er, sei er Atheist.

»Warum staunen Sie dann?«, fragte Héloïse.

»Weil es ebenso gut auch nichts geben könnte.«

»Das Nichts kann ich mir nicht vorstellen, schon gar nicht« – sie lachte – »als Hase. Als *écureuil*. Stimmt *écureuil*?«

»Fast. Nur, dass der Hase ein *lièvre* ist, das *écureuil* ein Eichhörnchen. Und die Zeit? Was wissen Sie von der Zeit?«

»Wenn Sie mich so fragen, weiß ich es nicht. Ich weiß es nur, wenn mich keiner fragt. Wenigstens manchmal. Wenigstens ein klein bisschen.«

Er fand ihre Antwort für einen Hasen nicht unintelligent.

Da Héloïse sich gern mit Hasenohren, aber nicht mit fremden Federn schmückte, gab sie zu, diese Erkenntnis sei nicht auf ihrem Mist gewachsen, sondern, so habe sie mal gelesen, auf dem des heiligen Augustinus, der habe sich schon vor tausendfünfhundert Jahren über die Zeit den Kopf zerbrochen.

Aber mit den Heiligen hatte er es auch nicht. »Was machen Sie mit der Ihnen zugemessenen Zeit, Madame?«

»Manchmal nutze ich sie, manchmal vertreibe ich sie. Und Sie, Monsieur?«

»Ich genieße die Freiheit von der Zeit. Ich bewege mich in einer Art endloser Gegenwärtigkeit. Hat sie eine Seele, Ihre Zeit?«

»Die Zeit – eine Seele?«

»Man spricht doch von einem Zeitgeist. Warum dann nicht

auch von der Zeitseele? Also: hat Ihre Zeit eine? Und wie sieht sie aus?«

»Keine Ahnung.« Héloïse versprach ihm aber, zuhause, wenn ihre inzwischen eiskalt gewordenen, von einer Bettflasche träumenden Füße wieder warm seien, drüber nachzudenken. Über die Seele der Zeit. »Aber jetzt fällt mir doch noch was ein. Die Zeit kommt vom Urknall. Richtiger: Es gibt sie seit dem Urknall.«

Er zog die Brauen hoch. »Dem Urknall?«

»Dem Beginn der Welt und eben auch der Zeit. Vor der Welt kann es ja keine Zeit gegeben haben, oder?«

»Woher glauben Sie das zu wissen? Ich kann mir eine zeitlose Welt ebenso denken wie eine weltlose Zeit.«

»Wenn ich die Zeit wäre, fände ich es langweilig, so ganz ohne Welt irgendwo herumzuhängen.«

»Vielleicht«, sagte er, »träumt sie sich eine Welt, wie wir sie uns in unseren kühnsten Träumen nicht vorstellen können. Eine Welt, die nichts gemein hat mit der Welt, in der wir leben. Eine Welt vor diesem – wie sagten Sie, Madame Héloïse?«

»Urknall. Wir können ihn sogar hören.«

»Damit?« Er zog an ihren Ohren.

»Na ja, wir hören nicht den damaligen allerersten Knall. Nur noch das Rauschen, das entstand, nachdem es urgeknallt hatte. Das kosmische Hintergrundrauschen. Ich hab es sogar im Fernsehen gehört.«

»Sie haben etwas gehört, als Sie in die Ferne blickten?«

»Das weiß heute doch jeder. Wenn er nicht, wie Sie, von gestern ist.«

Er sei nicht jeder, sagte er mit einem gewissen Hochmut und verbeugte sich leicht: »Joseph-Jérome de Lalande, Astronom und Direktor der Königlichen Pariser Sternwarte. Das ›de‹ habe ich übrigens während der Revolution aus meinem Namen getilgt, wer hängt schon gern an einer Laterne oder wird von Madame La Guillotine geküsst.«

»Na, dann sind Sie auch nicht mehr der Jüngste.«

Beide staunten weiter. So ehrten sie, was sie dort oben sahen und sich nicht erklären konnten, durch gemeinsames staunendes Schweigen. Oder schweigendes Staunen.

»Ein sternblühender, unendlicher Himmel«, sagte er schließlich.

»Ja«, sagte Héloïse. »Grenzenlos.«

»Und mitten im Grenzenlosen wartet es. Das Bestimmte.«

Sie wiederholte den schönen Satz andächtig. »Mitten im Grenzenlosen wartet das Bestimmte.« Er schien ihr irgendwie von Bedeutung zu sein, wie alles, was dieser seltsame Mensch sagte in dieser seltsamen Nacht.

Fortsetzung des schweigenden Staunens. Doch da sie nichts Bestimmtes sah, stieß sie ihn an: »Und was ist dieses Bestimmte?« Sie hoffte, wie zuvor, auf eine tiefsinnige Antwort.

»*Mon chat*. Meine Katze.«

Wenn ihre Katze fortlaufe, sagte Héloïse, pflege sie sie nicht gerade am Himmel zu suchen, und verschluckte die Bemerkung, er habe wohl einen Sparren oder nehme sie auf den Arm.

»Sie ist nicht fortgelaufen. Ich selbst habe sie dort hin versetzt. Wir schicken uns manchmal Grüße, ich hinauf zu ihr, sie zu mir herunter.«

Da er aber keineswegs wirkte, als sei er nicht mehr ganz klar im Kopf oder als wolle er sie veräppeln, suchte Héloïse den ganzen Himmel nach einer Katze ab. Vergeblich. Da waren nur Sterne. Myriaden von Sternen. Das weiße Band der Milchstraße. Auch auf dem Mond sah sie keine Katze, aber da hätte diese auch nichts verloren gehabt, der Mond ist reserviert für das Mondschaf.

»Das Mondschaf?«, fragte er.

»Sie kennen das Mondschaf nicht? ›Das Mondschaf spricht zu sich im Traum: Ich bin des Weltalls dunkler Raum.‹«

Er fand das Mondschaf poetisch und unauslotbar tiefgründig. Die Schafe, die er kenne, seien eher dumm, die sagten nie so was. Nur albernes Geblöke. »Gehört es jemandem?«

»Das Mondschaf gehört Herrn Morgenstern.«

»Ein wundervoller Name!«

»Und ein wundervoller Dichter«, sagte Héloïse begeistert. »Seine Gedichte sind anbetungswürdig verrückt. Er hat dem Schaf den Mond als seine Heimat zugedacht, wo es nun die Fluren abweidet. Sie aber haben *votre chat*, Ihre Katze, die ich immer noch nicht finden kann, ins Grenzenlose geschickt, ohne dran zu denken, ob sie sich dort wohlfühlt. Man möchte doch wissen, wo man bleibt. Ich wollte nicht im Grenzenlosen sein – ich fände das ungemütlich. Auch meine Katze zieht ganz sicher ihr Körbchen dieser Grenzenlosigkeit vor.«

Er hob die Arme. »Sehen Sie *urs major*, den Großen Bären? Nun schauen Sie etwas nach links – dann nach oben – dann ziemlich weit nach rechts – jetzt etwas tiefer – noch tiefer – schlagen dann einen schönen Bogen schräg nach oben – dann wieder steil nach unten – nun im Zickzack wieder hinauf – et voilà – da ist sie.«

»Warum, Monsieur de Lalande, sehen Sie diese Katze, aber ich nicht? Könnte es sein, dass Sie etwas zu viel dem Alkohol zugesprochen haben? Und ich zu wenig? Da sind nur viele Sterne, die eher unordentlich herumhängen.«

»Sie sehen sie auch, Madame, aber Sie wissen nicht, dass es eine Katze ist. Sie halten meine Katze für Sterne, die einfach neben- und übereinander stehen oder, wie Sie sagten, unordentlich herumhängen.«

Doch seine Sterne und seine Katze waren Héloïse zu hoch.

Er wies auf die Bank unter der Birke – »Setzen wir uns!« – und schlug die dünnen Beine übereinander. »Die alten Völker«, sagte er, während seine rechte Hand mit ihren Ohren spielte, »pflegten ihre Lieblinge als Sterne oder als Sternbilder an den Himmel zu versetzen. So konnten sie immer zu ihnen aufsehen und sich an ihrem Leuchten erfreuen. Ich hab es wie sie gemacht, hab ein paar zufällig zusammengewürfelte Sterne zu einem Sternbild zusammengefasst und dieses Sternbild *felis* genannt. Das ist lateinisch und heißt …«

»Katze.«

»Ich habe lange an einer Sternkarte gearbeitet, habe insgesamt mehr als 47 000 Sterne katalogisiert – eine langwierige, anstrengende Tätigkeit. Und ich dachte, der Sternenhimmel habe mich genug Sorgen und Mühe gekostet, da könne ich mir auch mal einen Scherz erlauben. Ich habe«, sagte er lächelnd, »also eine meiner fünf Katzen in den Sack gesteckt, bin mit meinem Ballon« – er deutete auf das große runde, dunkle Ding, das einige Meter entfernt neben einem Felsbrocken stand und auf dem, äußerst passend, wie Héloïse fand, winzige Punkte wie Sterne glitzerten – »himmelwärts gefahren und hab sie dort aus dem Sack gelassen. Der Hauptgrund aber war« – er winkte seiner fernen Sternenmieze zu –, »dass ich Monsieur Arouet eins auswischen wollte.«

»Monsieur Arouet? »

»François-Marie Arouet.«

»Den kenn ich nicht. Tut mir leid.«

»Ein nicht unbedeutender Kollege, allerdings besser bekannt unter dem Namen Voltaire.«

»Ach so. Natürlich kenn ich ihn. Ein Geisteslicht, eine Leuchte der Philosophie, ein Aufklärer, auf dessen Grabplatte zu lesen ist, dass er den menschlichen Geist größer gemacht und ihn gelehrt habe, er sei frei. Was ja auf den wenigsten Grabplatten steht. Ich hab sogar mal seinen ›Candide‹ gelesen, weiß aber nicht mehr, was darin vorkommt. Nur noch die Zeichnungen von Paul Klee mit diesen langen spindeldürren Figuren sind mir in Erinnerung. Voltaire gilt als der größte Denker seines Jahrhunderts, das nach ihm das Jahrhundert Voltaires genannt wird.«

»Das auch mein Jahrhundert ist, Madame. Übrigens – in welchem bin ich gelandet?«

»Im einundzwanzigsten, Monsieur de Lalande. Hatten Sie eine gute Reise von damals nach heute?«

Er überhörte den ironischen Ton. »O ja, danke. Mit dem Ballon ging es recht flott, recht komfortabel. Ich nehme an, Madame, Sie wissen, dass in den Nächten zwischen Weihnachten und Neujahr die Grenzen zwischen Zeiten und Welten seit jeher durchlässig sind. Und heute haben wir *la dernière nuit de l'année* – die letzte Nacht des Jahres.«

»Wir nennen das die Raunächte«, sagte Héloïse. »In ihnen, heißt es, sei manches möglich, das sonst unmöglich wäre, da habe der liebe Gott die Naturgesetze ein bisschen aufgehoben.«

»Das ist charmant vom *bon Dieu*, aber ich bin trotzdem Atheist. Voltaire übrigens auch.«

»Warum wollten Sie den ärgern?«

»Weil er mir auf den Geist ging mit seinen ständigen zynischen Bemerkungen. Er war nämlich ein Katzenhasser, vermutlich, weil sie ihm nicht den gewohnten Respekt zollten. Er sagte einmal, dreiunddreißig Tiere hätten es zu einem Sternbild gebracht, nur nicht die Katze, die sei zu dumm dazu. Wie finden Sie das, Madame?«

»Empörend. Es kratzt gehörig an seinem Lack. Und so jemand gilt nun als die Leuchte seiner Zeit. Wie kann man diese intelligenten Geschöpfe für dumm halten? Das enttäuscht mich zutiefst, da kann er leuchten wie er will.«

»Manche großen Geister sind stolz auf ihr Wissen«, sagte er. »Wissen sie etwas nicht, macht sie das nicht bescheiden, sondern hoffärtig. Voltaires wegen hab ich das Sternbild ›Katze‹ getauft und es in meinen Sternenatlas aufgenommen.«

»Worüber er sich natürlich grün und blau ärgerte.«

»Keine Ahnung. Er hat schon dreißig Jahre vor dessen Erscheinen die Welt verlassen.«

»Dann ärgert er sich hoffentlich im Jenseits darüber.«

»Voltaire und auch ich kommen ohne Jenseits aus.«

»Na, dann hätten Sie ja drauf verzichten können, Monsieur de Lalande.«

»Keineswegs. Voltaire, der sein Leben lang, wie ich, aufrechter Atheist gewesen ist, wandte sich, kurz bevor er das Zeitliche segnete, wieder der Religion zu. Vorsichtshalber. Weil, wie er erklärte, man ja nie wissen könne, ob droben überm Sternenzelt nicht vielleicht doch ein lieber Vater wohne, mit dem wolle er es sich nicht verderben.«

»Ein Atheist«, wandte Héloïse ein, »pflegt nichts zu segnen, nicht einmal das Zeitliche.«

»Sagen wir also: Bevor er seinen letzten Schnaufer tat, wurde er noch schnell fromm.«

»Auch Geisteslichter«, sagte sie, »sind halt nicht immer konsequent.«

»Weshalb ich doch hoffe, dass er meine Himmelskatze mitbekommt und sich herzhaft darüber ärgert.«

»Ich habe zuhause auch einen Sternenatlas, doch Ihre Katze ist nicht drin. Aber Katzen laufen gern weg, besonders Kater suchen oft das Weite. Und Katzen lieben es nicht, wenn man ihnen sagt, wo sie sich aufzuhalten haben. Vielleicht hat sie sich ein anderes Plätzchen ...«

»Mitnichten. Sie räkelte sich dort leider nur hundert Jahre. Der Astronom Camille Flammarion, ein Mann von eher bescheidener Intelligenz, schrieb 1882 in seinem Buch ›Die Sterne und die Merkwürdigkeiten des Himmels‹, meine Sternenkatze sei höchst überflüssig, und warf sie aus der seinerzeit aktuellen Himmelskarte hinaus. Die Sterne, aus denen sie bestanden hatte, hängen nun wieder namenlos zwischen den Sternbildern der Hydra und der Luftpumpe herum und trauern ihrer einstigen schönen Gestalt nach.«

Was Héloïse verstehen konnte. Auch sie fand eine Katze wesentlich poetischer als eine Luftpumpe oder eine Wasserschlange. »Wahrscheinlich hatte dieser Monsieur Flammarion einen Hund.«

»Aber für mich ist sie immer noch da«, sagte Monsieur Joseph-Jérome de Lalande, Sterngucker, Astronom, Direktor der Königlichen – nach der Revolution Kaiserlichen – Pariser Sternwarte, Atheist und angeblicher Grenzgänger – vielmehr räumliche und zeitliche Grenzen überfliegender Ballonreisender. »Wer Augen hat zu sehen, der sieht sie.«

»Ich würde Ihre Katze gern sehen«, sagte Héloïse.

Er strich ihr leicht mit der Hand über die Stirn.

Die Sterne zwischen Wasserschlange und Luftpumpe funkelten und blinkten, wie ihr schien, aufgeregter, lebhafter und heller als zuvor.

»Ich habe selbst eine Katze, Monsieur. Sie ist weiß und rund wie ein kleiner Eisbär. Ihretwegen will ich früher nach Hause, damit das Feuerwerk um Mitternacht sie nicht in Panik versetzt, sonst klettert sie an den Vorhängen hinauf. Katzen mögen, das verbindet sie wohl mit den Sternen, keinen Krach.«

Die Sterne rückten zusammen, schwirrten umher und suchten ihre Plätze. Immer mehr gingen Héloïse die Augen auf …

»Ich glaub, ich seh was. Zwei Gluhaugen seh ich – vier Pfoten seh ich – einen Schwanz – immer deutlicher tritt alles hervor – jetzt hab ich sie ganz! Ihre Katze, Monsieur. Ein Wunder!«

»Ja«, sagte er, »wir, die wir Katzen innig lieben …«

»Die wir sie streicheln und hinter den Ohren kraulen«, sagte sie …

»Und ihnen unsere tiefsten Geheimnisse anvertrauen«, sagte er …

»Mit ihnen schweigen«, sagte sie …

»Mit ihnen zu Bett gehen und wieder aufstehen«, sagte er …

»Und ohne sie nicht leben können«, sagte sie …

»Trotz gelegentlicher Flöhe«, sagte er. »Wir können die Himmelskatze sehen, auch wenn sie offiziell gar nicht da ist. Wir sehen sie mit den Augen katzenverliebter Menschen. Was immer Sie sehen, Madame, ist unauflöslich verwoben und verschlungen mit Ihnen. Ein anderer mag Dinge sehen, die wiederum Ihnen entgehen.«

Beide betrachteten noch eine ganze Weile mit verliebten Augen die anmutig buckelnde, sich reckende und streckende Himmelskatze. Als er sagte, er habe nicht nur Sterne benannt, sondern auch die Berechnung der Erdumlaufbahn verbessert, ebenso die der Bahn des Halley'schen Kometen, biss Héloïse, wie man sagt, der Aff, und sie glaubte, weil er sie belehrt hatte, nun auch ihn belehren zu dürfen.

»Wir im einundzwanzigsten Jahrhundert sind weiter als Sie, Monsieur de Lalande, es sich träumen lassen würden.«

»Weiter?« Er runzelte die kahle Stirn.

»Wir wissen immer mehr von Sonnen, Monden, Sternen, Sternennebeln, Kometen, weißen und roten Zwergen, Galaxien und allen möglichen und unmöglichen Löchern im Weltall. Unsere Teleskope reichen bis in die Tiefe des Universums.«

Er verknotete ihre langen Hasenohren miteinander. »Mikroskope, Fernrohre, das sind nur Hilfsmittel«, sagte er, ohne groß beeindruckt zu sein. »Jede Zeit hat ihre eigenen und ist stolz auf sie. Sie können den Kosmos vielleicht besser verstehen, als ich es konnte, aber verstehen Sie sich selbst darum besser? Das eigene Selbst ist uns weiter entrückt als der fernste Stern. Wir mögen immer mehr vordringen in die Tiefen des Alls, können neue Sterne entdecken …

Der Himmel prangt mit Funken ohne Zahl,

Und Feuer sind sie all und jeder leuchtet,

aber es gibt immer noch den Stern, den wir nicht gefunden haben, der nicht seinesgleichen hat am Firmament. Auch ich kenne meine Dichter.«

»Das muss ein toller Stern sein. *L'étoile des étoiles* – der Stern aller Sterne. Wo treibt der sich herum?«

»Es ist der Stern, auf dem Sie und ich geboren sind. *Bonne nuit*, Madame. Mich lockt es zu neuen Ufern. Ich wünsche Ihnen sanfte, grenzüberfliegende Träume, glückverheißende Sternschnuppen und ein Jahr voller Katzenglück.«

Bevor Héloïse ihn fragen konnte, was sie ihn schon vorhin hatte fragen wollen, woher er, der als Atheist doch an kein Jenseits glaubte, nun eigentlich gekommen sei, wenn nicht wie sie von einer Silvesterparty, erhob er sich, neigte den Kopf, ließ sie mit verknubbelten Ohren sitzen und kletterte in den unterm Ballon befestigten Korb.

»Sie finden mich übrigens auch dort oben, gleichzeitig aber auch hier unten.«

»Wie soll ich das verstehn?«

»Ich würde mich freuen, wenn Sie gelegentlich einen Blick zu mir hinaufwerfen würden. Mein Stern, ein Roter Zwerg, liegt im Großen Bären, ist viel älter als unsere Sonne, von der er 8,3 Lichtjahre entfernt ist, trägt den Namen ›Lalande‹ und die Nummer 21185. Mit bloßem Auge können Sie ihn aber nicht sehen, nur mithilfe eines Ihrer gepriesenen Fernrohre. Meinen Namen können Sie übrigens unter den zweiundsiebzig Namen hervorragender Persönlichkeiten auf dem Eiffelturm lesen.«

Er kappte die Leine, mit der sein Ballon am Baum festgemacht war. »Und vergessen Sie nicht zu staunen«, rief er Héloise zu, »staunen Sie, was das Zeug hält. Staunen Sie, wie Sie als Kind gestaunt haben. Wer das Staunen nicht verlernt, der sieht weiter als mit den größten und stärksten Fernrohren, der sieht wunderbare Sachen, die andere getrost belachen, weil ihre Augen sie nicht sehn. *Mes salutations à Monsieur Morgenstern et à votre petit ours.* Auch meine Sternenkatze lässt sein Mondschaf aufs Innigste grüßen.«

Das funkelnde Ding entschwebte himmelwärts.

Héloïse stand noch eine kleine Weile da und sah ihm nach. Die Himmelskatze streckte ihre Pfote aus, tatzelte nach einem Stern, spielte ein bisschen mit ihm und warf ihn dann herunter. Der Stern machte einen wunderschönen Bogen und landete vor ihren Füßen.

Sie steckte ihn ein und ging nachhause.

Nächtlicher Besuch

Sie war auf Blumen gebettet und bedeckt mit Blumen. Rosen, Margeriten, Glockenblumen und Gänseblümchen blühten auf Kopfkissen und Bettdecke. Ihre Tochter hatte ihr die Bettwäsche gekauft und mitgegeben ins Stift – »dann hast du ein bisschen das Gefühl, du liegst auf einer Wiese, wie früher. Die Bienen und Schmetterlinge musst du dir halt dazudenken. Den Duft kannst du mit diesem Spray – von Tchibo – aufs Kissen sprühen.«

Weil sie wegen ihrer schmerzenden Gelenke kaum mehr aufstehen konnte, lag sie nun fast ständig im Bett. Sie wurde gewaschen, was sie als peinlich empfand, wenn der junge Pfleger dran war, der aber betonte, es müsse ihr nicht peinlich sein, ihm sei es das auch nicht. Essen konnte sie noch allein, sie wollte nicht gefüttert werden, da hatte sie ihren Stolz. Schwestern und Pfleger waren freundlich und fast immer geduldig.

Doch der Tag war lang. Sie hatte immer gern gelesen, aber das wurde schwieriger, die Augen schlechter, des Grauen Stars wegen, eine Operation verweigerte sie. Manchmal legte jemand eine CD für sie ein, dann hörte sie Musik, oder im Radio kam ein Roman in Fortsetzungen. Während der zwanzigsten Folge der ›Buddenbrooks‹ war sie eingeschlafen, trotz der angenehm tiefen Stimme des Sprechers. Den verstand sie auch ohne Hörgerät, die Schauspieler in den Filmen, die sie auf dem kleinen Fernseher manchmal anschaute, hingegen nicht, die nuschelten und verschluckten die Endungen. Besonders liebte sie den Schluss des Romans, wo die alte Sesemi Weichbrodt zu Toni Buddenbrook sagt, es gebe drüben ein Wiedersehen. Ganz bestimmt.

Sie selbst glaubte nicht an so ein Wiedersehen, aber ausschließen konnte man es nicht. Auch wusste sie nicht, wen sie gern wiedergesehen hätte, die Auswahl war nicht groß. Am liebsten jedenfalls ihre Katze. Eine Freundin hatte ihr ein Buch mitgebracht über Nahtoderfahrungen, das müsse sie lesen. Die Freundin kannte jemanden, der jemand kannte, der hatte vermutlich so eine Nahtoderfahrung gehabt und keine Angst mehr vor dem Tod. Wenigstens behauptete er das.

Sie wusste nicht, ob sie Angst vor dem Tod hatte. Sie ließ es drauf ankommen.

Schlimm war der Abschied gewesen. Vom Haus, in dem sie fünfzig Jahre gelebt hatte, wo ihr jedes Geräusch vertraut war, das Knacken der Treppenstufen, das Trommeln der Regentropfen auf dem Balkongeländer, das Summen des Kühlschranks. Abschied vom altmodischen Lavendelduft im Wäscheschrank und dem Geruch, der von den Büchern ausging. Bücher riechen wie Menschen, sie riechen nach den Menschen, von denen sie erzählen, den fremden Ländern, vergangenen Zeiten. Abschied vom Blick aus dem Fenster auf den Kastanienbaum. Aber man kann ja nichts mitnehmen aus einem Leben ins andere. Sie war ins Stift gezogen, in dem sie ihr vergehendes Leben beenden würde, ein großes Haus mit anderen Geräuschen, anderen Gerüchen.

Durch ihren Nachbarn war noch im hohen Alter ein Ruck gegangen, er hatte sich von allem getrennt, was bisher sein Leben ausgemacht hatte. Von seiner Frau, von den Möbeln, dem Geschirr, den Bildern, den Fotoalben, den Pullovern und den Sofakissen und Schlafanzügen, alles musste weg, auch seine Erinnerungen; Neues musste her, ein neues Leben wollte er noch schnell beginnen, das neue Leben hatte drei Monate gedauert.

Am schlimmsten war der Abschied von der Katze gewesen. »Wohlan, mein Herz, nimm Abschied und gesunde«, hat Hesse geschrieben. Hesse hatte keine Ahnung. Ihr Herz war nicht gesund geworden durch diesen Abschied, im Gegenteil, es hatte ihr wehgetan, tat immer noch weh, würde weiterhin wehtun. Ins Heim durfte die Katze nicht mit. Da ihre Tochter nicht für das Tier sorgen konnte – sie war berufstätig, viel unterwegs, sie musste, wie heute verlangt wird, stets mobil sein –, hatte eine Nachbarin die Katze »übernommen«, wie sie sagte, eine freundliche Frau, die Katze würde es gut haben bei ihr.

Es war eine alte Katze, sie hatte sie aus dem Tierheim geholt. Alte Tiere finden nur selten ein neues Zuhause, sie könnten ja krank werden oder unsauber und Kosten verursachen, man wäre angebunden, könnte nicht mehr einfach verreisen. Eine alte Katze, hatte sie gedacht, lebt nicht mehr so lang, vielleicht stirbt sie vor mir, was mir wehtäte, aber dann müsste ich sie nicht alleinlassen, dann wäre ich allein. Doch ich wüsste, warum ich allein wäre, die Katze wüsste es nicht und würde leiden.

Die Katze war ein sanftes Tier, das nicht mehr herumtollte wie ein vor Temperament platzendes junges Ding, sie kletterte nicht an Vorhängen hinauf, meckerte nicht am Essen herum. Wenn die Frau ihr Mittagsschläfchen machte, legte die Katze sich dazu, und nachts hatte sie ihren Platz auf einer Decke am Fußende des Bettes. Aber während der Nacht rutschte sie gern nach oben, manchmal schob sie sich unter die Hand der Frau und schnurrte im Schlaf.

Die Frau – damals waren ihre Augen noch besser – liebte es, der Katze etwas vorzulesen. Das Guggenmos-Gedicht von der Maus, die am Donnerstag ein großes Wurstbrot fressen möchte, damit sie riesenstark und die Katze Mores lehren würde, amüsierte diese so sehr, dass sie sich stets ein paarmal herumrollte und mit den Pfoten in die Luft schlug. Aber besonders mochte die Katze, sie war ausgesprochen musisch veranlagt, die Stelle aus dem Eichendorff'schen ›Taugenichts‹, in der dieser die Stadt Rom zum ersten Mal sieht: »Die Stadt stieg immer deutlicher und prächtiger vor mir herauf, und die hohen Burgen und Tore und goldenen Kuppeln glänzten so herrlich im hellen Mondschein, als stünden wirklich die Engel in goldenen Gewändern auf den Zinnen und sängen durch die stille Nacht herüber …«

Dann sah sie ganz andächtig aus, ihre Augen glänzten, als erblickten auch sie die goldenen Kuppeln der Ewigen Stadt.

Die Frau erzählte der Schwester, die für ihre Station zuständig war, oft von ihrer Katze und deren Vorliebe für diese schöne Stelle aus dem ›Taugenichts‹, und da diese den Satz hören wollte, sagte sie ihn ihr so lange vor, bis sie ihn auswendig wusste. Sie hatte nämlich ebenfalls eine Katze gehabt, die wurde vergiftet von den Nachbarn, weil sie, Gartenzäune missachtend, deren Vögel für ihre Vögel gehalten hatte.

Einmal kam die Tochter zu Besuch ins Stift, sie brachte eine CD mit beruhigenden Klängen, Meeresrauschen, Regengetröpfel, Vogelgezwitscher, dem Gesang der Wale, dazu eine Flasche Portwein. Sie war munter, redete viel und erzählte lustige Sachen. Die Mutter hörte, wie die Tochter auf dem Gang noch eine Weile mit der Schwester sprach, aber sie verstand nichts.

Die Frau hatte Sehnsucht nach ihrer Katze, dem weichen Fell, dem Schnurren, dem wortlosen stillen Einverständnis alter Leute, die sich nicht mehr ständig sagen müssen, dass sie sich lieb haben. Sie wusste nicht, ob die Katze auch nach ihr Sehnsucht hatte. Es gehe ihr großartig, hatte die Tochter berichtet, die Nachbarin sei gut zu ihr, die Katze vermisse nichts.

Das hatte ihr einen Stich gegeben.

Dann, eines Nachts, spürte sie, dass jemand oder etwas da war. In ihrem Zimmer. Eine Anwesenheit, die sie aber nicht ängstigte, sondern beruhigte. Sie wusste, es war ihre Katze. Wie in alten Zeiten lag diese am Fußende des Bettes, sie spürte das warme weiche Fell, als die Katze sich wie gewohnt unter ihre Hand schob, und war glücklich. Dann wachte sie auf, und die Katze war weg.

Als Schwester Marga mit dem Frühstück hereinkam, erzählte die Frau ihr, dass die Katze nachts da gewesen sei. Sie erzählte es ganz selbstverständlich und ohne Scheu. Schwester Marga hatte nichts gegen den nächtlichen Besuch einzuwenden, sie schien ihn in Ordnung zu finden und schenkte ihr den Kaffee ein, ja, sagte sie, das sei ein sehr schöner Traum gewesen.

Sie habe nicht das Gefühl gehabt, zu träumen, sagte die Frau, die Katze sei ganz real gewesen. »Ich hab ihr gesagt, dass sie fort sein muss, bevor Sie mit dem Frühstück kommen. Damit Sie keine Scherereien kriegen, weil wir im Stift ja keine Tiere haben dürfen. Sie hat es verstanden.«

»Das ist rücksichtsvoll von Ihrer Katze«, sagte Schwester Marga, »es geht wirklich nicht, dass hier Tiere herumlaufen, wir haben Arbeit genug. Obwohl ich ja Katzen mag, wie Sie wissen.«

»Ob sie wiederkommt?«

Sie müsse eben, kurz vor dem Einschlafen, fest daran denken, riet Schwester Marga, dann klappe es vielleicht.

Es klappte. In einer der nächsten Nächte war die Katze wieder bei ihr. Und so ging das weiter, sie kam aber auch, wenn die Frau beim Einschlafen nicht an sie gedacht hatte. Die wusste, es war keine Traumkatze, sondern ihre wahrhaftige und geliebte Katze, die einen Weg gefunden hatte, zu ihr zu kommen.

Was für einen Weg?

Die einander lieb haben, fragen sich das nicht.

Es waren glückliche Nächte für beide. Aber …

»Manchmal hab ich Angst«, sagte die Frau zur Schwester.

»Angst? Wovor?«

»Dass sie sagt, was die Königin sagt.«

»Welche Königin?«

»Die aus dem Märchen.«

»In fast jedem Märchen gibt's eine. Die Märchen sind voller Königinnen.«

»Ich meine die Königin aus ›Brüderchen und Schwesterchen‹. Die sagt: ›Was macht mein Kind, was macht mein Reh? Jetzt komm ich noch einmal, und dann nimmermeh.‹«

»Und davor haben Sie Angst?«

»Ja. Dass sie nicht mehr kommt. *Nimmermeh.*«

»Es ist eine alte Katze«, sagte die Schwester, »einmal wird das letzte Mal sein. Darauf müssen Sie sich gefasst machen. Und die Katze muss darauf gefasst sein, dass …«

»Dass ich bald nicht mehr da sein werde. Aber noch kommt sie«, sagte die Frau dankbar, und die Schwester bat, die Katze von ihr zu grüßen.

Als die Tochter wieder zu Besuch kam, diesmal mit einer neuen CD (Schlaf- und Wiegenlieder), fragte die Frau, ob die Katze und die Nachbarin sich immer noch vertrügen.

Und wie, sagte die Tochter. Die Katze werde geradezu verwöhnt, kriege Katzenfutter für Senioren und habe ein eigenes Schlafkissen, die Nachbarin habe »Ruhe sanft!« draufgestickt.

»Sie kommt nachts zu mir«, sagte die Mutter. »Sie liegt wie früher auf dem Bett und lässt sich streicheln und schnurrt und schiebt den Kopf unter meine Hand.«

»Lieb von ihr«, sagte die Tochter und tätschelte die alte Hand.

Als sie gegangen war, hörte die Frau sie wieder vor der Tür mit der Schwester reden, aber sie verstand nichts, weil sie ihr Hörgerät immer weniger benutzte, es verstärkte nicht nur die Stimmen, sondern auch die anderen Geräusche, die Welt war ihr zu laut geworden.

Dann wurde ein zweites Bett neben das ihre gestellt, nur für ganz kurze Zeit, bis ein Zimmer frei sein würde, höchstens für zwei Wochen. Die neue Zimmergenossin war drei Jahre jünger, hatte Schlafstörungen, weshalb sie nachts oft lange wachlag.

Als die Frau Schwester Marga morgens wieder von der Katze erzählte, meinte die Neue, sie habe kein Auge zugetan, aber keine Katze gesehen, das hätte sie mitgekriegt, auch sei das gar nicht möglich, es gebe hier keine Tiere, außerdem habe sie eine Katzenallergie.

Schwester Marga legte den Finger auf den Mund; die Neue verstand, sie solle nicht darüber reden, und grummelte, sie hätte lieber ein anderes Zimmer. Eins ohne eingebildete nächtliche Katzenbesuche.

Als die Schwester einmal morgens das Bett machte, fand sie darin ein paar Haare, die, weil dunkel, eindeutig nicht von der Frau sein konnten. Die Katze mausere sich gerade, sagte diese, das tue sie immer im Frühjahr und im Herbst.

»Hoffentlich ist sie bald fertig mit der Mauserei«, meinte Schwester Marga, »Haare im Bett sind unhygienisch.«

Die Frau sagte, es sei ihr Bett und die Katzenhaare störten sie nicht. Die Nachbarin kriegte einen Niesanfall, wegen der Katzenallergie, und am nächsten Morgen bemerkte die Schwester unten in der Bettdecke die Kuhle. Eine schöne runde Kuhle, in der eine Katze gelegen haben könnte, und sie war noch warm.

Ja, da habe die Katze geschlafen, sagte die Frau, und ihre neue Nachbarin, die nun schon eine Woche im Zimmer war, blinzelte der Schwester zu. Die blinzelte nicht zurück.

Als das Bett wie jede Woche frisch überzogen werden sollte, bat die Frau um die Blumenbettwäsche, die ihre Tochter ihr mit ins Stift gegeben hatte, die war gewaschen worden. Die Katze liebe es nämlich, sich so hinzulegen, dass ihr Kopf die Rosenblüte berühre, so könne sie daran riechen, sie habe früher immer an den Blumen gerochen. »Es sieht so anmutig aus, wenn eine Katze eine Blume beschnuppert. Es ist eine sehr feinsinnige, zartbesaitete Katze, wissen Sie.«

Was Schwester Marga sofort glaubte, ihre eigene Katze habe auch am liebsten auf einem Blumenkissen gesessen.

Die Kuhle wanderte durch das Bett, manchmal war sie ganz unten am Fußende, dann weiter oben, wo die Hand der alten Frau die Katze streicheln konnte, oft auch noch weiter oben, genau vor der Rose.

Einmal war ein nasser Fleck in der Bettwäsche, aber es war kein Urinfleck, sondern ganz normales helles Wasser; sie habe, erklärte die Frau, der Katze ihre Wärmflasche überlassen, die habe immer gern auf einer gelegen, Katzen liebten, wie die Schwester sicher wisse, die Wärme. Sie habe also draufgelegen und, weil sie sich wohlfühlte, an der Wärmflasche gekratzt, da sei wohl etwas Wasser durch den Riss gesickert, die Gummiflasche sei ja schon mürbe und porös. Was Schwester Marga einleuchtete. Sie werde, der Katze zuliebe, eine neue Wärmflasche bringen.

Und einmal glaubte sie, dunkle Punkte zu sehen, die hin und her hüpften.

»Die Flöhe hat sie von Paul«, sagte die Frau, »das ist der Kater, der im Haus der Nachbarin wohnt. Ein lieber Kerl, aber immer verfloht. Gegen Flöhe hilft Farn, da machen sie sich dünn, ich werde meine Tochter bitten, der Nachbarin zu sagen, dass sie meiner Katze Farn ins Körbchen legen soll. Und vielleicht könnten Sie auch mir ein Farnblatt bringen, Schwester. Das Gift, das man ihr ins Fell reiben soll, wie der Tierarzt sagt, hab ich nie genommen.«

»Aber die Knöpfe unten am Bettbezug hätte sie nicht abreißen dürfen«, sagte Schwester Marga mit mildem Vorwurf, »die muss ich jetzt wieder annähen. Sagen Sie ihr bitte, das soll sie lassen.«

Die Frau sagte, die Katze spiele nun mal gern mit Knöpfen, die halte sie vielleicht für Mäuse.

Die Neue protestierte nicht mehr gegen den nächtlichen Katzenbesuch, sie kriegte jetzt Schlaftabletten. Aber als die Frau einmal im Rollstuhl zur Toilette gefahren wurde, beklagte sie sich über den Unsinn, den sie sich dauernd anhören müsse, wo es doch ganz unmöglich sei, dass eine Katze sich hier herumtreibe, Fenster und Tür seien ja geschlossen gewesen. Das passiere alles nur im Kopf der Alten, die nicht mehr alle Tassen im Schrank habe. Sie verlangte von der Schwester, endlich etwas gegen diesen Schwachsinn zu tun.

Die Katze, sagte die Schwester, sei schon seit zwei Monaten tot. Die Tochter der Frau habe ihr das beim letzten Besuch mitgeteilt. Sie sei unter die Räder gekommen, als sie, wie jeden Tag, über die Straße rennen wollte zu ihrem alten Zuhause, wo sie dann klagend vor der Tür gesessen habe, darauf wartend, dass man sie, wie früher, hereinlasse. Von ihrem Tod dürfe die Mutter aber nichts erfahren, die hänge sehr an dem Tier.

Wenn sie tot sei, sagte die Neue, sei sie tot. Dann könne sie nicht mehr herumspuken. Nur im Kopf der Alten.

Dass die Katze, obwohl nicht mehr am Leben, trotzdem immer wiederkomme, sagte die Schwester, sei wohl nicht an der Tagesordnung. Aber Nachtordnungen seien offenbar anders. Die Zeichen ihrer Anwesenheit – Haare, Kuhlen, Flöhe, zerkratzte Wärmflaschen und abgerissene Knöpfe habe sie ja selbst gesehen. Vielleicht gebe es dafür auch eine ganz natürliche Erklärung, aber was sei schon natürlich, was unnatürlich. Sie habe anderes zu tun, als sich darüber den Kopf zu zerbrechen und der alten Frau die Freude an dem nächtlichen Katzenbesuch zu nehmen. Der tue ihr gut, und sie brauche weniger Medikamente. Da lasse sie den Dingen, sie meine der Katze, halt ihren Lauf. Sie hoffe nur, die Katze werde noch so lange kommen, bis die alte Dame in Frieden gegangen sei. Am besten sei es wohl, wenn die Katze die Frau abholen und hinüberbegleiten würde.

»Hinüber? Wohin hinüber?«

»In die Ewige Stadt.« Und dann sagte die Schwester den Satz, den sie von der alten Frau gehört und sich gut gemerkt hatte, weil er so seltsam, altmodisch und schön klang: »Die Stadt stieg immer deutlicher und prächtiger vor mir herauf, und die hohen Burgen und Tore und goldenen Kuppeln glänzten so herrlich im hellen Mondschein, als stünden wirklich die Engel in goldenen Gewändern auf den Zinnen und sängen durch die stille Nacht herüber« … Nur dass sie statt »mir« »ihr« sagte.

Das sei Kitsch, sagte die Neue. Sie sei einmal in Rom gewesen. Von auf irgendwelchen Zinnen herumstehenden Engeln in goldenen Gewändern habe sie nichts gesehen, auch habe nichts herrlich im Mondschein geglänzt, und von wegen »stille Nacht« – Rom sei auch nachts so laut, dass sie im Hotel kein Auge zugetan habe.

Wenn sie darauf bestehe, sagte Schwester Marga, im ersten Stock des Stifts wohne eine sehr nette ältere Dame, da könne sie solange einziehen, bis ein Einzelzimmer frei werde.

Die Neue sagte sofort zu, in der Hoffnung, dort nicht von jenseitigen oder wirklichen oder geträumten oder eingebildeten Katzen belästigt zu werden.

Der Umzug war nicht mehr nötig. Am Tag darauf – Schwester Marga brachte gerade das Frühstück – war die alte Dame in Frieden gegangen. Auf dem Bett lag, in ihre Armbeuge geschmiegt, leise maunzend die Katze.

Die göttliche Katze

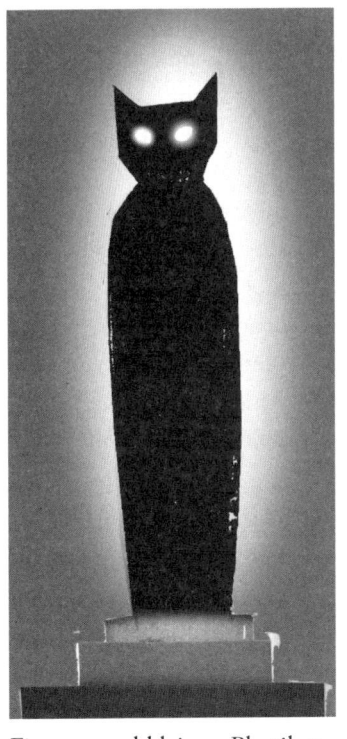

Er hatte Vater und Sohn Brueghel und deren wunderbare Wimmelbilder begrüßt, Monets impressionistischen Heuhaufen begutachtet, hatte Magritte und Dali übergangen, er mochte die Surrealisten mit ihrem in seinen Augen fehlenden Realitätssinn nicht, suchte dann, farb- und gemäldemüde, die Vorderasiatische Abteilung auf. Erholte sich beim Widder von Theben, den mächtigen heiligen Stieren von Memphis und Heliopolis, dem edlen Falken von Edfu und betrat den nächsten Raum, gefüllt mit monumentalen Figuren und kleinen Plastiken.

Im Glaskasten neben der Tür hockte eine Katze mit neun Jungen. Zwei saßen auf den lang ausgestreckten Vorderpfoten, sieben auf den Hinterbeinen und dem Schwanz der Mutterkatze – die ganze Familie aus blauglasiertem Porzellan, erklärte das Faltblatt, das er an der Kasse mitgenommen hatte. In der

anderen Ecke lag in einem kleinen Sarkophag eine mumifi-
zierte Katze. Zweites Jahrtausend vor Christus. In einem weiteren Kasten ein Sistrum.

Sistrum? Nie gehört.

Ein Musikinstrument, belehrte ihn das Faltblatt, auf dem,
als Symbol des Mondes, eine Katze thronte.

Wieso des Mondes?

Wegen der Verschiedenheit ihrer Farbe; auch der Mond sehe
nicht immer gleich gelb aus, wegen ihrer nächtlichen Aktivität
und wegen der besonderen Umstände, die ihre Fruchtbarkeit
begleiteten.

Nächtliche Aktivität. Fruchtbarkeit. Umstände. Mond. Was
auch auf Frauen zutraf, deren Zyklus hänge ebenfalls vom
Mond ab, hatte seine Freundin behauptet.

Das Sistrum, erfuhr er weiter – ein aufrecht stehendes Oval
verkörpere das weibliche, der senkrechte Griffstab das männliche Prinzip –, gelte als mythisches Musikinstrument.

Mythisch? Er fand nichts Mythisches an dem Ding. Man
macht halt Musik damit, klimpert darauf herum.

Die Katze, hieß es weiter, sei die präsidierende Gottheit, die
diese mythische – nein, nun stand da mystisch – die also diese
mystische Union mit Fruchtbarkeit und Fülle segne.

Was man alles in so eine Katze hineingeheimniste. Mythisch
und mystisch. Für ihn war die Katze ein unmystisches, geheim-
nisloses Geschöpf. Obwohl er viel, beinahe täglich mit Katzen
zu tun hatte, mochte er sie nicht besonders, was ihm die Arbeit
aber leichter machte. Sie waren nicht kooperativ, ihnen fehlte
die Geduld und die schicksalhafte Ergebenheit etwa der Mäuse
oder der Hasen, sie fauchten und schlugen nach ihm, wenn er
eine am Nackenfell aus dem Behälter herausholte, um sie zu
untersuchen, ihr eine Spritze zu geben oder mit ihr zu tun, was

er zu tun hatte. Unsere tägliche Katz gib uns heute. Es gab sie reichlich, die Katzen.

Manchmal brachte er der Freundin Katzenpfoten aus Bitterschokolade mit.

An der hinteren Wand des Raumes als Blickfang das monumentale steinerne Standbild einer auf einem Block sitzenden Katze aus schwarzem Basalt.

Er stehe nun, wusste das Faltblatt, vor der großen heiligen Katze von Bubastis. Zweites Jahrtausend vor Christus. Altes Reich, Oberägypten.

Bubastis?

Ganz recht. Bubastis oder Bastet. Manchmal auch Pascht, wovon einige Forscher das Wort ›Puss‹ ableiten. Auch Sachmet genannt.

Eine Frau mit vielen Namen. Seine Großmutter hatte Anna Maria Birgitta Klara geheißen. Ihre Katze Klärchen.

Sachmet also, geliebte Gefährtin von Ra, dem Sonnengott.

Seine geliebte Gefährtin – besser gesagt, gemochte, geliebte war zu gefühlsbetont, eine Nummer zu intensiv – hieß Carmen, wirkte aber nicht carmenhaft feurig mit ihrer hellen Haut, dem blonden Pferdeschwanz. Was ihm recht war.

Nach der Katzengöttin Bubastis, las er, hieß auch eine Stadt: Bubastis im östlichen Nildelta, in der in den Monaten April und Mai große Feste stattfanden zu Ehren der Bastet-Bubastis-Pascht-Sachmet-Puss. Bei Prozessionen pflegten sich Frauen in spöttischer Weise zu entblößen.

Was wurde entblößt? Und warum? Und was ist eine spöttische Entblößung? Gibt es auch unspöttische Entblößungen? Waren sie oben ohne? Oder unten oder ganz ohne? Zeigten sie der Menge den nackten Hintern wie lauter weibliche Götze von Berlichingen?

Die Göttin wurde entweder mit einem Katzen- oder einem Löwenkopf dargestellt.

Aha. Er musterte die monumentale Figur. Stimmt. Eindeutig Löwe. Vielmehr Löwin. Sehr streng, sehr archaisch wirkend. Was noch?

Und sie war nicht nur ein Symbol für den Mond, sondern auch noch für die Sonne.

Wie das?

Der Mond, erklärte das geduldige Blättchen, galt den Ägyptern als das Auge des Sonnengottes Ra während der Dunkelheit. Und wie der Mond das Licht der Sonne reflektiert, galten die phosphoreszierenden Katzenaugen als Spiegel der Sonnenstrahlen, wenn diese nicht zu sehen waren.

Reichlich kompliziert, fand er. Die Katze war, wie's schien, also in Personalunion Mond und Sonne. Mythisch und mystisch. Sonst noch was?

Ja. Bastet-Bubastis ist auch Mitglied einer Dreieinigkeit, einer Dreiheit von Göttern.

Kennen wir, dachte er, so eine Dreieinigkeit oder Dreifaltigkeit ist nichts Neues. Und Herodot, las er, hält die ägyptische Katzengöttin für identisch mit der griechischen Diana. Falsch, es muss heißen, der griechischen Artemis. Diana ist römisch. Wer irrt hier? Herodot oder das Faltblatt?

Und dann gab es noch eine Mut, auch Göttin, aus Theben stammend, die sich manchmal einen Katzen-, manchmal einen Löwenkopf aufsetzte, mit dem sie sich besser gefiel als mit dem ihr eigenen Geierkopf. Zu besichtigen an der Nordwand auf dem Sockel rechts.

Er besichtigte auch die geierköpfige Mut.

Ging ziemlich durcheinander bei den alten Ägyptern. Da müsste man mal Ordnung schaffen, bei diesem ›who is who‹.

Das Blättchen war aber noch nicht am Ende: Sachmet wird auch ›die Furchtbare‹ genannt, die das Menschengeschlecht mordet – warum bloß? – und frohlockend in seinem Blut watet, bis Ra selbst die Menschheit aus ihren Händen-Pfoten-Klauen befreit, indem er sie betrunken macht und so ein Ende des Mordens herbeiführt.

Eine ungemütliche Göttin. Alles andere als ein Schmusekätzchen. Und so nebenbei, las er noch, nahm auch dieser Ra gelegentlich die Gestalt einer Katze an.

Das reicht, dachte er, was für ein göttliches Katzenkuddelmuddel! Er steckte das Faltblatt ein und wandte sich der großen schwarzen Statue zu. Die sah über ihn hinweg mit weit geöffneten Augen. Was sah sie? Den Nil? Die drei großen Pyramiden? Den riesigen Löwenmenschen oder Menschenlöwen, von dem man nicht weiß, ist es ein oder eine Sphinx? Das Tal der Könige mit dem Felstempel der Hatschepsut?

Vor den hohen Fenstern stand die Dämmerung und wollte herein. Er blickte auf die Uhr. Die Uhr war tot, der Zeiger auf zehn Minuten vor fünf stehen geblieben. Er hatte wohl vergessen, rechtzeitig die Batterie wechseln zu lassen. Es mochte gegen sechs Uhr sein. Erst jetzt fiel ihm die Stille im Raum auf. Er lief die Treppen hinunter zum Ausgang. Der Haupteingang geschlossen. Kein Mensch mehr hier. Nur Kunst. Katzenkunst. Kunstkatzen. Ihretwegen musste er die Durchsage nicht mitbekommen haben, die immer kurz vor Torschluss die verehrten Besucher auffordert, das Museum zu verlassen, wir bedanken uns für Ihr Interesse, auf Wiedersehen und kommen Sie gut nach Hause. Die Aufsichtspersonen, die in den Räumen patrouillieren und aufpassen, dass niemand sich eine der Katzen untern Arm klemmt und mit ihr das Weite sucht, hatten ihn übersehen. Oder er sie. Sein Handy? Wo war das Handy? Er durchsuchte die Taschen. Es musste im Auto liegen, unter dem Schirm.

Schöne Bescherung.

Wie komm ich hier raus?

Die Räume lagen im dritten Stock.

Die Fenster? Verriegelt. Nicht zu öffnen.

Scheibe einschlagen? Mit einem der kleinen Sphinxe dort hinten?

Rufen? Schreien? Niemand würde ihn hören.

Das Alarmsystem – gab es einen Knopf, irgendwas, das Alarm auslösen könnte?

Kein Knopf. Nirgends.

Sein Mund war trocken. In der rechten Hosentasche fand er eine Packung Kaugummi – er hatte immer eine dabei –, riss sie auf, steckte einen in den Mund. Pfefferminzgeschmack. Kauen fördert nicht nur die Speichelbildung, es soll auch gut sein fürs Gehirn. Die Verfertigung der Gedanken beim Kauen. Kau, bis dir was einfällt!

Die Dämmerung durchdrang die Fenster und füllte den Raum. Die Augen der großen schwarzen Katze schimmerten grünlich.

Und wie der Mond das Licht der Sonne reflektiert, erinnerte er sich, galten die phosphoreszierenden Katzenaugen als Spiegel der Sonnenstrahlen, wenn diese Strahlen nicht zu sehen waren.

Na ja.

Er kaute. Verfertigte Gedanken. Ihm fiel diese unheimliche Geschichte ein, die er als Junge gelesen hatte, in der ein Besucher, versehentlich im Museum eingeschlossen, die Nacht darin verbringen muss. Nein, das war kein Museum, es war das berühmte Wachsfigurenkabinett von Madame Tussaud in London, in dem blutige, detailfreudige Schreckensszenarien das Publikum ergötzen oder erschrecken. Hinrichtungen, Morde, was das Besucherherz begehrt, wie im Leben. Oder im Krimi. Als man den armen Kerl morgens auffindet, ist er wahnsinnig geworden. Die Figuren hatten sich im schummrigen Licht bewegt, so war es ihm vorgekommen, das hatten seine Nerven nicht ausgehalten.

Die Bubastisaugen glommen immer noch. Wegen dieses reflektierenden Lichteffekts. Glaubten die alten Ägypter. Er würde sagen: eine optische Täuschung. Oder die Augen waren eingelegt, grüne Glitzersteine. Oder Glas.

Dank der Kauerei förderte sein Gedächtnis die nächste Geschichte zutage. Nein, nicht zutage. Es war ja fast dunkel. Wie sagt man da? Wurde die Geschichte zunacht gefördert? Trat sie ans Nicht-Licht? Jedenfalls in die Fast-Dunkelheit. Wie ging die doch noch?

Kau weiter! Widerlich süß, der Geschmack, vermutlich Aspartam, naturidentisches Aroma.

Richtig, da gerät einer nicht aus Versehen in ein Wachsfigurenkabinett, sondern er lässt sich, um eine Wette zu gewinnen, in einem einschließen und wird am nächsten Morgen mit durchschnittener Kehle gefunden; eine der Wachsfiguren ist verschwunden, ein geflohener Mörder hatte sich eingeschlichen, unter die wächsernen Kerle gemischt. Ein echter Mord an einem Ort, in dem Morde nachgespielt werden.

Wie bringt man sowas fertig: Unbeweglich stehen, nicht mit der Wimper zucken, sich nicht räuspern, nicht kratzen, wer weiß wie lang. Aber lange kann's nicht gewesen sein, dazu war es ja dunkel.

Wie hier. Du bringst, dachte er, schon die Geschichten durcheinander. Hier jedenfalls gab es weder Mörder noch deren Opfer, weder Henker noch Hingerichtete, weder Geköpfte noch Gehängte, Verbrannte, Zerstückelte. Kein Blut. Nichts Grauenerregendes. Nur Katzen, Kunstkatzen, mit denen er nun die Nacht verbringen würde. Die Situation war ja nicht ohne Reiz.

Er suchte nach einem Plätzchen, wo er sich auf seinen Mantel legen und schlafen konnte. Und wenn nicht schlafen, dann doch dösen. Wenigstens gab es eine Toilette im Untergeschoss, er brauchte nur dem Pfeil zu folgen, so viel sah er, es war eine seltsam diffuse, aber keine Stockdunkelheit.

Er machte es sich in einer Ecke bequem, eine Ecke bietet doch einen gewissen Schutz. Schutz? Den brauchte er nicht, es drohte ja keine Gefahr. Von wem sollte sie auch ausgehen. Jedenfalls gefiel ihm der Gedanke, dass nun auch er eine Geschichte würde erzählen können. Carmen studierte Literaturwissenschaft, sie liebte Geschichten. Besonders verfallen war sie, wie viele Frauen, den unheimlichen, gruseligen. ›Gruselig‹ – er mochte das Wort nicht, es war zu einem Modewort avanciert, über das die Feuilletonschreiber gierig herfielen. Erst kürzlich hatte er von einem gruseligen Kuchenrezept gelesen, einem gruseligen Politiker und gar von einem gruseligen Fußballspiel.

Carmen saß gerade über einer Seminararbeit: »Jenseitswelten in der Literatur des 19. Jahrhunderts«. Oder war es: »Magie in der Kunst der alten Völker«? Irgendwas Gruseliges jedenfalls. Passt doch, dachte er. Schade, dass sie nicht hier ist. Zu zweit gruselt es sich besser. Nein, nicht zu zweit, er dachte nicht daran, sich zu gruseln.

Er erinnerte sich an ihr Gespräch, neulich, in der Pizzeria. Er hatte sich nach dem Fortgang der Arbeit erkundigt, sein flapsiger Ton hatte sie gereizt. Er solle endlich aufhören, sich über etwas lustig zu machen, womit es ihr ernst sei. Er habe ja keine Ahnung. Sie selbst scheute sich nicht, von Poltergeistern zu sprechen, der Wilden Jagd, von Weißen Frauen, merkwürdigen Zufällen und prophetischen Träumen. Sie hatte ihn so böse angefunkelt, dass er sich vornahm, sie am nächsten Abend ins Kino einzuladen: ›Tanz der Vampire‹ von Polanski, der einzige Gruselfilm, den er ertrug, weil er so komisch war, so voll Ironie und Witz.

Er malte es sich aus. Er würde ihr also erzählen, wie es fast dunkel gewesen sei, wie er glaubte, ein leises Fauchen zu hören, wie die große Bubastiskatze ein Auge geschlossen und das andere geöffnet hatte. Wie sie ihn ansah. Nein, anstarrte. Er stellte sich Carmens Gesicht vor, wenn er schilderte, wie er den Eindruck gewonnen habe, der Steinklotz verändere sich.

Das musste er nicht mal erfinden, das sah er. Glaubte er zu sehen. Nicht, wenn er ihn beobachtete, aber wenn er kurz wegschaute und dann wieder hin, oder seitlich aus den Augenwinkeln, hatte der sich tatsächlich verändert. Die Veränderung selbst, der Prozess der Veränderung war nicht wahrnehmbar. Der Kopf der Figur leicht gedreht, eine Pfote gehoben. Die Phantasie spielte ihm einen Streich. Was sonst.

Weiter in der Geschichte: Er würde erzählen, wie er ein Geräusch gehört habe. Ein Knirschen. Ein Schleifen. Wie etwas ganz langsam sich auf ihn zubewegt habe in der Fast-Dunkelheit. Wie die Venus in der Geschichte ›Die Venus von Ille‹, die sie ihm zu lesen gegeben hatte: Die steinerne, aus der Erde geholte Statue hatte mitternächtlich ihren Ausgräber besucht, sich zu ihm ins Bett gelegt, was diesem nicht gut bekommen war. Wer hatte die Novelle geschrieben? Gustav Meyrink? Der Prager Dichter, Erfinder oder Erbauer oder Konstrukteur des Golem, einer zum Leben erwachten Steinfigur, war berühmt für seine unheimlichen Geschichten. Nein, der Golem war ja aus Lehm. Wie Gott den Menschen aus Lehm, hatte Meyrink seinen Golem aus Lehm zusammengebazzelt. Und die marmorkalte Venus von Ille entstammte natürlich Daudets Phantasie. Von dem hatten sie in der Schule etwas gelesen, ›Lettres de mon moulin‹. Irgendwas mit einer Geiß, *une chèvre*, und einem Wolf, *un loup*. *Le loup avait mangé la chèvre. Le grand chat noir avait mangé l'homme, qui devait passer la nuit dans le musée* – die große schwarze Katze hatte den Mann gefressen, der die Nacht im Museum verbringen musste. Und der Schöpfer des Golem, wusste er wieder, war natürlich nicht Meyrink, sondern ein jüdischer Rabbi. Der Rabbi Löwe hatte im Mittelalter seinen Golem geschaffen, weil er einen Diener brauchte, einen stummen Roboter, der seine Befehle ausführte. Er konnte ihn sogar, wenn dieser Golem aufmüpfig werden sollte, mit einem einzigen Wort zu Staub zerfallen lassen. Mit welchem Wort? Einfach »Golem« in die Suchmaschine eingeben. Morgen. Die Kenntnis all dieser unheimlichen Geschichten verdankte er, wem sonst, Carmen. Sie hatte sich eine ganze »Phantastische Bibliothek« zusammengelesen, ihm das eine oder andere Buch aufgedrängt, in der Hoffnung, ihm, so sagte sie, »die Augen öffnen zu können«. Für die andere Welt.

Mérimée, fiel ihm ein, Prosper Mérimée. Natürlich. Der hatte ›Die Venus von Ille‹ geschrieben. Und nicht auch die Erzählung ›Carmen‹? Und der Rabbi hieß nicht Löwe, sondern Löw. Auch Löwen sind Katzen. Siehe die Bubastis. Familie *felis*.

Er kannte Carmen seit zwei Monaten, und eine Venus war sie auch, aber eine eher ruhige, deren Liebe nicht vom Zigeuner stammte. Mehr Micaela als Carmen. Warum nur hatte dieses sanfte Geschöpf eine solche Vorliebe für Unheimliches?

Was würde er ihr also erzählen?

Vielleicht andersherum: Nicht die Katze habe sich bewegt,

sondern er. Ihr Blick habe ihn hypnotisiert, habe ihn ange-
zogen. Magisch, sozusagen. Wie er, er habe sich nicht wehren
können, auf sie zugegangen sei, ihr Blick sei ein Lasso gewesen,
das ihn eingefangen habe, wie sie die rechte Pfote sehr lang aus-
gefahren habe und wie er auf die Pfote geklettert sei, wie die
kleinen Kätzchen auf die Pfoten der Mutterkatze dort im Glaskasten, und wie sie ihn zu sich hinaufgehoben habe, wie er sie
ganz nah gesehen, ihren scharfen Raubtieratem gerochen, ihre
langen Schnurrbarthaare habe zittern sehen.

Nein, Schnurrbarthaare – das ging nicht. Steinkatzen haben
keine Schnurrbarthaare. Ihm fiel die vertrocknete Katzen-
mumie ein, gegenüber der Katze mit den vielen Jungen. Konnte
er die nicht auferstehen lassen? Wie diese andere Mumie in der
mehrmals verfilmten Geschichte aus dem Alten und dem
Neuen Ägypten. Er hatte den Schwarz-Weiß-Film mit Boris
Karloff, dem kantigen Bösewicht vom Dienst, schon einmal
gesehen und sich amüsiert über die schlichten, in der Neu-
verfilmung umso viel raffinierteren Gruseleffekte, hatte ihn sogar auf Video aufgenommen, um ihn Carmen vorzuführen, auf
dass sie sich recht gruseln könne.

Er gähnte und zog den Mantel zum Kinn.

Aber statt der vertrockneten Katze in ihrem Mumiensarg
vielleicht doch lieber die große Bubastiskatze. Die machte mehr
her. Er würde schildern, wie die das Maul geöffnet habe, um
ihm den Kopf abzubeißen. Wie der Riese Polyphem einem der
Freunde des Odysseus, auch das konnte man in dem Film ›Die
Abenteuer des Odysseus‹ sehr schön sehen, mit allen farbigen,
schaurlichen Details. Und er würde der Katze eine Stimme
geben, eine raue, heisere Flüsterstimme. Nein, besser nicht,
das mit der Stimme war albern, war billig. Carmens Grusel-
geschichten hatten ein höheres Niveau.

»*Du bist gekommen*«, flüsterte die Stimme. Sie war rau und heiser.

Die Stille, sagte er sich, die Einsamkeit, die Dunkelheit. Sowas kann schon an den Nerven zehren. Die Augen sehen fast nichts. Keine äußeren Eindrücke mehr. Nur noch innere. Innere Eindrücke können sich materialisieren, können Stimme werden, Bilder. Man muss das nicht ernst nehmen. Man kann es erklären. Man kann alles erklären.

Das kann man nicht, hatte Carmen heftig gesagt, damals in der Pizzeria. Es gebe andere Welten außer der, die mit seinen armen Sinnen wahrnehmbar sei. Mehr Dinge zwischen Himmel und Erde, als seine Schulweisheit sich träumen lasse. An ihrer Gereiztheit war wohl ihr vom Mond abhängender Zyklus schuld gewesen.

Zwischen Himmel und Erde tummle sich so einiges, aber keine unerklärlichen, sondern handfestere, reale Dinge, Flugzeuge, Wetterstationen, Satelliten etwa, hatte er gesagt. Shakespeare sei schließlich kein Wissenschaftler gewesen, sondern ein Dichter. Dichter dürfen spinnen. »Deine Zwischen- und Anderswelten existieren nicht. Das ist finsterer Aberglaube, ich hab's dir oft genug gesagt. Du solltest das Studienfach wechseln. Mach was Vernünftiges, Chemie oder Biologie.«

Sie hatte ihn eindringlich angesehen. »Diese Welten sind so real wie deine gewohnte Welt. Und sie sind nicht leer. Sie sind belebt.«

»So? Von wem?«

»Von Wesen, die denken, handeln, die einen Willen haben und die Macht, auf deine Welt einzuwirken.«

»Engel, Teufel, Geister«, hatte er gesagt und gegrinst. »Noch was?«

»Ja. Götter. Die alten Völker wussten, dass es sie gibt. Die

Götter waren für sie so wirklich wie für dich deine Reagenzgläser, dein Labor, deine Mitarbeiter, ich weiß ja nicht genau, was du dort machst. Du hast nie davon erzählt.«

»Ist nicht deine Welt, nicht interessant für dich. Deine alten Götter, meine Liebe, sind längst pensioniert. Die sitzen auf dem Olymp und verzehren ihre Rente.«

»Götter kann man nicht in Pension schicken«, hatte Carmen mit tiefem Ernst gesagt. »Sie sehen uns zu, bei allem, was wir tun.«

»Das glaubst du doch nicht wirklich!«

Sie ließ den Finger auf dem Rand ihres Glases kreisen. »Hast du noch nie das Gefühl gehabt, es beobachte dich jemand, den du nicht siehst? Hast du nie einen Blick gespürt? Eine unerklärliche Anwesenheit?«

»Ich? Nie! Deine Götter sind so wenig an mir interessiert wie ich an ihnen.«

»Sie können in dein Leben eingreifen, wenn es ihnen wichtig erscheint.«

»Wichtig für wen?«

»Für dich.«

»Hör auf, Schatz, du verrennst dich da in etwas. Ich mach mir Sorgen um dich.«

Sie hatte nicht aufgehört, sie war immer eindringlicher geworden, ihre Augen immer glänzender, fiebriger. »Sie können sich in einem Abbild verkörpern, in einer Statue. Im steinernen Abbild einer heiligen Katze.«

Den letzten Satz hatte Carmen damals nicht gesagt. Wie kam er darauf? Sie hatte ihn sitzen lassen, ihre Pizza demonstrativ selbst bezahlt und war gegangen.

»Ich hab auf dich gewartet.«

Die Stimme kam von, kam aus der großen schwarzen Katze.

Machte sich jemand einen Jux mit ihm? Mit Hilfe eines technischen Schnickschnacks? Ist ja heutzutag kein Problem. War irgendwo eine Kamera versteckt, um seine Reaktionen aufzunehmen? Aber warum?

Er konnte fast nichts sehen. Nur hören:

»*Du verfolgst mich.*« Die Stimme war lauter geworden. Schärfer. Schneidender.

»*Du tust mir Böses.*«

Gut. Er würde den Spaß mitmachen. Denn es musste einer sein. »Niemals hab ich so etwas getan. Ich nicht. Man hat dich verehrt, große alte Katze. Es ging dir gut, damals, du kannst dich nicht beklagen. Sie haben dich sogar zur Göttin gemacht. Bastet. Oder Bubastis. Du bist die große heilige Katze der Bubastis. So steht's geschrieben. Hier!« Er wedelte mit dem Faltblättchen. »Und so kann man es hören in den Audioguides. Wer dich schlecht behandelte, der diente vermutlich den Krokodilen als Nachtisch. Also sei zufrieden.«

»*Du hast mich in einen Sack gesteckt und ins Wasser geworfen.*«

Er fuhr zusammen. Das war kein Spaß mehr. Wer konnte davon wissen?

»Es war eine Mutprobe, jeder von unserer Bande hat es getan. Ich war vierzehn. Es war mir kein Vergnügen. Und es ist längst verjährt.«

Die Katze – oder die Stimme – gab keine Ruh. »*Die alten Völker haben mich verehrt. Dann kamen die neuen Völker. Dann kamst du.*«

»Ich hab mir nichts vorzuwerfen.«

»*Du tust mir Böses.*«

»Du wiederholst dich. Ich bin ein Mann der Wissenschaft. Was ich tue, tue ich zum Wohl des Menschen. Meine Arbeit ist die nützliche, sinnvolle Arbeit eines Forschers. Viele tun sie.

Wenn du das meinst, was ich gestern – das war nichts Böses im moralischen Sinn. Das war Routine. Alltag. Mein täglich Brot.«

Das Glimmen in den Augen der großen Katze verstärkte sich, um ihre Gestalt lag nun ein leicht rötlicher Schimmer. Diese Katze, oder wer immer dahintersteckte, war darauf aus, sich mit ihm anzulegen. Eine Streitkatze.

Nicht mit ihm. Er würde sich nicht streiten. Sich nicht rechtfertigen. Warum auch? Er war sich keiner Schuld bewusst. Aber klein beigeben würde er auch nicht. »Du bist«, sagte er, »aus schwarzem Stein. Das weiß ich. Du sprichst mit mir. Das hör ich. Du bist eine Halluzination, der Stille geschuldet, der Dunkelheit. Du bist nicht real. Du bist erklärbar.«

»*Erklär mich!*«, sagte die Stimme.

»Wie du willst. Nach Wikipedia gibt es«, sagte er sehr laut, »mindestens siebenunddreißig Katzenarten, die im Körperbau alle relativ ähnlich sind, sich aber vor allem in Färbung und Größe voneinander unterscheiden.«

»*Du verfolgst mich.*«

»Man kennt drei lebende Unterformen: Großkatzen, Kleinkatzen und Geparde. Molekulare Untersuchungen ergaben, dass nur der Gepard deutlicher von anderen Katzen abweicht, er ist am engsten mit der Gattung Puma und Jaguarundi verwandt.«

»*Trinkst Katzenblut. Reibst dein Glied mit meinem Blut ein, damit Frauen dich lieben. Isst mein Fleisch, um zaubern zu können.*«

»Eine weitere, heute ausgestorbene Unterfamilie stellen die Säbelzahntiger dar.«

»*Steckst mich in enge Käfige. In Körbe, die du ins Feuer wirfst. Du schmeißt meine Kinder in die Jauchegrube. Schmetterst mich an die Wand. Ziehst mir das Fell ab. Du trittst auf mir herum.«*

»Durch die Entwicklung von molekulargenetischen Methoden, mit deren Hilfe DNA-Sequenzen verglichen werden können, wurde erkannt, dass die herkömmliche Dreiteilung der Katzen nicht die tatsächlichen Verwandtschaftsverhältnisse widerspiegelt …«

»Du setzt mich aus, wenn du genug hast von mir.«

»… weshalb die innere Systematik der Katzen immer noch umstritten ist.«

»Du gibst mir Nahrung, die mich krank macht.«

»Eine Sonderart ist die schwanzlose Manxkatze.«

»Du züchtest mich krank.«

»Auch die Stellung der Marmorkatze, traditionell den Großkatzen zugerechnet, ist umstritten.«

»Du schneidest mir den Leib auf, obwohl ich schwanger bin.«

»Die genannten siebenunddreißig verschiedenen Katzenarten unterteilen sich in acht Hauptlinien: Großkatzen, Asiatische Goldkatzen, die Karakal-Gruppe, die Ozelot-Linie, die Luchs-Gruppe, die Puma-Gruppe, die Bengalikatzen-Gruppe und die Hauskatzen-Linie.«

»Du spannst mich ein, so dass ich mich nicht bewegen kann. Durchschneidest meine Stimmbänder, damit du meine Schreie nicht hören musst. Bläst Rauch in meine Augen. Nähst meine Augen zu. Du schlachtest mich aus.«

»Relativ unsicher ist jedoch die Zugehörigkeit der Bergkatze zur Ozelot-Linie. Und nun Schluss mit der elenden Litanei!«, schrie er.

Ein Winseln kam aus dem Kasten neben der Tür, in dem die Mutterkatze mit den vielen Jungen auf den Pfoten hockte.

»*Sie frisst ihre Kinder. Wenn die Katze eines ihrer Jungen frisst, kommt jemand zu Tode.*«

»Natürlich. Ihr Kind. Eine Rabenmutter, die Katze.«

»*Nein. Nicht das Kind kommt zu Tode. Das Kind nicht.*«

Es reichte. Er hatte keine Lust, sich verrückt machen zu lassen. Natürlich wusste er noch viel mehr über Katzen, über ihre Organe, deren Funktion, aber die Worte weigerten sich, aus seinem Mund zu kommen.

»Ich will nichts mehr hören.«

»*Du musst hören!*«, sagte die Katze. Das rötliche Leuchten, das ihren steinernen Körper umgab, wurde stärker.

Ihm fiel ein, dass am Fenster auf einem Sockel ein kleiner roter Sphinx stand, »Grabbeigabe aus Theben, roter Sandstein« hatte er auf dem Schildchen gelesen. Er rannte hin, packte die Figur und warf sie der Bubastiskatze an den Kopf. Der Sphinx zerbrach in Stücke, die Stücke schwebten oder tänzelten wie Schneeflocken oder Federn lautlos und in Zeitlupentempo zu Boden und blieben zu Füßen der Statue liegen. Die hatte nur noch ein Auge. An der Stelle des anderen gähnte ein Loch. Das Auge lag auf dem Boden, daneben ein Stück der Nase.

»Wie der große Sphinx von Gizeh«, spottete er. »Der hat auch eine ramponierte Nase. Das hast du davon. Siehst nicht mehr gut aus. Kein Staat mehr mit dir zu machen.«

Das Auge auf dem Boden glühte auf.

Ihm war kalt.

Das glühende Auge fixierte ihn.

»*Du bist gefangen. Bist nicht rechtzeitig entkommen*«, sagte die Katze.

»Ich hab nichts gehört. Keine Durchsage.«

»*Vielleicht hattest du einen Grund, nichts zu hören.*«

»Was denn für einen Grund?«

»*Du kennst ihn. Vielleicht waren deine Ohren klüger als du.*«

»Unsinn.«

»*Du fürchtest dich. Dir graut.*«

»Nein.«

»*Es ist dunkel.*«

»Du kannst nicht sprechen. Du bist aus Stein. So etwas gibt es nicht.«

»*So etwas gibt es nicht*«, wiederholte die Stimme. »*Gibt es nicht. Gibt es nicht …*«

Das Auge schwoll an, setzte sich, groß wie ein Kopf, in Bewegung. Ein Riesenauge, wurde eine glühende grüne Lawine, rollte auf ihn zu.

Er schrie. Schrie. Schrie …

Fuhr auf. Sah sich um. Er war allein. Und es war hell. Da war niemand außer ihm und den verdammten Katzen. Der kleine rote Sphinx lag, die Pfoten ausgestreckt, friedlich auf seinem Sockel. Die monumentale Bubastiskatze hockte unversehrt, schwarz und schweigend auf ihrem Klotz und sah gelangweilt über ihn hinweg. Mit vollständiger Nase. Und mit beiden Augen.

Seine Uhr zeigte zehn Minuten vor siebzehn Uhr. Sein Mund war trocken. Er suchte die Packung Kaugummi, die er nachts angerissen hatte. Da war keine Packung. Die lag, fiel ihm ein, im Handschuhfach des Autos. Dafür fand er das Handy in der Jackentasche.

»Wir weisen unsere Besucher darauf hin«, sagte die freundliche weibliche Lautsprecherstimme, »dass wir in wenigen Minuten schließen. Wir bedanken uns für Ihr Interesse, auf Wiedersehen, und kommen Sie gut nach Hause.«

Er rannte zur Treppe, die ins Erdgeschoss und zum Ausgang führte. Verlor das Gleichgewicht, stürzte, sich mehrmals überschlagend, hinunter und blieb auf der untersten Stufe liegen. Eine Aufsichtsperson beugte sich über den verkrümmt Daliegenden. »Sie frisst ihre Kinder«, flüsterte dieser. »Wenn die Katze eines ihrer Jungen frisst, kommt jemand zu Tode.«

Die Treppe färbte sich rot.

Es gibt eine Zeit …

Ein Mann ging zum Psychotherapeuten.

»Was haben Sie?«, fragte der.

»Ich habe etwas nicht mehr. Mir fehlt etwas.«

»Und das wäre?«

»Meine Katze.«

»Aha. Ist sie verschwunden? Mit einem Kater durchgebrannt?«

»Sie ist tot.«

»Bedauerlich, aber nicht ungewöhnlich. Wieso kommen Sie damit zu mir?«

»Man hat es mir geraten, man hat mich geschickt. Ich wollte ja nicht, aber man hat mich dazu gedrängt.«

»Wer?«

»Meine Nachbarn. Meine Freunde. Meine Kollegen.«

»Warum haben die Sie zu mir geschickt?«

»Weil ich ihnen auf die Nerven gefallen bin. Hab nicht mehr gelacht.«

»Und das hat Ihre Freunde besorgt gemacht?«

»Sie haben gesagt, so gehe das nicht weiter.«

»Was?«

»Dass ich trauere.«

»Um die Katze?«

»Ja. Um meine Katze.«

Mann trauert um Katze, notierte sich der Therapeut. »Waren Sie auch besorgt darüber?«

»Nein. Wenn ich traurig bin, bin ich lange traurig. Das war schon immer so. Meine Mutter hat einmal gesagt, bei mir daure halt alles. Weil ich ein Spätzünder sei.«

»Wie lange geht das nun schon mit Ihrer Trauer?«

»Etwa drei Wochen.«

Was er bedenklich fand. Ein schwerer Fall. *Einige Wochen getrauert*, schrieb er sich auf. Nach neuesten Erkenntnissen amerikanischer Wissenschaftler, sagte er, sei Trauern, das sich nicht im vernünftigen Rahmen halte, Zeichen einer seelischen Störung. Nachzulesen in einem soeben erschienenen Handbuch, einem Standardwerk. Der unangemessen Trauernde entziehe sich dem Arbeitsprozess, sei zu nichts zu gebrauchen und mache seiner Umwelt ein schlechtes Gewissen. Er störe ihre Fröhlichkeit, ihr Vergnügen.

»Ja, sie haben gemeint, dass ich es übertreibe, und ich solle mich nicht so anstellen.«

»Ihre Freunde haben recht.«

»Sie denken also auch, ich sei krank?«

»Sozusagen. Zwei Wochen Trauer um einen Menschen ist, wie wir heute wissen, völlig ausreichend. Eine Woche, höchstens, um ein Tier, es kommt natürlich auf seine Größe an, ein Kanarienvogel sollte nicht länger als einen halben Tag betrauert werden, Hund und Katze einen Tag, ein Pferd schon zwei, ein Elefant – na ja. Wer länger trauert, der gehört zum Arzt. Oder zum Therapeuten. Also zu mir.«

»Ich bin ja zu Ihnen gekommen«, sagte der Mann. »Ich bin immer noch traurig. Sehr traurig.« Er hatte Tränen in den Augen. »Ich sitz am Fenster und schau hinaus und denk, vielleicht kommt sie halt doch wieder. Aber sie kann ja nicht mehr kommen. Oder ich seh etwas auf dem Balkon, einen Schatten. Sie saß immer vor der Balkontür, und dann hab ich drinnen ein paar Faxen gemacht, und sie hat draußen ein paar Faxen gemacht, das war unser Ritual, dann hab ich sie reingelassen. Oder ich halt die Luft an, weil ich denk, draußen maunzt sie. Manchmal maunzt wirklich jemand, aber das ist die Katze vom Nachbarn. Die sucht sie nämlich, die zwei waren befreundet. Als meine Katze so krank war, ist die andere jeden Tag gekommen, hat sich neben sie gelegt und sie abgeschleckt. Wie meine Katze mich.«

»Die Katze – Sie? Als Sie krank waren?«

»Nicht mein Körper. Meine Seele. Sie hat mich mit ihrer rauen Zunge abgeschleckt, als ich voll Traurigkeit war und nicht wusste, wie's weitergehen sollte. Katzen spüren das. Sie schweigen. Sie verstehen. Sie trösten.«

»Pfui Teufel!«, sagte der Psychotherapeut und schrieb auch das auf: *Lässt sich von Katze abschlecken.* Dann verbesserte er: *Mann ließ sich von Katze abschlecken.*

»Es hat mir geholfen«, sagte der Mann.

»Aber dass Sie auf sie warten, ist Unsinn.«

»Ich weiß. Sie ist ja tot.«

»Woran ist Ihre Katze gestorben?«

»Der Tierarzt hat ihr eine Spritze gegeben.«

»Sie haben Ihre Katze also in die Praxis gebracht, um sie einschläfern zu lassen.«

»Nein, ich hab ihn gebeten, zu kommen. Sie hatte immer Angst, wenn sie dachte, jetzt geht's zu ihm.«

»Katzen denken nicht.«

»Ich weiß nicht, woher sie es wusste, aber sie hat dann jedes Mal nasse Pfoten gekriegt. Tiere merken, was man vorhat.

Auch wenn man nur dran denkt. Drum ist er zu uns nach Hause gekommen, da musste sie nicht solche Angst haben. Sie hat dauernd gespuckt, konnte nichts mehr fressen, kaum noch gehen, Wasser im Bauch, sie hat gelitten. Ich auch. Ich hab es lang hinausgeschoben, hab gedacht, vielleicht rappelt sie sich noch mal auf. Aber im Grunde hab ich's gewusst. Und hinterher, als der Tierarzt weg war, bin ich noch bei ihr gesessen und hab sie gestreichelt. Bis sie kalt und steif war. Dann hab ich sie hinausgetragen und begraben. Das Grab war ja schon fertig.«

»Wie das?«

»Mir war klar, es kann nicht mehr lange dauern. Drum hab ich schon vorher – ich hab auch gedacht, wenn es kalt wird und der Boden zufriert, kann ich nicht mehr graben und muss sie beim Tierarzt lassen. Das wollte ich aber nicht.«

»Es wäre einfacher gewesen, als ein Loch zu graben.«

»Ein Grab – Löcher sind ohne Würde. Man weiß ja – dort wird sie entsorgt, wird mit anderen toten Tieren verbrannt. Oder zu Tiermehl verarbeitet. Nein, ich wollte sie zuhaus haben. Sie ist danebengesessen und hat mir zugeschaut, wie ich gegraben hab. Geh weg, hab ich gesagt, ich grab hier nur, weil ich einen Sommerflieder einsetzen will, der soll noch anwachsen, weißt du. Aber sie hat mich nur angeschaut. Sie hat es wohl gewusst. Dass es für sie ist.«

»Und dann haben Sie sie also begraben.«

»Ja. Hab sie in mein schönstes Handtuch gewickelt, das mit den vielen bunten Vögeln, unter jedem Vogel ist sein Name gestanden. Rotkehlchen oder Amsel oder Buntspecht. Dann hab ich sie hineingelegt, ganz vorsichtig. Und ein paar Blumen.«

»Was für Blumen?«

»Rosen. Es waren die letzten, es war ja schon November, sie hat oft an den Rosen geschnuppert. Hat sie gern angesprungen und heruntergezogen, dann waren sie hin. Und Katzenminze, darin hat sie sich immer rumgerollt. Und dann …«

»Ja?«

»Ich hab das Grab zugeschaufelt. Hab ein paar schwere Steine draufgelegt, damit keiner sie wieder ausgräbt und – dort wo ich lebe, gibt es Füchse. Bin dann noch ein bisschen dagestanden. Ich hab geheult«, sagte der Mann leise und wischte sich die Augen.

»Lange?«

»Ein paar Minuten wohl.«

Ein paar Minuten geheult, notierte der Therapeut. »Weiter?«

»Ich hab – muss ich das sagen?«

»Sie müssen alles sagen, sonst kann ich Ihnen nicht helfen.«

»Ich hab ein Licht angezündet in einer kleinen Laterne. Wie man sie auf Gräber stellt. Und dann hab ich es gesagt. Dass das ewige Licht ihr leuchten solle.«

»Das ewige Licht?«

»So betet man doch, wenn jemand begraben worden ist. Das weiß ich von früher.«

»Sie sind religiös?«

»Schon lange nicht mehr. Ich glaube auch nicht an einen Himmel. Nicht für mich. Vielleicht gibt es einen Himmel für Tiere, einen Himmel für meine Katze. Meine Katze in ihrem Himmel wird mich erwarten, damit ich, wenn ich komme, nicht allein sein werde.«

»Sie widersprechen sich. Sie können nicht in einen Himmel kommen, an den Sie nicht glauben.«

»Ich weiß, dass ich mir widerspreche. Ich hab sie ein paarmal wiedergesehen. Im Traum. Sie war aber nicht allein, da war jedes Mal eine weiße Katze bei ihr, die ich nicht kenne. Vielleicht ihr Schutzengel.«

»Sie glauben an Schutzengel? Und damit nicht genug, auch noch an Schutzengel für Katzen?«

»Nein. Doch könnte es nicht sein, dass es etwas gibt, das nicht auf unseren Glauben angewiesen ist? Manchmal denk ich solche Sachen. Sie nicht?«

»Was für ein Unsinn!«, sagte der Therapeut. »Und warum die Kerze, wenn Sie nicht religiös sind?«

»Ich mach das immer. Auch unterwegs, auf einer Reise. Ich schau mir gern Kirchen an oder kleine Kapellen. Dann kauf ich da eine von diesen Kerzen, steck sie in den Halter zu den anderen und zünde sie an für jemanden, den ich gern habe. Wie meine Katze.«

»Wie gern haben Sie die Katze gehabt? Wie einen Menschen?«

»Nicht wie einen Menschen. Wie eine Katze eben.«

»Macht das einen Unterschied?«

»Die Katze verlangt nichts von einem. Wenn sie einen gern hat, tut sie es umsonst.«

»Was kostet so eine Kerze?«

»Je nach Größe. Ich hab immer die mittelgroßen genommen.«

Kauft mittelgroße Kerzen für Katze, schrieb der Therapeut.

»Ich hab's getan, damit ihr nichts passiert, damit sie wieder da ist, wenn ich zurück bin. Die Nachbarn haben sie immer versorgt, aber man weiß ja nie, ein Auto, Füchse, Hunde. Die Kerze war für den heiligen Franziskus. Damit der aufpasst.«

»Warum gerade für den?«

»Der ist doch zuständig für Tiere. Er hält sie für seine Brüder. Wissen Sie das nicht?«

»Ich erinnere mich dunkel.« *Franziskus hält Tiere für seine Brüder,* notierte er. Und: *Komischer Heiliger.* »Dann sind Sie also doch religiös.«

»Bin ich nicht. Aber ich bin gern in einer Kirche.«

»Warum?«

»Ich weiß nicht. Vielleicht ist es die Stille. Man sitzt einfach da und schaut sich alles an. Die Säulen, die Kapitelle und was darauf zu sehen ist, die Figuren, die seltsame Dinge tun, man weiß ja nicht mehr, was da passiert, wer kennt sich heute noch aus mit diesen alten Geschichten. Die haben alle so große Augen, diese Figuren. Und lange Finger, mit denen sie auf einen deuten. Ich fühle mich dann immer gemeint. Wie bei meiner Katze, wenn die mich anschaute, hatte ich auch das Gefühl, sie meint mich. Das ist ein gutes Gefühl. Es gibt ja nicht viele, die einen meinen. Man schaut zum Altar, zu den Blumen, den Heiligen in den Seitenaltären. Die haben es auch nicht leicht gehabt, sagt man. Man kann an etwas denken, aber man muss nicht denken. Man kann einfach so dasitzen und den Gedanken zuschauen, wie sie herumschweben oder wegfliegen, man kann ruhig werden und der Stille zuhören.«

Fühlt sich gemeint, schrieb der Therapeut. *Hört der Stille zu.*

»Diese Stille – sagt die Ihnen was?«

»Ja.«

»Was denn?«

»Das kann ich Ihnen nicht sagen. Wenn ich es sagen würde – ich glaub, es ging kaputt. Und es ist nur für mich.«

»Sie trauern also …«

»Ja, immer noch traure ich.«

»Und Sie können nicht damit aufhören?«

»Nein. Aber alle haben gesagt, dass ich es muss.«

»Ja, das müssen Sie. Ich gebe Ihnen etwas.«

»Wissen Sie denn, was ich brauche?«

»Aber sicher, das ist mein Beruf.«

»Was denn?«

»Pillen.«

Der Mann wollte keine Pillen.

»Was wollen Sie dann?«

Das wusste der Mann nicht. »Einen Trost vielleicht«, sagte er leise. »Ein Gefühl. Ein paar Worte. Irgend so etwas.«

»Das brauchen Sie nicht. Die Pillen nehmen Ihnen die Trauer«, sagte der Psychotherapeut. »Dann sind Sie wieder der Alte. Frisch und munter und aktiv und dynamisch.«

»Man ist nie wieder der, der man gewesen ist.«

»Es war nur eine Katze, vergessen Sie das nicht.«

»Wie könnte ich das vergessen.«

»Diese Pillen sind gut für Sie.«

»*Guiness is good for you*«, sagte der Mann und lächelte ein bisschen. »Ich war mal in Irland, da steht das auf vielen Plakaten und in den Pubs. Dass Guiness gut für mich sei. Guiness ist ein Bier, ein dunkles, schmeckt etwas bitter.«

Guiness is good for you, schrieb der Therapeut, las es noch einmal und strich es wieder durch. »Denken Sie dran, die Menschen, die Sie kennen, wollen keinen miesepetrigen Freund, sondern einen fröhlich dem Leben zugewandten. Hier das Rezept.«

*

Nach drei Wochen stand der Mann wieder da.

»Die Pillen haben gewirkt? Oder brauchen Sie noch welche?«

»Nein.«

»Sie sind also nicht mehr traurig. Ich freue mich, dass

ich Ihnen helfen konnte. Die Rechnung wird Ihnen zugeschickt.«

»Ich will sie wiederhaben.«

»Wen?«

»Meine Trauer. Sie fehlt mir fast ebenso wie meine Katze. Ich spüre, dass ich noch etwas trauern sollte, bevor ich wieder fröhlich sein kann. Bitte geben Sie sie mir zurück. Sie bekommen auch Ihre Pillen wieder. Hier!«

»Wissen Sie was? Sie sind –,«, sagte der Therapeut genervt, »kein nützliches Mitglied der Gesellschaft. Sie stellen sich außerhalb. Sie halten sich nicht an die Norm.«

»An welche Norm?«

»An die angemessene Norm für die Trauerzeit.«

»Ein jedes Ding hat seine Zeit«, sagte der Mann. »Das hat er mir gesagt. Und er hat recht.«

»Wer?«

»Der König Salomo.«

»Aha. Gilt ja als gescheit.«

»Nicht gescheit«, sagte der Mann. »Er ist weise. Ein kleiner, aber nicht unwichtiger Unterschied.«

»Und der redet mit Ihnen?«

»Wir unterhalten uns ab und zu.«

Unterhält sich mit König Salomo, notierte der Therapeut.

»Es gibt eine Zeit des Weinens und eine Zeit des Lachens, hat er gesagt. Eine Zeit des Wachens und eine Zeit des Schlafens. Eine Zeit des Umarmens und eine Zeit des Loslassens. Alles hat seine Zeit, sagt er. Da hab ich gewusst: Meine Zeit des Trauerns ist noch nicht vorbei. Ich bitte Sie, mir meine Trauer wiederzugeben.«

Der Therapeut zuckte mit den Schultern und gab dem Mann seine Trauer zurück. »Ich kann leider nichts mehr für Sie tun«, sagte er, »und Sie tun, was Sie nicht lassen können. Trauern Sie halt, solange Sie wollen. Aber ohne mich. Bitte beehren Sie mich nicht wieder.«

*

Der Mann trauerte also weiter, wie der König Salomo es ihm ans Herz gelegt hatte. Die Trauer war dunkel, und sie schmeckte bitter.

Was bitter schmeckt, kann heilen. Allmählich wurde seine Trauer heller, sie wog nicht mehr so schwer, ihm wurde leichter ums Herz, und eines Tages schwebte sie wie eine Wolke davon. Wohin wusste er nicht, er hoffte aber, zu jemandem, der sie sich nicht ausreden ließ, weil er sie nötig hatte. *Trauer is good for you*! Er spürte, sie war gekommen, die Zeit des Loslassens. Bald würde eine andere Katze vor seiner Tür sitzen. Eine, die jemand entsorgt hatte, weil sie ihm lästig geworden war. Oder eine verletzte Katze mit eingerissenem Ohr. Oder eine nicht so ansehnliche Katze mit räudigem Fell, Rotznase und Triefaugen.

Es spricht sich herum bei Katzen, wo man hingehen kann, wenn man nicht mehr weiß wohin.

Ketzer und Katze

Nachdem alles vorbei ist, die Knechte die Reste ins Wasser gefegt haben, damit auch kein Stäubchen von ihm übrigbleibe, steht er auf und geht langsam fort. Er sieht alles, aber er hat den Eindruck, als könne niemand ihn sehen. Das verwundert ihn zunächst, aber dann erinnert er sich wieder an das Geschehene, an die Strohballen, an den Pfahl, an den man ihn gekettet hat, an das schwelende Feuer, den Rauch, der in seine Lungen gedrungen ist, an die vielen neugierigen, hasserfüllten und die wenigen mitleidigen Gesichter der Umstehenden, an das Kind, das einen Apfelbutzen an die hohe Ketzermütze geworfen, an die Frau, die ihn angespuckt hat; er erinnert sich an das besorgte Gesicht des Markgrafen Ludwig, der dafür zuständig war, dass alles ordnungsgemäß ablaufen würde.

Es ist ordnungsgemäß abgelaufen. Es hat ausgesehen, als sei alles ordnungsgemäß abgelaufen, man hat ja Übung mit solchen Veranstaltungen.

Der Eindruck täuscht. Was er gesehen hat, bevor es zu Ende war mit ihm, war alles andere gewesen als ordnungsgemäß.

Er hat keinen der vielen Heiligen gesehen, wie sie die alten frommen Altarbilder gern zeigen, auch nicht die Mutter des Herrn und nicht den Herrn selbst. Kein Engel hat die Hände ausgebreitet, um seine Seele emporzutragen in den Himmel. Nichts Heiliges haben seine Augen erblickt, sondern Unheiliges: Sie. Imperia. Die Nutte. Die Hübschlerin. Die Katz. Die schöne Katz …

Sie steht da und schaut ihn an. Fängt dann an zu wachsen, streckt sich, wächst über Menschengröße hinaus, das Gewand ist zurückgeglitten und zeigt ihr langes nacktes Bein, zeigt auch, was darüber ist über dem Bein, zeigt den Busen, voll und blank. Beide Arme hat sie weit ausgebreitet, in den Händen hocken, er sieht es deutlich, zwei kleine verkrümmte, armselige Gestalten, rechts ein Geistlicher, links ein Weltlicher. Krone und Tiara. Er hört wieder ihre spöttischen Worte: Ich hab sie in der Hand, mein Freund, alle beide. Kaiser und Papst, arme Würstchen, die kriechen zu Kreuz vor mir, die tanzen nach meiner Pfeife. Er sieht noch, wie sie ihm zublinzelt, wie sie sonst ihren Freiern zublinzelt auf einem dieser Bälle in diesem prächtigen Haus in der Judengasse, dessen Mittelpunkt sie ist, wo sich alle zu ihr drängen, um mit ihr zu tanzen, ihr ins Ohr zu flüstern, was sie von ihr wollten, weil sie nicht nur tanzen wollten mit ihr.

Und er steht am Pfahl, flammenumlodert, um ihn herum das gierige Volk, das nicht genug kriegen kann von dem Schauspiel, das solche Feste liebt, weil es großartig ist, anderen beim Leiden und Sterben zuzuschauen. Er sieht, wie die Schöne sich nun langsam, unmerklich fast, wie im Tanz zu drehen beginnt, mit einer gewissen Feierlichkeit, ohne dass ihre Füße sich bewegen. Wie macht sie das? Nun sieht er ihr Profil, dann sieht er sie von hinten, den schönen Rücken, wie sie sich weiter dreht, zum Wasser hin, dann wieder der Stadt zu, wieder zu ihm, mit langem Hals und stolz erhobenem Kopf, schau her, ich bin's ...

Sein letztes Bild. Wo sind die Bilder, wenn wir die Augen zumachen, nur kurz oder für immer? Wenn wir sie nicht mehr sehen können? Bevor der schwarze Rauch es verschlucken und vernichten kann, schickt er das Bild der schönen Nutte, um es zu retten, damit es nicht verbrenne mit seinen Augen, fort. Schickt es ins Blaue, ins Freie, auf die Reise, in eine andere, ferne, kommende Zeit, es würde herumvagabundieren in dieser zukünftigen Zeit, vielleicht im Traum eines Malers oder eines Bildhauers, und dieser würde das schöne Traumbild festhalten, und wenn er ihm die richtige Form und Gestalt gegeben hat, Imperias Gestalt, würde er sie wieder dahinbringen und hinstellen, wo er, der Ketzer, sie durch die Flammen hindurch zu allerletzt gesehen hat, an den See, ans Ufer, in den Hafen dieser schönen alten Stadt, in die er so hoffnungsvoll gekommen war, in der er sie erblickt und mit ihr geredet hat und nicht nur geredet, auf der Treppe des Hauses, das man »Haus zur Katz« nannte, und dann im Hafen, wo sie neben ihm stand, und später in ihrer Kammer: Imperia, der alle untertan sind, immer untertan sein würden. Dann wäre sie wieder da, und jeder würde ihr zusehen, wie sie sich abermals langsam, hoheitsvoll, eine Herrscherin, drehen und immer wieder drehen würde in ruhigem Tanz, eine Augenweide, bei Tag und bei Nacht, vom Land her und vom See, in dieser fernen Zeit, die anders sein würde als die Zeit, die er nun segnet, wie man so schön sagt, aber unter Qualen segnet.

*

Die Qual ist zu Ende. Er fühlt sich frei und leicht und unversehrt. Geht langsam durch die Gassen, betrachtet die hohen schmalen Giebel, betritt das Münster, in dem es wimmelt von Heiligen. Er schaut ihnen ins Gesicht, vielen ist es gegangen wie ihm, sie haben Qualen erlitten, aber es war nicht die heilige Mutter Kirche, die sie ihnen zugefügt hat, es waren die anderen, die Bösen, die Gottlosen, die Heiden. Und dann waren sie zur Ehre der Altäre gelangt, zu der er, der Ketzer, nie gelangen würde. Ihm ist's egal. Er braucht die Ehre der Altäre nicht. Er sieht auch den Leuten ins Gesicht, die soeben noch zugeschaut haben, wie die Flammen ihn umzüngelten und auffraßen, und die nun in den Bänken knien und Gebete murmeln, heilige Katharina, heilige Afra, heilige Elisabeth, bitt für uns, schenk mir ein Kind, bring den Mann zurück aus dem Krieg, mach den Sohn gesund, meine alten Knochen, heiliger St. Florian, verschon mein Haus, zünd andre an. Er hätte gern auch sich selbst ins Gesicht geschaut, aber da ist nirgends ein Spiegel. Wie sieht einer aus, den man verbrannt hat und der, nachdem nichts von ihm übrig geblieben ist, kein Stäubchen, wie sieht so einer aus, der hinterher durch die Gassen geht, sich die Boote im Hafen anschaut, der, den Modergeruch des Wassers in der Nase, durch die Menschen hindurchgehen kann, ohne dass sie es merken, ohne dass etwas sie anweht, ein Hauch, ein Schauer, irgendwas, das sie spüren können, nicht aber sehen.

Er erinnert sich, wie er zum ersten Mal durch diese Gassen gegangen ist …

*

Nach seiner Ankunft in Konstanz bezieht er sein Quartier. Dann will er sich umschauen, die Stadt kennenlernen. Sie liegt am Wasser. In solchen Städten, denkt er, kann man freier atmen, es gibt immer einen frischen Wind, einen Hafen, ein Münster, eine Markthalle, Wirtshäuser, schöne Bürgerhäuser. Die Stadt ist reich, hat etwas zu bieten, besonders jetzt zum Konzil strömt viel Volk herbei, jeden Tag neue Besucher, weltliche, geistliche, die Wirte reiben sich die Hände, panschen den Wein und erhöhen die Preise. Er fühlt sich sicher, der König hat ihm freies Geleit versprochen, er würde ohne Furcht sagen können, was er zu sagen hat, und er hat einiges zu sagen, was sie nicht gern hören werden, das weiß er, aber er muss es tun, das ist er sich schuldig und Ihm.

Er steht vor einem schönen großen Haus in der Judengasse. Eine Frau kommt die steinerne Treppe herunter, sie geht wie die Mädchen in seiner Heimat, die es gewohnt sind, Körbe auf dem Kopf zu tragen, was ihrer Haltung etwas Stolzes, Majestätisches verleiht. Sie hat eine schöne, volle Gestalt, die das eng anliegende Kleid alles andere als verhüllt. Auf der untersten Stufe bleibt sie stehen, sieht ihn an. Ihr offener, freier, direkter Blick verwirrt ihn, er ist solche Blicke nicht gewohnt, vor allem nicht von einer Frau, weshalb er verlegen den Kopf neigt und grüßt. Sie hebt die Hand, winkt ihm zu, was ihn noch mehr verwirrt.

Später im Quartier erzählt er seinem Hauswirt von der Begegnung. Der weiß mehr. Das sei die Katz, sagt er und lacht. Das Lachen klingt anzüglich.

Die Katz?

Jeder rufe sie so, ihren richtigen Namen wisse er nicht. Sie habe auch selbst eine Katze, eine rote, rot wie ihr Haar. Zwei rote Katzen. Zwei Huren. Manche schwören, es seien gar keine zwei Katzen, sondern nur eine, man sehe nie beide zusammen. Die große Katz schlüpfe, wenn ihr drum sei, in den Körper einer kleinen Katze, streune umher, mache in der Nacht die

Kater ebenso verrückt wie am Tag, als Hübschlerin, die Männerwelt.

Aberglaube, sagt er, nichts als Aberglaube.

Und der Hauswirt: Die Stadt sei voll von diesen Weibern, aus allen Richtungen seien sie gekommen, um ihr Geschäft zu machen.

So habe sie aber nicht ausgesehen, sagt er, nicht wie eine von denen. Eher herrschaftlich, nobel.

Sie sei auch keine gewöhnliche Hübschlerin, sie sei eine bessere. Nicht für jeden zu haben. Suche sich ihre Freier sogar selber aus, lasse abblitzen, wer ihr nicht gefalle, wie neulich den Markgrafen Ludwig zugunsten eines hübschen Habenichts. Die Herren, weltlich und geistlich, stünden Schlange vor ihrem Haus.

Eine Schande, sagt der Mann und weiß selbst nicht genau, was oder wen er meint, die Hübschlerin oder die Schlangestehenden.

Ob sie dort wohne, in diesem prächtigen Haus?

Das nicht, aber sie sei oft dort, werde geladen, nehme teil an Bällen, Tanzereien, Gelagen. Zur Fasnacht gehe es dort hoch her. Die Ehefrauen sähen sie alle scheel an, ihre Eheherren nicht, denen fielen die Augen aus dem Kopf bei ihrem Anblick. Das Haus heiße übrigens »Haus zur Katz«.

Ihretwegen?

Das wohl nicht, obwohl man es so sehen könne. Die »Gesellschaft Zur Katz« gebe es schon lange, übrigens auch in anderen Städten, sogar im Schweizerischen, ihr gehörten Kaufleute an, Handwerker, Bürger, ja, sogar Frauen.

Wo sie herkomme, diese – Katz?

Das wisse man nicht. Manche sagten, aus dem Böhmischen.

Wie ich, sagt er.

Dann könne er ja sein Glück bei ihr versuchen, meint der Hauswirt.

Nein, nein. Er gehöre dem geistlichen Stand an.

Na und? Leute wie er liefen hier in Scharen herum. Der Wirt sieht ihm nach, wie er die Treppe hinaufgeht in seine Stube.

*

Gerade will er einschlafen, da kommt sie auf ihn zu. Sie hat wirklich etwas Katzenhaftes, ihr Gang, die schräg geschnittenen Augen, das Selbstbewusstsein, das sie ausstrahlt. Er verrichtet sein Nachtgebet, um sie loszuwerden, hängt noch ein Gebet dran und noch eins und schläft ganz schnell ein. Aber in seinem Traum ist sie wieder da, lächelt ihm zu und geht, ihr Kleid noch höher raffend als zuvor, so dass er sehen kann, was über dem Bein ist, noch mehr üppigen Busen zeigend, an ihm vorbei. Er sieht ihr nach, sah, sieht, wie auch sie sich umdreht und ihm nachschaut. Und er denkt, als er auftaucht aus dem Traum, ob nicht nur sie in seinem, sondern er auch in ihrem gewesen ist.

Aus dem Garten unten hört er den langgezogenen, menschenähnlichen Schrei einer Katze.

*

Am nächsten Abend geht er zum Hafen. Er schaut den Fischern zu, die ihre Boote zum Ausfahren bereit machen, und fühlt auf einmal, dass jemand neben ihm steht. Er weiß ohne hinzusehen, dass sie es ist. Ihr Gewand streift ihn, ihr Bein berührt seins. Sie riecht nach Geißblatt.

Er sei Priester, sagt er schroff, wie zu seinem Wirt, und rückt etwas von ihr ab.

Sie lacht. Sie habe nichts gegen Kirchenmänner.

Er fühle sich nicht dieser Kirche zugehörig.

Wem er sich dann zugehörig fühle?

Ihm. Er deutet nach oben. Ihm allein.

Die heilige Kirche, sagt sie, verachte sie, nehme ihre Dienste aber gern in Anspruch.

Das sei es eben, sagt er, mit dieser falschen Moral müsse Schluss sein. Mit dem Prunk, den Ausschweifungen, dem üppigen Leben, dem Reichtum. Die Kirche müsse einfacher werden, ärmer, weniger weltlich.

Einfacher? Ärmer? Das werde ihr aber nicht gefallen.

Das wisse er und werde es trotzdem laut sagen, dem König, dem Papst, den Bischöfen, allen. Die Kirche sei ein Saustall, der ausgemistet gehöre.

Sie sehe schon die Mistgabel in seiner Hand, sagt sie, und nach einiger Zeit, in der sie den Möwen Brotstückchen zugeworfen hat, er sei ein mutiger Mann, mutig und ehrlich und ziemlich verrückt. »Ihr lebt gefährlich, wisst Ihr das?«

»Das weiß ich.«

Ob er mit ihr kommen wolle. Sie verlange nichts dafür.

Er habe ein Keuschheitsgelübde abgelegt.

Das hätten sie alle, sagt sie. Das sei kein Hindernis.

Ihr Tun sei nicht gottgewollt.

Woher er denn zu wissen glaube, was Gott wolle.

Sie führe die Menschen in Versuchung.

Jeder könne der Versuchung widerstehen. Sie zwinge keinen, mit ihr zu gehen. Und was an der Liebe böse sei, und an der Lust. Die komme doch auch von Ihm. Sie zeigt zum Himmel, dann auf die Möwen, deren Flügelunterseiten weiß blitzen, und lacht. Weiß blitzen auch ihre Zähne.

Sie kleide sich nicht wie eine anständige Frau. Sie zeige zu viel.

Sie kleide sich, wie sie wolle. Sie habe nicht das Gefühl, sie gefalle ihm nicht. Sie habe noch keinen gesehen, dem nicht gefalle, was sie zu bieten habe. Weder einen Weltlichen noch einen Geistlichen.

Er fragt nach ihrem Namen.

Imperia. Sie wirft den Kopf in den Nacken und lacht. So heiße sie zwar nicht, aber so fühle sie sich.

Also ›Herrscherin‹.

»Und Ihr? Wie heißt Ihr?«

»Jan«, sagt er nach einigem Zögern. »Jan Hus. Aus dem Böhmischen komm ich.«

Sie streckt die Arme aus, die Hände. »Seht Ihr sie da sitzen, Jan? Rechts den König, links den Papst. Sie glauben, sie seien es, die herrschten. Aber ich bin es. Imperia herrscht. Sie fressen mir aus der Hand.«

»Ihr seid eine Hure, Imperia«, sagt er grob. »Und eine Katze.«

»Und Ihr ein Ketzer, Jan Hus. Also Ketzer und Katze. Wir passen zusammen. Ein feines Paar.« Im Übrigen sei sie eine freie Hurenkatze, eine freie Katzenhure und gehöre nur sich selbst. Ob er ein sinnlicheres, schöneres, aufrichtigeres Geschöpf kenne als eine Katze? Sie gehe ein und aus im »Haus zur Katz«, wo er sie ja gesehen habe, auch sie und das Haus passten zueinander. Wie sie und ihre Katze.

»Huren leben gefährlich«, sagt er. »Katzen auch, die gelten als Hexentiere. Man wirft sie ins Feuer.«

»Wie die Ketzer. Komm mit mir, Jan«, sagt sie, »du kannst mich ja bekehren, wenn dir drum ist, und wenn du fertig bist damit, bekehr ich dich, wenn mir drum ist. Du darfst mit meiner Katze spielen, darfst sie streicheln, ihr ins Ohr flüstern, was für eine wunderschöne Katze sie ist, das hat sie gern. Komm!«

Der Duft des Geißblatts am Abend ist überwältigend.

*

Nun geht er durchs Stadttor, lässt die Mauern hinter sich, vor ihm liegt weites, offenes Feld. Es ist Abend, immer dunkler der Himmel, immer heller die Sterne, der Wind weht kühl vom See her. Er geht leicht und befreit, und beim Gehen merkt er, dass er nicht allein unterwegs ist, auch andere sind da, sie ziehen an ihm vorüber, manche nicken oder lächeln oder winken ihm zu, und da ist auch eine Katze, die neben ihm geht, und so sind sie alle unterwegs, und wohin sie unterwegs sind, ob zu neuen Ufern oder nach Hause, weiß er nicht, es kümmert ihn auch nicht, es ist einfach schön, so zu gehen …

Die Friedhofskatze

Der Mann geht über den Friedhof.

Über Friedhöfe waren er und seine Geschwister schon als Kinder immer gern gegangen. Sie hatten mit den Eltern jeden zweiten Samstag das Grab der Großeltern auf dem kleinen Dorffriedhof besucht, der damals noch Gottesacker hieß. Hatten Gießkannen geschleppt, Blumen gegossen, auch den Grabstein, damit man die Namen besser lesen konnte, hatten Verblühtes von den Sträuchern gezupft, Thujazweiglein ins Weihwasserkesselchen getaucht, damit herumgespritzt, und dann hatte eines der Kinder die mitgebrachte Kerze anzünden und in die kleine Laterne stellen dürfen. Nachdem jeder zehn Steinchen, keins weniger, keins mehr, aus der Erde gelesen und hinter dem Grabstein auf einen kleinen Haufen gelegt hatte – warum das zu tun war, wussten sie nicht, aber sie hielten das Ritual streng ein –, waren sie auf elterliches Geheiß hin noch zwei Minuten in stillem Gedenken dagestanden. Hatten aber keineswegs an die hier schon lange in Frieden Ruhenden gedacht, sondern, ohne schlechtes Gewissen, an die

Nusshörnchen, die es zuhause zum Nachmittagskaffee geben würde.

Interessanter als das großelterliche Grab war, des Engels wegen, das Nachbargrab gewesen. Es war zweifellos ein »besseres« Grab mit einem womöglich ›besseren‹ Toten und wurde vom Dorfgärtner in Schuss gehalten, während sie das Unkraut auf ihrem Grab selber rupften. Und Engel, wie man sie heute in allen Größen, Materialien und Preislagen in jedem Gartencenter bekommt, waren damals noch teuer, weil von Hand und vom Steinmetz.

Die Kinder nannten den Engel – für sie war er auch ein »besserer« Engel – aber nicht den trauernden, sondern den traurigen Engel. Er saß leicht gebeugt auf einem Sockel, die Hände im Schoß gefaltet, die Flügel auf halbmast, und trauerte unnachahmlich schön. Einmal, weil das seine Pflicht war, und dann, weil der Zahn der Zeit an ihm nagte. Der Engel hatte ein paar Federn verloren, das heißt, die linke Flügelspitze war abgebrochen, und er hatte nur noch neun Zehen, die Nase war kaum noch andeutungsweise vorhanden. Er bröselte vor sich hin und war voller Grünspan. Das stand ihm gut. Finden wir doch einen antiken arm-, bein- und kopflosen Marmortorso auch oft schöner als eine Statue, an der noch alles dran ist. Und auch die Teddybären, Puppen und Schmusetiere der Kinder waren nicht mehr ganz, was der Liebe keinen Abbruch tat.

Oft lag eine Katze im Schoß des besseren Engels. Hier war sie oben, war sicher und konnte alles überblicken. Die Kinder hatten sich angewöhnt, ihr etwas mitzubringen, Reste vom Mittagessen, ein bisschen Milch, die sie in ein Fläschchen gefüllt hatten, in den Schoß des Engels gossen und die sie aufleckte. Doch war es keine »bessere« Katze, sie war mager, struppig, mit grauem Pelz, schmutzigweißen Pfoten und einem

Schlenzer im Ohr. Rechts hatte sie sieben Schnurrbarthaare, links fünf, die Kinder hatten jedes Mal nachgezählt. Sie streunte umher ohne festen Wohnsitz und legte offenbar Wert darauf, eine ungebundene Katze zu sein. Für die Kinder war sie die »Friedhofskatze«.

Später, als Erwachsener, spritzte er nicht mehr mit Weihwasser um sich, schon darum, weil diese schöne Sitte mitsamt den Weihwasserkesselchen allmählich verschwunden war. Aber einen Spaziergang über einen Friedhof gönnte er sich, sooft es ging. Am liebsten waren ihm die alten Friedhöfe. Sie rochen, anders als die neu angelegten, modriger, erdiger, nach Buchs, Thuja und mehr Vergangenheit. Er mochte die verschnörkelten Kreuze aus Schmiedeeisen, die Rost angesetzt hatten, die moosbewachsenen, schon halb im Boden versunkenen müden Grabsteine. Las die Inschriften, manche waren verwittert, manche klangen fast wie ein dadaistisches Gedicht: h-ht-fri-egon-mü-herr-ame … da waren ein paar bronzene Buchstaben heruntergefallen wie Herbstblätter vom Baum.

*

Nun geht er wieder über den Friedhof, sucht das großelterliche Grab, aber das ist längst aufgelassen, der Grabstein verschwunden. Da ist nun ein frischer Grabhügel mit Kränzen, darauf ein provisorisches Holzkreuz. Er verweilt eine Minute in stillem Gedenken an die, die hier nicht mehr ruhen und an den, der noch nicht lange hier ruhen kann …

Aber der Engel auf dem Nachbargrab ist noch da, halb verdeckt von einem großen Azaleenbusch. Im Schoß liegt eingerollt eine Katze.

Er winkt dem Engel zu und sagt, was sonst Engel als Erstes

zu sagen pflegen, wenn sie Menschen heimsuchen: »Fürchte dich nicht! Ich bin's nur.« Dann streicht er über die Katzenohren. Die Katze öffnet die Augen, streckt und reckt sich: grau, struppig, schmutzigweißes Fell und ein Schlenzer im Ohr.

»Da bist du ja.« Sie streckt eine Pfote aus und lässt sie über den Engelsschoß hängen.

»Du kennst mich doch gar nicht. Aber du erinnerst mich an meine alte Freundin. Siehst genauso aus. Vielleicht bist du eine Urururururenkelin von ihr, die ich als Kind gekannt habe.«

»Bin keine Urururururenkelin.«

»Was bist du dann?«

»Ich bin die Friedhofskatze. So habt ihr doch immer zu mir gesagt.«

»Das kann nicht sein. Katzen leben, wenn's hochkommt, zwanzig Jahre. Ich war zum letzten Mal vor dreißig Jahren hier. Und jetzt bin ich über fünfzig.«

»Zweiundfünfzig«, sagt sie.

»Es ist unmöglich.«

»Zweiundfünfzig Jahre, vier Monate und sieben Tage.«

»Unmöglich«, wiederholt er.

»Doch. Damals warst du sieben.«

»Das gibt es nicht.«

»Was weißt du schon, was es alles gibt«, sagt die Katze. »Du hast mir mal einen Fischkopf gebracht, den Rest eures Weihnachtskarpfens, an dem war noch viel dran. Und aus einer kleinen Flasche hast du Milch in den Engelsschoß gegossen, und ich hab sie aufgeschleckt.« Sie schaut auf zum Engel. »Erinnerst du dich noch, mein Alter? Die Milch war noch ein bisschen warm.«

»Stimmt«, sagt der Mann verwirrt. Und denkt, fehlt gerade noch, dass der Kerl nickt.

Der Engelskerl nickt. So scheint ihm jedenfalls, eine optische Täuschung. Er zählt die Schnurrbarthaare der Katze. Links hat sie fünf, rechts sieben.

»Und einmal an Weihnachten hast du eine alte Jacke in seinen Schoß gelegt, damit ich's wärmer hab.«

»Du kannst nicht die Katze sein, die ich als Kind gekannt habe.«

»Warum denn nicht?«

»Ich sag's ja nicht gern. Aber du bist längst in den ewigen Jagdgründen.« Das klingt netter als: Du bist längst tot.

»Und du?«, fragt die Katze.

»Dumme Frage. Ich steh doch vor dir. Quicklebendig.«

Die Katze hebt die Pfote. »Lies mal, was auf dem Kreuz steht!«

Er beugt sich vor. Auf dem Kreuz steht sein Name.

»Ein Scherz«, sagt er. »Da hat sich jemand einen Scherz erlaubt. Einen ziemlich makabren.«

»Kein Scherz«, sagt sie. »Wenn hier jemand tot ist, dann bist du es.«

»Aber sollte stimmen, was ich da lese, bin ich vor vier Tagen gestorben. Und habe vorhin eine Minute lang meiner gedacht.«

»Nicht der Nusshörnchen?« Die Katze kringelt ihren Schwanz, wie Katzen tun, wenn etwas sie amüsiert.

Ihm dreht sich alles vor den Augen.

»Macht ja nichts«, sagt die Katze. »Ihr merkt es oft nicht, wenn ihr tot seid. Ihr denkt, ihr seid am Leben. Wollt euren Tod nicht wahrhaben. Weil ihr ihn nicht mitgekriegt habt. Was glaubst du, wie viele von euch hier herumlaufen, die Inschriften auf den Kreuzen und Steinen lesen, den Kopf schütteln, sich die Augen reiben und nicht glauben wollen, was da steht: ihr eigener Name. Dass sie tot sind. Tot und begraben, und hier liegen. Früher in der Erde, heute immer öfter in einer Urne.«

»Mal angenommen«, sagt er, »du hättest recht damit, dass ich – na ja. Aber nach dem Tod kommt nichts. Wer gestorben ist, läuft nicht mehr herum und unterhält sich mit Katzen, die ebenfalls – was gibt's da zu gähnen?«

Das habe sie schon oft gehört, es werde dadurch aber nicht richtiger.

»Man ist tot«, sagt er, »mindestens, wie fromme Menschen glauben, bis zum Jüngsten Gericht.«

»Und unfromme Menschen?«, fragt die Katze.

»Für die ist es aus und vorbei.«

»Und du? Bist du fromm oder unfromm?«

»Ich weiß nicht, was ich glauben soll«, sagt er. »Ich weiß nur, ich hatte einen Unfall. Ein Motorrad hat mir die Vorfahrt genommen. Ich hör noch den Zusammenprall. Das Martinshorn. Ich hab geblutet. Der kleine Finger war weg. Jemand hat ihn aufgehoben und in ein Tuch gewickelt. Man hat mich ins Krankenhaus gebracht. Dort bin ich eingeschlafen. Und nun stehe ich vor dem Grab meiner Großeltern, das es nicht mehr gibt, und eine Katze, die es nicht geben kann, erzählt mir etwas, das ich nicht glauben kann: dass es auch mein Grab sei.«

»Ich hab auf dich gewartet«, sagt die Katze.

»Warum?«

»Du hast mir den Fischkopf gebracht. Du hast mir Milch gebracht. Du hast mir eine warme Jacke gebracht. Du hast mich gestreichelt. Ist doch gut, man kennt jemand, wenn man drüben ankommt. Allein steht man dumm da. Herzlich willkommen! Ich bin deine Begrüßungskatze. Freust du dich nicht?«

»Soll ich mich freuen, dass ich tot bin?«

»Was man so tot nennt«, sagt die Katze. »Du hast nur die Seite gewechselt. Statt drüben bist du nun hüben.«

»Und du? Bist du hüben oder drüben?«

»Ich war drüben, jetzt bin ich hüben. Wie du. Aber das ist für mich nichts Besonderes. Ich bin eine Katze. Katzen sind Grenzgänger. Wir kennen das Hüben und das Drüben. Das Zwischendrin kennen wir auch. Wir haben die schärferen Augen, die schärferen Ohren, wir haben Sinne, die ihr auch einmal hattet, die euch aber verloren gegangen sind, weil ihr ihnen nicht mehr vertraut habt. Wo ihr nichts seht, da sehen wir etwas. Wo ihr nichts hört, hören wir etwas. Wo ihr nichts fühlt, fühlen wir etwas. Du wirst dich gewöhnen.«

»Gewöhnen? Woran?«

»An diesen Zustand. Alle gewöhnen sich dran. Er ist vorübergehend. Du wirst schon sehen.«

»Was werde ich sehen?«

»Frag nicht so viel.«

»Aber was soll ich denn tun? Weiter hier herumstehen? An meinem eigenen Grab?«

»Wenn du den Deckel vom Grablicht aufmachst, findest du drin eine Streichholzschachtel und eine Kerze. Vielleicht könntest du …«

Er zündet die Kerze an. Auf seinem Grab. Die Kerze flackert unruhig.

»Du kannst auch beten.«

»Beten? Ich?«

»Wer sonst? Oder glaubst du, ich soll für dich …?«

»Der Engel könnte doch – dafür ist er schließlich da.«

»Du kneifst. Und er ist für dich nicht zuständig. Es gibt Dinge, die muss man selber tun.«

»Mein letztes Gebet, warte mal, ich glaub, das war vor dem Staatsexamen. Ein Stoßgebet, lieber Gott, mach, dass mein Spezialgebiet drankommt: Mao Tse Tung und die chinesische Revolution.«

»Hat's geholfen?«

»Kein bisschen. Was könnt ich denn beten?«

»Vielleicht: Und das ewige Licht leuchte ihm – wenn du das noch hinkriegst. Junge Leute unter fünfzig können es nicht mehr.«

»Und das ewige Licht leuchte ihm«, sagt der Mann leise.

»Nein, dir!«

Er verbessert sich: »Und das ewige Licht leuchte – mir.«

»Wird schon werden«, sagt die Katze. »Zeit hast du ja genug. Wenn man das Zeit nennen will.«

Er ist erschöpft, müde und wacklig auf den Beinen. Das alles hat ihn doch sehr mitgenommen. Er ist schließlich zum ersten Mal tot. Setzt sich zum Engel ins Gras und betrachtet ihn genauer. Der sieht anders aus, als er ihn in Erinnerung hat. Nichts mehr von morbider Schönheit. Seine Flügel sind in bestem Zustand, die Zehen vollständig, die Nase auch. Er schimmert in hellem Glanz. Der Mann streicht vorsichtig über einen Flügel. Der fühlt sich glatt an. Der Engel ist wieder ganz. Der Mann offenbar auch, er hat – auch nach zweimaligem Zählen – wieder seine zehn Finger.

Er denkt darüber nach, ob auch Engel sterben können. Und wenn, was macht man dann mit ihnen? Setzt man ihnen einen trauernden Engel aufs Grab? Und wenn auch der – er sieht eine unendliche Reihe von Gräbern, darauf unendlich viele trauernde Engel …

»Engel sind zäh«, sagt die Katze, »und halten sich unglaublich lange. Eigentlich ewig.«

Der Engel erinnert ihn an den Engel in der Kathedrale von Reims. *Le sourire de Reims* nennt man ihn – das Lächeln von Reims. Es ist kein süßes, kein zartes, ätherisches Lächeln, eher ein spitzbübisches, fast ein Grinsen. Sein Engel, offensichtlich gut gelaunt, grinst auch. Macht er sich über ihn lustig? Dürfen Engel sich über Menschen lustig machen? »Sag doch auch mal was, Engel!«

»Da kannst du lange warten«, sagt die Katze. »Engel sind ziemlich maulfaul. Die reden kein unnötiges Zeug, die reden nur, wenn sie eine Botschaft bringen müssen. Tun sie aber nicht gern, die kommt nämlich meistens nicht so gut an. Botschaften stören euch Menschen immer. Bestimmt hat auch dir schon mal einer eine Botschaft …«

»Nicht dass ich wüsste.«

»Weil ihr wie diese drei Affen seid. Bloß nix hören, bloß nix sehen, bloß nix sagen. Einfach weiterwursteln wie zuvor. Bis ausgewurstelt ist.«

Ihm fällt ein Bild ein, ein lang vergessenes – der Religionslehrer, ein Pater, hatte es einmal mitgebracht –, darauf ein schwebender Engel, der den Finger auf den Mund legt. »Engel sind die Verkünder der göttlichen Stille«, hatte der Pater fast flehend gesagt und auch, von wem dieser Satz stammte. Den hatten sie sich natürlich nicht gemerkt. So ein Satz und so ein Engel – heute würde man sagen, das war nicht ihr Ding. Das Ding des alten Paters war es schon. Der war ein sanfter, bartmäßig fast zugewachsener Mensch, der immer zusammenzuckte, wenn sie herumbrüllten. Was sollen kindliche Rabauken auch mit der göttlichen Stille anfangen. Was einer, wenn er kein Kind, kein Rabauke mehr ist. Wenn er nichts mehr mit Engeln zu tun hat, nichts mehr mit dem Göttlichen, und wenn in seinem Leben kein Raum ist …

»Kein Raum gewesen ist«, sagt die Katze mit freundlicher Unerbittlichkeit. »Du bist tot. Aus die Maus.«

Kein Raum für Stille.

Die Stille, die die Katze, den Engel und ihn umgibt, ist so tief, dass es ihm wieder einfällt. Der Satz – »Engel sind die Verkünder der göttlichen Stille« – stammt von Thomas von Aquin. Dem »stummen Ochsen«. Er galt als abgründiger Denker und großer Schweiger. Die Buben übernahmen das Wort sogar. Wenn einer von ihnen etwas nicht wusste und mit roten Ohren dumm an der Tafel stand, nannten sie ihn herzlos den stummen Ochsen.

Die Katze legt den Kopf auf die Pfoten. Katzen sind, wie Engel, obwohl keine Engel – mit der Demut und dem Gehorsam haben sie's nicht so –, ebenfalls begabt im Schweigen.

Die Kerze flackert nicht mehr, sie brennt jetzt ganz ruhig.

Die Papstkatze

Der Heilige Vater saß auf dem Stuhl Petri, auf dem er nicht gern saß, und tat sich selbst leid. Er war ein freundlicher, liebenswerter, aber von Minderwertigkeitskomplexen geplagter Pontifex, den die Kurienkardinäle nur gewählt hatten, weil sie glaubten, mit ihm Schlitten fahren zu können. Bloß nix Neues, sagten sie, bloß keine Reformen, was für ein unangenehm riechendes Wort, alles soll bleiben, wie's ist, in Ewigkeit, amen! Sie drehten Däumchen und ließen den lieben Gott einen guten Mann sein.

Vielleicht, dachte der Heilige Vater, bin aber nicht ich bedauernswert, sondern die mit einem Papst wie mir geschlagene katholische Christenheit. Könnte auch sein, der mit einer solchen Christenheit und mit einem solchen Oberhaupt derselben geschlagene Herrgott ist zu bedauern. Zu denken, dass vielleicht auch die mit einem solchen Herrgott geschlagene Christenheit zu bedauern sei, verbot er sich.

Am lieben Gott scheiden sich die Geister. Die einen halten ihn, wie gesagt, für einen guten Mann, andere für einen bösen, wieder andere, meist streitbare Theologinnen, die vom Patriarchat die Nase voll haben, für eine Frau oder für eine Art Zwitterwesen, und viele halten ihn für ein Hirngespinst, ein frommes Gerücht.

Auch der Papst zweifelte – etwas gewöhnungsbedürftig für jemanden in seiner Position – gelegentlich an der Existenz Gottes. Zumindest hielt er ihn für eine problematische Persönlichkeit, der man selten etwas recht machen kann. Der Heilige Vater nahm es dem Himmlischen Vater gewaltig übel, dass der seine Wahl zum Kirchenoberhaupt nicht verhindert hatte. Einer wie er konnte dem Herrn doch nicht gefallen. Da war Zeus, der alte Griechengott, ein anderes Kaliber gewesen, der mischte sich ständig ein, und wenn ihm etwas nicht passte, donnerte und blitzte er die Menschen in Grund und Boden. Aber der liebe Gott, von dem keiner wusste, welcher Konfession er überhaupt angehörte – ausgenommen der oberste päpstliche Glaubenshüter, für den kam nur ein katholischer Herrgott in Frage –, hielt sich aus allem raus.

So schlurfte der Heilige Vater durch sein ungewolltes Pontifikat. Er war schon als Kind ein Schlurfer gewesen, der die ständige Aufforderung »Lupf doch die Füß, Kerl!« einfach überhörte, weil er immer das Gefühl hatte, nicht er schlurfe, sondern etwas in ihm, gegen das er nicht ankam. Mit der Theologie hatte er es auch nicht so, sein Herz hing an Kunst und schöner Literatur; er nervte seine Umgebung damit, dass er für jede Situation statt eines Bibelspruchs, wie sich das für einen Papst gehörte, ein Dichterwort parat hatte. Ja, er wusste sogar mehr Dichterworte als Bibelsprüche. So einen Papst findet man nicht oft. Die Dichter sollten ihn dafür loben, einen wie ihn kriegen sie selten.

Manchmal, wenn er nicht mehr aus noch ein wusste, überkam es ihn, und dann machte er sich in einem mutigen, wilden Brief Luft. Die Briefe waren an Leute gerichtet, mit denen er Probleme hatte, etwa an den grundgescheiten Kirchenlehrer Augustinus, den Erfinder der Erbsünde, die die katholische Menschheit nun seit tausendfünfhundert Jahren mit sich herumschleppt wie eine Kugel am Bein. Oder an den ebenso gelehrten heiligen Thomas von Aquin, der es nicht so mit Frauen hatte, weil diese intelligenzmäßig und überhaupt weit unter dem Mann rangierten. Oder er schrieb an Ihn selbst, dessen Stellvertreter auf Erden er nun leider Gottes war. Die Briefe schrieb er aber nur, um sich den Frust von der Seele zu reden, abgeschickt wurden sie nie. Er hätte auch nicht gewusst, wie er sie hätte frankieren und in welchen Briefkasten werfen sollen, und mit einer Antwort hätte er sowieso nicht gerechnet.

Um das leibliche Wohl des Heiligen Vaters kümmerte sich Schwester Beata, alleinregierender Hausdrachen und eiserner Besen. Sie wusste alles über Vitamine, Mineralstoffe, Spurenelemente, gesättigte und ungesättigte Fettsäuren, servierte ihm jeden Morgen ein Sechskornmüsli und zur guten Nacht einen schlaffördernden Melissentee, mit dem der Heilige Vater sein Fleißiges Lieschen auf der Fensterbank goss, das dann sofort in Tiefschlaf fiel und prächtig gedieh. Schwester Beata trug lang wallende hochgeschlossene Nachthemden mit den beiden berüchtigten Raffael-Engeln auf dem Busen. Der Papst stand unter ihrem Pantoffel und aß ergeben sogar den verhassten, aber erzgesunden Fenchelauflauf, den gab's immer freitags.

Dann war da Don Dorian, sein Sekretär, ein Mann von betörender Hässlichkeit und umwerfender Intelligenz. Er wusste schon als Grundschüler, dass man ›Papst‹ mit p schreibt, nicht mit ›b‹, wie der damals noch nicht Heilige Vater. Monsignor Dorian war umschwebt von einer Aura, einem Geheimnis, das sämtliche im Vatikan ein- und ausgehenden Frauen, ob Nonne, Sekretärin oder Journalistin bei Radio Vatikan oder beim ›Osservatore Romano‹, dazu verführte, ihn anzuhimmeln. Er ließ es sich gern gefallen. Man munkelte von Affären, heimlichen Rendezvous, und einmal sah man ihn Arm in Arm mit einem aufregend gut aussehenden jungen Mann – dieser zierte das Titelbild eines Kalenders über schöne junge Priester, der reißenden Absatz fand – ins Gespräch vertieft auf dem Petersplatz hin und her wandeln. Ein anderes Mal soll er mit einer roten Rose in der Hand in eine Pizzeria hineingegangen und ohne Rose wieder herausgekommen sein.

Und da war Padre Alfonso. Den vom Teufel besessenen päpstlichen Chefexorzisten – er hatte schon über tausend Teufel ausgetrieben, also weitaus mehr als Jesus Christus –, mochte der Papst nicht besonders, auch müffelte der immer brenzlig. Aber er war nun mal der beste Schachspieler im Vatikan, und der Papst hatte sonst niemanden, mit dem er gelegentlich eine Partie spielen konnte. Padre Alfonso sah, noch mehr als der heilige Thomas, in jedem Weib den Teufel. Sogar in der Schachfigurendame. Die nannte er auch nie »Dame« oder »Königin«, sondern »Wezir«, wie im Orient üblich, wo man auch nicht viel von Damen in herrschender Stellung hält. Ein Wezir ist männlich und eine Art Kanzler.

Vittorio, der päpstliche Kammerdiener, hatte dafür zu sorgen, dass der zur Schlampigkeit neigende Papst sich stets ordentlich und situationsgerecht gekleidet zeigte. Er zwang ihn, bei gegebenem Anlass in viel zu engen Schuhen und unter den Armen kneifenden schweren Prunkgewändern herumzulaufen, was der Heilige Vater, der es gern schlicht hatte, ihm arg verübelte.

Und da gab es die Menge der vatikanischen Heerscharen, bestehend aus Kardinälen, Prälaten, Monsignori aller Preislagen, die ein wachsames Auge auf den Papst hatten, damit der nur ja nicht über die Stränge schlage. Zur Menge der Himmlischen Heerscharen, auch die gehörten zum Vatikan, hatte der Papst ebenfalls ein getrübtes Verhältnis. Er mochte keine Engel, ja, er litt geradezu an einer Engelallergie. Hatten die Engel doch im Lauf der Kunstgeschichte viel von der Würde und Majestät verloren, mit der man sie in den Kunstwerken der Romanik ausgestattet hatte, und tingelten als moppelige Putten durch die

Kirchen. Der Papst hatte immer das Gefühl, sie bräuchten dringend frische Windeln.

Das gewaltige Schiff der Heiligen Kirche dümpelte träge vor sich hin; der Heilige Geist, der doch seine Fittiche über sie hätte halten müssen, glänzte durch Abwesenheit, oder er hatte andere Sorgen. Don Alfonso trieb Teufel auf Teufel aus, und Schwester Beata ergänzte das päpstliche Müsli durch eine Prise Galgant, gut fürs Gehirn, für die Verdauung, für Herz und Gemüt.

So ging alles seinen gewohnten Gang, bis sich eines Tages eine schwarze Katze im Apostolischen Palast und im Leben des Papstes einquartierte. Der war gerade von der üblichen Mittwochsaudienz zurückgeschlurft, saß in seinem abgeschabten Sessel im Arbeitszimmer, hatte die zu engen Schuhe abgestreift und wackelte mit den befreiten Zehen. Da biss sie zu. Der Papst brüllte. Die Katze biss noch einmal zu. Er fragte, was sie sich eigentlich erlaube und wie sie überhaupt an der wachhabenden Schweizergarde vorbeigekommen sei. Worauf die Katze ihn das Gleiche fragte, nämlich, wie denn er hier hereingekommen sei.

»Ich bin der Heilige Vater«, sagte er und schämte sich gleich für diese Worte, denn Eitelkeit war ihm fremd. »Damit du's weißt: Hier wohne nur ich.«

»Ich auch«, sagte die Katze.

»Seit wann?«

»Seit eben.«

»Aber ich war zuerst da. Und ich hab es nicht so mit Katzen.«

Worauf die Katze erklärte, sie habe es sonst auch nicht so mit Heiligen Vätern. Dann fiel dem Papst auf, was ihm zuerst vor lauter Zeh und Weh nicht in den Sinn gekommen war: Diese Katze redete mit ihm. Das sei nicht üblich, sagte er streng, sie solle sich gefälligst an die Naturgesetze halten. Eine Aufforderung, die die Katze ebenso selbstverständlich ignorierte wie seine durchaus höfliche Bitte, wieder zu verschwinden. Ihr gefalle es hier, erklärte sie. Wenn ihre Anwesenheit ihn störe, stehe es ihm frei zu gehen. Sie sei schließlich kein Hund, sie sei eine freie Katze, halte sich grundsätzlich an keine Befehle, und irgendwelche Obrigkeiten hätten ihr rein gar nichts zu sagen.

Da Heilige Väter nicht einfach gehen können, weil jemand sie in den Zeh gebissen hat, und da die Katze nicht die geringste Absicht zeigte, das Weite zu suchen, blieb ihm nur, sich an sie zu gewöhnen.

Anfangs nahm er sie einfach nicht zur Kenntnis – oder er tat wenigstens so –, dann begegnete er ihr mit kühler Zurückhaltung, dann grüßte er sie mit leichtem Neigen des Kopfes, wobei die Katze freundlich den Schwanz kringelte. Schließlich freute er sich jedes Mal, wenn er sie sah, war enttäuscht, wenn sie sich rarmachte, und malte sich aus, was sie wohl trieb und mit wem. Es war pure Eifersucht. Und schließlich kam, was kommen musste: Er verliebte sich in sie, ein verstörend ungewohntes Gefühl für einen Papst, dessen Leben bisher arm an Zärtlichkeit verlaufen war.

Die Katze war übrigens eine veritable Schönheit, an Anmut und Eleganz allen weiblichen Wesen im Vatikan überlegen, sogar den Aphroditen und Venussen, die in den weltberühmten Museen herumstehen, sich langweilen und das Land der Griechen mit der Seele suchen.

Irgendwann erlaubte sie ihm, sie auf den Arm zu nehmen. Sie wühlte die Schnauze in sein schütteres Haar und legte den Kopf in seine Halsgrube. Eine Liebkosung, dachte er gerührt und kriegte einen Schluckauf. Was für ein fellweiches, pfotensanftes, im Meer der Sprache fast schon untergegangenes altmodisches Wort. Der Heilige Vater hing an altmodischen, untergehenden Wörtern wie »Demut« oder »Anmut« oder auch, jawohl, »Sünde« – letzteres wird heute gern ersetzt durch das Wort »Fehler«, das einem kein schlechtes Gewissen mehr macht. Denn wer sündigt, sollte dafür büßen und zwecks Besserung in sich gehen; macht er einen Fehler, befreit ihn das von anstrengend-lästiger Büßer- und Insichgeherei, er muss es nur das nächste Mal schlauer anfangen, damit es keiner merkt.

Er drückte seine Nase in ihr Fell und kam ihr dabei so nah, wie er, nachdem die Mutter ihn abgestillt hatte, nie mehr jemandem nahegekommen war. Das Beschnuppern von Mitgeschöpfen, besonders von weiblichen, gehört sich nun mal nicht für einen Papst. Er streichelte sie, zuerst vorsichtig, dann immer kühner, dann, aus Versehen, gegen den Strich. Worauf sie ihm eins überzog, von seinem Arm sprang und sich den Papstgeruch vom Fell schleckte.

Katzen riechen offenbar nicht gern nach Heiligen Vätern, dachte er, verpflasterte seine Nase und fragte sich, wie Heilige Väter wohl riechen. Es war sicher nicht der Geruch der Heiligkeit, wahrscheinlich müffelten sie. Auf seine Frage, wie er denn rieche, sagte die Katze: »Nach Hase.«

»Nach Hase?«

»Nach Angsthase.«

Das saß. Sie hatte ihn erkannt. Der Heilige Vater war ein Angsthase. Zwar sah er sehr wohl den arg verbesserungswürdigen Zustand seiner Kirche – zu fett, zu schwerfällig, unbeweglich, selbstgerecht, zu rückständig, und alles in allem ein inzüchtiger Verein –, aber er schaffte es einfach nicht, in die Hände zu spucken und damit anzufangen, den kirchlichen Augiasstall auszumisten.

Die Katze wurde ihm immer unentbehrlicher. Ihre Aufrichtigkeit, ihre Freiheitsliebe, ihr Mut, ihre Faulheit, Natürlichkeit und Sinnlichkeit, ihre Fähigkeit, das Dasein zu genießen, imponierten ihm. Es waren Eigenschaften, von denen er glaubte, dass er sie nicht habe oder unterdrücken musste.

Wenn sie miteinander in den Vatikanischen Gärten herumspazierten, auf einer Bank dem Geplätscher des Sirenenbrunnes zuhörten oder vom Fenster seines Arbeitszimmers aus den sterndurchfunkelten Nachthimmel betrachteten, unterhielten sie sich über Gott und die Welt, über Mäuse und Sterne, Heilige und Unheilige, Kater und Katzen, erlaubte und verbotene Lüste, über Sein und Nichtsein sowie über das Leben als solches, in dem die Katze sich besser auszukennen schien als er. Die Heilige Kirche fand sie ziemlich komisch, und zum lieben Gott hatte sie ein distanziertes Verhältnis – genauer gesagt, der liebe Gott war ihr wurscht. Im Gegensatz zum Heiligen Vater, der ständig darüber grübelte, ob es Ihn überhaupt gebe.

»Warum fragst du dich dauernd, wenn du's doch nicht weißt?«

»Das frag ich mich auch, warum ich mich das dauernd frage.«

Die Katze hielt die ganze Fragerei für Zeitverschwendung. »Wenn ich vor einem Mausloch hocke, und ich weiß nicht, ist eine drin oder nicht, bleib ich nicht ewig davor hocken, da mach ich lieber was Vernünftiges. Zum Beispiel ein Nickerchen. Oder auf einen Baum klettern. Oder mich putzen. Denn mich gibt's wirklich.«

»Gott sei Dank!«, sagte der Papst.

»Bei dem brauchst du dich nicht zu bedanken. Wer keine Ohren hat, weil es ihn nicht gibt oder weil er weg ist, der hört auch nix.«

»Man sagt halt so. Aus alter Gewohnheit.«

»Und wenn es ihn doch gibt, was glaubst du, dass er über dich denkt?«

»Besser, ich weiß es nicht«, sagte der Heilige Vater mit einem Anflug elegischen Humors. »Vermutlich wäre es desillusionierend.«

»Frag ihn doch, dann weißt du's.«

»Er spricht nicht mit jedem.«

»Auch nicht mit einem Heiligen Vater?«

»Heilige Väter«, sagte der Heilige Vater, »sind nicht immer die bevorzugten Gesprächspartner des lieben Gottes.«

»Weiß er, dass du lieber nicht weißt, was er von dir denkt?«

»Wenn es ihn gibt, dann weiß er es wohl.«

»Woher weißt du, dass er das weiß, wenn du nichts von ihm weißt, nicht mal, ob es ihn gibt oder nicht?«

»Wenn er nicht alles wissen würde, wär er nicht der, für den er gehalten wird.«

»Es könnt aber doch sein«, sagte die Katze, »dass einer nicht so ist, wie die andern denken, dass er sein muss, oder? Und dein Gott lacht sich halbtot über die, die sagen, dass sie genau wissen, wie er ist, und dass sie ihm persönlich schon die Pfote geschüttelt haben. Oder über die, die sagen, dass es ihn nicht gibt. Obwohl sie's gar nicht wissen.«

Und einmal vertraute er ihr an, was er noch nie jemandem anvertraut hatte. Wie allein er immer gewesen sei. Dass er es manchmal fast nicht hatte aushalten können vor Einsamkeit. Dass er geheult und mit den Zähnen geklappert hatte vor Kälte. Dass er oft die eigenen Arme um sich gelegt hatte, weil es ja keine anderen Arme geben durfte. Wie arm dran seine Hände waren, die nie einen anderen Körper berühren, nie eine andere Haut spüren durften.

Solcher Art waren ihre Gespräche. Und der Heilige Vater merkte bald, die Ansichten der Katze stimmten wenig, eigentlich gar nicht überein mit denen der Heiligen Kirche. Sie sagte immer, was sie dachte, und was immer sie sagte, hatte Hand und Fuß, vielmehr Pfote und Kralle. Das beeindruckte ihn, denn sein Hofstaat war es gewohnt, um eine Sache immer nur herumzureden. Von dem Wort des Herrn –»eure Rede sei ja, ja oder nein, nein, was darüber ist, ist von Übel« – hatte man im Vatikan noch nie gehört. Oder man hatte es gehört und die Ohren zugeklappt.

Oft schwiegen sie auch nur miteinander. Und das gemeinsame, gute, herzerwärmende Schweigen von Mensch und Katz empfand der Papst als zutiefst beglückend. Außerdem senkte es den Blutdruck.

So verging eine geraume Zeit, und das Verhältnis zwischen ihnen wurde zunehmend inniger. Doch darüber nachzudenken, woher sie gekommen sein könnte, ob von guten Mächten (um ihn auf den rechten Weg zu bringen), ob von bösen (um ihn von demselben abzubringen) – wobei er ja gar nicht wusste, welcher Weg der rechte sei –, darüber nachzudenken hütete der Heilige Vater sich. Er erinnerte sich an seine Großmutter, die hatte ihm einmal anvertraut: »Bub, merk's dir, einmal im Leben und zum Heil seiner Seele sollte jedem Menschen etwas Unmögliches passieren.«

»Mir auch?«

»Dir erst recht«, hatte die Großmutter gesagt. »Weil du's nötig hast.«

Es war passiert. So lebte die Katze unerklärt neben, mit und bei ihm. Er gab ihr keinen Namen, denn das wäre eine Grenzüberschreitung gewesen. Sie streicheln war eine Sache, ihr auf den Pelz rücken eine andere. Er ließ das Geheimnisvolle gelten im sicheren Gefühl, es werde schiefgehen, wenn er versuchte dahinterzukommen. Als Mensch, der die Poesie mehr liebte als die Theologie, ahnte er: Ergründliche Geheimnisse verlieren ihren Zauber.

Auch genoss der Papst es, dass die Katze ihr Bett mit ihm teilte. Eigentlich war es ja seins, aber die Katze sah das naturgemäß anders. Dort schnurrte sie ihm mehr oder weniger zärtlich die Leviten. Auch gewann sie immer im Kampf um die Wärmflasche, die Schwester Beata ihm in kühlen Nächten fürsorglich ins Bett zu legen pflegte. Der Heilige Vater schlief dann in Socken.

Ihr enges Verhältnis blieb nicht ohne Folgen. Der Papst, der sich stets für einen feigen Knochen gehalten hatte, fing zu seiner eigenen Verwunderung an, sich zu verändern. Er verlor allmählich das Zögerliche, Blässliche, das ihm in der Vorkatzenzeit zu eigen gewesen war. Seine zittrige Stimme gewann an Kraft. Zwar schlurfte er immer noch, aber er schlurfte beschwingter als zuvor, trug den Kopf höher und sah den Menschen in die Augen. Übte sich, wie der Metro-Goldwyn-Mayer-Löwe, sogar im Brüllen, zuerst im stillen Kämmerlein, dann auch im nicht mehr so stillen Arbeitszimmer und im Audienzsaal. Stellte, zuerst probeweise, dann, als es klappte, immer häufiger einen seiner Hofschranzen in den Senkel. Schrieb Hirtenbriefe in einem entschiedenen Ton, den man bisher nicht an ihm kannte. Ersetzte den lahmen Schneck im Papstwappen durch eine schwarze Katz. Statt, wie bisher gehimmelt, fühlte er sich immer mehr geerdet. Und als Don Dorian ihm gestand, er habe einst über »Die bedauerliche Abwesenheit des weiblichen Elements in den Lehren der Kirchenväter« promoviert, meinte der Heilige Vater, damit habe er recht getan, das weibliche Element müsse, nein, werde in naher Zukunft dem männlichen Element gleichgestellt werden. Sonst gehe die Kirche den Bach hinunter. Legte dann zur Bekräftigung des Gesagten eine uralte Schallplatte auf und spielte dem Sekretär ein Duett vor, in dem ein leuchtender Sopran und ein warmer Bariton ihnen etwas vorsangen: Mann und Weib und Weib und Mann reichen an die Gottheit an, sangen Pamina und Papageno, und der Papst meinte, für die Heilige Kurie reiche nur der Mann an die Gottheit heran, die Frau dürfe höchstens die Leiter halten, auf der der Mann zu Gott hinaufklettere. Vielleicht müsse man sie so lange in Mozarts ›Zauberflöte‹ schicken, bis sie's kapiert habe.

Die Heilige Kurie fand das alles nicht so toll. Aber die schönen alten Zeiten, in denen man einen Papst einfach umbrachte, wenn er nicht mehr spurte, waren, Gott sei's geklagt, vorbei.

Je mehr dem Heiligen Vater Augen und Ohren aufgingen, desto mehr erweiterte sich sein Bekanntenkreis um einige erstaunliche Personen.

So lief ihm eines Tages eine Dame übern Weg, die nannte sich Hildegard von Bingen und gab an, die visionsgeplagte Äbtissin des Klosters vom rheinischen Rupertsberg zu sein. Die fromme Nonne mit dem grünen Daumen hatte in den Vatikanischen Gärten ein Kräuterbeet angelegt, in dem sie sich erging, hier und da einen gefräßigen Schneck ernstlich verwarnend, einem lahmenden Rosmarin, einem mickrigen Thymian gut zuredend oder den hübsch getupften, sich der Läuse annehmenden Herrgottskäferchen Lob spendend. Dass dieses Gärtlein längst nicht mehr existierte, war Dame Hildegard egal, Raum und Zeit hielt sie für Nebensächlichkeiten, die man getrost vernachlässigen konnte. Übrigens hatte sie schon tausend Jahre vor unserem Papst mit den Repräsentanten der Kirche ihre Erfahrungen gemacht – gelegentlich ein Sauhaufen, wie sie in schöner Offenheit und kein Blatt vor den Mund nehmend erklärte. Aber das sei immer so, wenn es um Geld und Macht gehe. Sie ermutigte den Heiligen Vater, trotz der Kirchenmisere optimistisch in die Zukunft zu blicken. Unkraut – sie meinte die Kirche – vergehe bekanntlich nicht.

Weilte der Papst während der heißen Sommermonate in der päpstlichen Residenz Castel Gandolfo, unterhielt er sich nächtelang mit dem im Jahre 1600 von der Heiligen Kirche verbrannten, nun glückselig im Äther umherschwebenden Ketzer Giordano Bruno, dessen wunderbar poetisches Weltbild ihn faszinierte – dieser sprach begeistert von einem Universum mit unendlich vielen Welten und davon, dass Gott in jeder Blume, jedem Baum, jedem Vogel und in jedem Windhauch lebendig sei, ja, vermutlich auch in jeder Katze, und dessen Standhaftigkeit, schließlich hatte Bruno sich lieber verbrennen lassen als klein beizugeben, den Heiligen Vater enorm beeindruckte. Er selbst hätte sofort widerrufen, um nicht den Scheiterhaufen besteigen zu müssen. Auf dem war es, so der Ketzer, arg heiß gewesen.

Sogar Dr. Martin Luther sah gelegentlich beim Papst herein, der für ihn, seiner saftigen Bibelübersetzung und seines Mutes wegen und zum Missfallen des obersten Glaubenshüters große Bewunderung hegte.

Luther sagte, er habe übrigens auch eine Katze, Käthchen, ein Mitbringsel seiner Katharina in die Ehe, welche die des Heiligen Vaters grüßen lasse – sozusagen von Katz zu Katz – und der es an christlichem Gehorsam zwar durchaus fehle, die ihm aber trotzdem ans Herz gewachsen sei. Und einmal beschwerte er sich darüber, dass sein allerdings nur kleines Bild im Arbeitszimmer des Papstes nie abgestaubt werde, was Schwester Beata zu verdanken war, die hatte nun mal etwas gegen den wortgewaltigen Reformator, der, wie sie ganz sicher wusste, in der Hölle schmorte.

Immer misstrauischer beobachteten kirchliche Würdenträger und vatikanische Hofschranzen ihren Heiligen Vater. Der befand sich unübersehbar im Zustand einer in kurialen Kreisen eher befürchteten als begrüßten Veränderung. Und so darf man, leicht abgewandelt, mit Brecht sagen: Dafür sei die Katze auch bedankt, sie hat es ihm abverlangt …

Nach einem Jahr verschwand die Katze so plötzlich wie sie aufgetaucht war. Sie ließ einen tief trauernden Papst zurück, der zwar unter dem Zustand der Welt litt, in der es, wie immer, schlimm zuging, aber fast noch mehr litt er unter seinem eigenen katzenlosen Zustand. Er erinnerte sich an den verbrannten Ketzer, der auch eine Katze für eine Manifestation Gottes gehalten hatte. Genau genommen litt er also unter dem Verlust Gottes. Und weil er fürchtete, der Gottesverlust schmerze ihn weniger als der der Katze, litt er erst recht.

Als die Leiderei unerträglich wurde, fiel ihm ein, dass die Katze einmal gesagt hatte, mit Herumjammern komme man nicht weiter, und leben sei das Beste, was man tun könne. Er rappelte sich auf, beschloss, statt in Moll nun die Tage in hellem heiteren Dur zu verbringen. Und er gab sich der Hoffnung hin, wenn er sich verändert habe, könne dies auch seine Kirche schaffen, weil sie nur so eine Überlebenschance habe und nicht im bequemen alten Trott einfach weitermachen könne wie zuvor.

Nachdem ihn kurioserweise ausgerechnet auf dem Friedhof, dem kleinen idyllischen Campo Santo Teutonico, eigentlich der Endstation irdischen Lebens, die furiose Vision – die Äbtissin vom Rupertsberg hatte sich dafür stark gemacht, dass man ihm eine schickte – einer sich aus ihrer Erstarrung lösenden, zu neuen Ufern aufbrechenden Kirche überfallen hatte, krempelte der Papst die Ärmel hoch und begann damit, seine Vision in die Tat umzusetzen.

Die Heilige Kurie war baff. Die Kirche nahm sich das Bäumchen im Märchen vom Aschenputtel zu Herzen, sie rüttelte und schüttelte sich so sehr, dass der Heilige Geist, der das bisher nicht geschafft hatte, sich nur wundern konnte. Wobei Don Dorian, der Sekretär des Papstes, der Kurie noch ordentlich Feuer unterm Hintern machte, hatte ihm doch der Heilige Vater versprochen, wenn die Sache – die Kirche – einmal ins Rollen gekommen sei, dürfe er den Monsignore an den Nagel hängen und nach Hause, wo Weib und Kind auf ihn warteten. Hatte er sich doch an Luther ein Beispiel genommen und eine entlaufene ehemalige Nonne zur Herzensdame erkoren.

Je mehr der Wind der Erneuerung den Staub der Jahrhunderte von der Kirche blies, desto mehr schwand der Papst dahin, desto brüchiger und leiser wurde seine Stimme und desto blasser sein Schatten. Er wusste, lang würde er es nicht mehr machen, und dachte an Moses, der das Gelobte Land zwar sehen, doch nicht mehr hatte betreten können. Aber man kann ja nicht alles haben, außerdem taten ihm die Füße weh, die Augen wurden schlechter, die Ohren streikten, und er wusste nicht mehr, an welchem Tag der heilige Christophorus, den es nie gegeben hat, zur Verehrung anstand, die heilige Agnes oder der heilige Soundso. Er hatte das Seinige getan, nun war es an anderen, das Ihrige zu tun. Weshalb er an einem herbstlich-schönen Oktobertag im guten Gefühl, doch nicht umsonst gelebt zu haben, seinen Frieden machte mit der Welt und zu Ihm, für den er immer noch keinen Namen wusste, sagte: »Herr, es ist Zeit!« und dieser Welt abhandenkam. Die Katze lag, nur ihm sicht- und spürbar, in seiner letzten Minute in seinem Schoß und schnurrte ihn sanft hinüber …

Als er drüben war, lächelte er den Zurückgebliebenen herzlich zu, wandte sich um und schlurfte den kleinen krummen Feldweg hinter dem Dorf seiner Kindheit entlang, an dessen Rand blaue Wegwarte, Wiesensalbei und Margeriten wuchsen, begleitet von den ihm vertrauten, geliebten, mit den Blumen um die Wette blühenden Melodien Mozarts. Ob sein krummer Weg himmelwärts führte, fragte er sich nicht. Vom Himmel hatte er keine festen Vorstellungen. Den Himmel ließ er offen …

Luthers Käthchen

 Die beiden, die zuletzt unter
der Plane hervorkriechen –
die anderen sitzen schon im
bereitgestellten Wagen –, äh-
neln sich: hohe Backenkno-
chen, schmale Augenschlitze,
Strohhalme im Haar und
überall. Und sie riechen nach Fisch.

Die Große nimmt die Kleine auf den Arm. Sie sei Katharina,
sagt sie. Die Kleine drückt den Kopf in ihre Halsgrube.

»Katharina«, wiederholt er. »Grüß Euch Gott!« Die Kleine
wird nicht gottgegrüßt. »Und die da?«, fragt er.

»Die hat noch keinen Namen. Ihr habt einen. Jeder kennt
ihn.«

Der Mann mit dem Namen, den jeder kennt, und die kleine
Namenlose betrachten einander mit Misstrauen.

»Warum habt Ihr sie mitgenommen?«

»Ohne mich ging es ihr übel. Sie hat schlechte Erfahrungen
gemacht. Dort, wo ich herkomme, wurde sie ungut behandelt.
Gescheucht und vertrieben.«

»War sie nicht fromm genug?«

»Kein bisschen.«

»Hat sie nicht gebetet?«

»Niemals.«

»War sie« – nun lächelt er – »unkeusch?«

Sie erwidert das Lächeln. Was die Keuschheit betreffe, da sei sie jeder Belehrung und Ermahnung unzugänglich.

Die belehrungs- und ermahnungsunzugängliche Kleine starrt ihn unverwandt an.

»Also unfromm, unkeusch, eigensinnig. Und struppig. Schön ist sie nicht. Wie ...«

»Wie ich«, sagt Katharina. »Drum passen wir auch zusammen. Wir gehören zusammen. Wir bleiben zusammen.« Ihr Blick hat etwas Bittendes, zugleich Entschlossenes und ja, auch etwas Struppiges.

»Ihr seid nicht hässlich, Katharina. Nur anders. Und Er – sieht nur das Herz.«

»Es macht mir nichts, dass ich nicht schön bin«, sagt sie ruhig. »Meine Mitschwestern, meine Freundinnen sind schöner, das weiß ich. Und ihr«, sie streicht der Kleinen übern Kopf, »macht es auch nichts. Wir sind, wie wir sind.« Und dann sagt sie, ihn fest ansehend: »Amen!«

Das »Amen« stört ihn, es steht einer Frau nicht zu, Amen zu sagen. »Es heißt, sie brächten Unglück. Besonders die schwarzen. Sie ist so schwarz wie der Teufel auf den frommen Bildern.«

»Seid Ihr abergläubisch? Ob sie Unglück bringt, hängt davon ab, ob Ihr ein Mensch seid oder eine Maus.«

»Auf den Mund gefallen seid Ihr nicht, Katharina.«

»Ihr auch nicht.«

»Woher glaubt Ihr das zu wissen?«

»Ich kann lesen.«

»Was fang ich nun mit Euch – mit euch beiden an?«

»Lasst Euch was einfallen. Wir vertrauen auf Euch.«

»Vertraut auf Ihn!« Er deutet nach oben. Oben, das ist der Himmel.

»Dort ist Er nicht«, sagt sie entschieden.

»Wer sagt das?«

»Ihr.«

»Ja, Katharina. Er ist nicht dort oben.«

»Ihr seid uns näher«, sagt sie. Sagt es so leise, dass sie glaubt, er könne es nicht hören. Er hört es aber doch.

»Nun seid Ihr frei«, sagt er. »Frei für ein neues Leben. Wir werden versuchen, Männer für euch zu finden. Gute Männer, die für euch sorgen können.«

»Ich hab das Gefängnis verlassen, in das man mich gesperrt hat. Obwohl ich nichts Böses getan habe. Meine Schuld war, Tochter zu sein. Töchter schickt man in dieses Gefängnis, wenn man sie nicht verheiraten kann. Oder nicht verheiraten will. Oder sie einfach loswerden möchte. Das mit dem Männerfinden eilt nicht. Nur kein neues Gefängnis.«

Er runzelt die Stirn. »Die Ehe«, sagt er, »ist allemal besser als das Kloster. Besser für eine Frau, als keusch, gehorsam, ehelos zu leben. Kinder soll sie kriegen und dem Mann zur Lust und zur Freude sein.«

Er sei doch Mönch gewesen, an die zwanzig Jahr. Woher er also wisse, was gut sei für eine Frau? Das sagt sie aber nicht, sie denkt es nur.

Die Kleine, als hätte sie verstanden, legt die Ohren an. Katharina täte es am liebsten auch, aber ihre Ohren sind unbeweglich.

»Ohne Euch hätten wir das nie geschafft. Ihr riskiert den Tod, das weiß ich wohl. Erst neulich verlor einer, der einer Nonne herausgeholfen hat, den Kopf.«

»Folgt mir!«

»Nein«, sagt Katharina. »Sie folgt nicht, und ich auch nicht.«

»Gehorsam liegt wohl nicht in Eurer Natur.«

»Auch nicht in der Euren. Alle wissen es. Sogar der Papst in Rom.«

Er reibt sich das Kinn. »Kann ja gut werden«, murmelt er ratlos.

»Ja. Das kann es.«

»Aber es wird nicht leicht sein.«

»Nein.«

»Ihr riecht nach Fisch. Alle beide.«

»Wer sich hinter Heringsfässern verstecken muss, der duftet nicht nach Rosen.«

»Also folgt mir nicht, sondern kommt.« Er geht ein paar Schritte, dann dreht er sich um. »Bitte!«

Der Wagen bringt alle nach Wittenberg.

*

»Das ist Katharina«, sagt er.

»Seid gegrüßt, Katharina!« Der Mann gibt ihr die Hand, er hat schmale lange Finger. Als sie ihre Hand aus der seinen löst, hat sie blaue Flecken. Er male gerade den Mantel der Gottesmutter. »Nun habt Ihr was abgekriegt. Einen blauen Willkommensgruß.«

»Und das ist ihre Gefährtin. Beide unfolgsam, eigenwillig und dickköpfig.«

»Wie Ihr, Martin. Solche braucht es. Das Ende der Folgsamkeit. Wurde auch Zeit.« Der Mann streicht der Kleinen über den Rücken. Er ist groß, um die fünfzig, hat ein breites Gesicht und einen Backenbart.

»Die beiden gehören zusammen. Sie wollen nicht getrennt werden. Könnt Ihr …?«

»Wir können«, sagt die Frau des Mannes, die hinzugetreten ist. »Ich bin Barbara. Hier seid ihr sicher, ihr beiden. Ihr seht so müde aus. Und hungrig.«

Die Kleine schaut sie mit großen Augen an. Katharina mit feuchten Augen. Barbaras Mann hat klare helle Augen und einen durchdringenden freundlichen Blick. Er ist es gewohnt, genau hinzuschauen. Dahinter zu schauen. Der Mann, der sie herbrachte, hat dunkle Augen, darunter schwarze Ringe. Müde sieht auch er aus.

»Bei Euch ist sie in guter Hut.« Er verbessert sich: »Die beiden sind in guter Hut.«

*

Katharina und Käthchen, so nennt der achtjährige Lukas, Barbaras und Lukas Cranachs Sohn die Kleine, sind in bester Hut im schönen großen Haus des reichsten Mannes der Stadt. Und nicht nur des reichsten, auch des hilfsbereitesten, und seiner Frau. Niemand in der Familie lässt sie spüren, dass sie ein armer Teufel ist, eine arme Teufelin. Dem alten Glauben nach eine Sünderin. Eine, die sich Gott entzogen hat. Eine, die selbst über ihr Leben bestimmen will. Im neuen Glauben ist sie keine Sünderin. Aber kann sie selbst über sich bestimmen, in diesem neuen Glauben?

Sie hat sich schlaugemacht, hat von ihrem Retter gelesen, was sie in die Finger kriegen konnte, im Cranach'schen Haus gibt es alle seine Schriften. Durch die weht ein scharfer Wind. So scharf, dass dem Leser die Augen tränen. Auch ›Von der Freiheit eines Christenmenschen‹ hat sie verschlungen. Aber wer gilt als Christenmensch? Nur der Mann? Oder hat auch die Frau ein Recht auf Freiheit? Darüber denkt sie lange nach und kommt zu dem Entschluss: sie hat.

Lukas Cranach ist berühmt, er hat eine große Werkstatt, viele Gesellen, mehr Aufträge, als er ausführen kann.

Katharina, nun Haustochter bei den Cranachs, steht oft in

der Werkstatt. So wunderbare Bilder hat sie noch nie gesehen. Anmutige zierliche Frauen mit verführerischen Bewegungen, nackt oder zart umschleiert, aber so, dass der Körper durchschimmert. Tanzende Grazien.

Vor dem Spiegel beschaut sie ihren eigenen nackten Körper. Im Kloster war das verboten, war Sünde, da gab es keine Spiegel, Spiegel machen eitel. Der Körper ist böse, besonders der weibliche Körper, man muss ihn verhüllen. Nur Huren zeigen sich nackt. Katharina hebt die Arme, macht ein paar Tanzschritte, lässt es aber bald, der Spiegel schmeichelt ihr nicht. Glaubt sie. Nein, sie ist keine Cranach'sche Grazie.

Aber schön, hat Cranach gesagt. Zum Malen schön. Was zum Malen schön sei, müsse es nicht in der Wirklichkeit sein. Aber sie sei auch wirklich schön. Er malt gerade eine langbeinige, schlanke, splitternackte Eva, daneben klein, in der Hand Bogen und Pfeil, Amor, das sei der Liebesgott.

Der Liebesgott.

Katharina kennt nur den lieben Gott. Und der ist, wie ihr scheint, nicht immer lieb. Eher ein Fürchtegott.

Ihr Retter, er sieht nicht mit den Augen seines Künstlerfreundes, findet Katharina, wie er Bekannten sagt, jedoch nur mäßig schön, es werde schwierig sein, sie unter die Haube zu bringen. Die anderen entflohenen Nonnen sind fast alle schon darunter. Katharina ist bockig, sie lehnt alle Ehekandidaten ab. Einer von ihnen, Kaspar Glatz, ist Pfarrer. Er riecht nicht gut, hat schlechte Zähne und Speicheltropfen in den Mundwinkeln. Sie verliebt sich in Hieronymus, einen aus Nürnberg stammenden Studenten, aber daraus wird nichts, seine Eltern wollen eine bessere Partie, Katharina ist ein Habenichts, zudem steht auf Heirat mit einer abtrünnigen Nonne die Todesstrafe. Nürnberg ist katholisch.

Sie kommt schwer darüber hinweg. Hieronymus ist noch lange in ihren Träumen, aber allmählich verblasst seine Gestalt zugunsten einer anderen. Diese, bisher im Hintergrund, tritt nun immer deutlicher hervor, bekommt Züge, einen kräftigen untersetzten Körper, ein breites Gesicht, eine tiefe Stimme.

Sie sitzen nebeneinander, Hand in Hand, Blick in Blick.

Katharina träumt von ihrem Retter. Martin Luther, Doktor der Theologie, Reformator, größter Kritiker der katholischen Kirche, Erzfeind des Papstes. Die entlaufene Nonne träumt von einem entlaufenen Mönch.

Ihr stoppeliges kurzes Haar ist gewachsen, es ist nun fein und dicht und dunkelbraun und freut sich, dass kein Schleier es mehr bedrückt. Es ist freies Haar, es kringelt sich, lockt sich, kann atmen. Das feine Netz aus roter Seide, das Katharina manchmal trägt, fesselt es nicht, es schmückt. Auch Käthchen hat sich gemacht, hat ein glänzendes, weiches Fell bekommen, es tobt mit Lukas herum, der ist ganz närrisch mit ihm, nimmt es mit ins Bett.

Katharina liegt allein in ihrem.

Als Cranach eines Morgens an einem Bild weitermalen will, sitzt zu Füßen der Gottesmutter in einer Falte ihres Mantels Käthchen. Gemalt von Lukas. Dem kleinen Lukas.

Der Vater zieht den Sohn an den Ohren und lobt ihn. Früh übt sich, was ein Meister werden will. Der Schwanz ist zu lang, die Ohren sind zu klein, die Augen zu groß, aber das wird schon noch. Dann übermalt der große Cranach das Käthchen des kleinen Cranach und ersetzt es durch des Kurfürsten kleinen Sohn, der soll, so der Auftraggeber, mit aufs Bild. Lukas findet Käthchen schöner als das Söhnchen. Die Muttergottes, sagt er, findet das auch, sie hat es ihm ins Ohr geflüstert.

*

Luther fragt manchmal, wie es Katharina und Käthchen gehe. Er hockt mit seinem Famulus im ehemaligen Schwarzen Kloster an der Stadtmauer, das der Kurfürst ihm überlassen hat. Es ist ungemütlich dort, ein ärmliches, karges Leben ohne Glanz und Bequemlichkeit. Kein gutes Essen, nur zum schnell Hinunterschlingen. Überall Dreck, Mäuse, keine Wasserrohre, die den Abfall wegspülen, der Abort stinkt bestialisch. Ein Sauladen. Luther kümmert der Sauladen kaum, er hat zu tun, er schreibt wie wild, Briefe an Kollegen, an den ihm gnädigen Kurfürsten, an Freund und Feind, er übersetzt, hält seine Vorlesungen, disputiert mit Studenten und Professoren, er mahnt, verteidigt sich, greift an. Man bewundert ihn, man liebt ihn, beschimpft, hasst ihn, droht ihm. Man spricht von ihm, weit über Deutschland hinaus. Was er sagt und schreibt, bleibt nicht verborgen.

»Ein Furz von mir dringt bis nach Rom«, sagt er selbstbewusst.

*

Katharina und Käthchen besuchen ihn im Kloster, das kein Kloster mehr ist, sondern ein Sauladen. Katharina dankt für seine Hilfe, die Rettung aus den Mauern ihres Klosters, in dem es an nichts fehlte, außer an der Freiheit. Die, immerhin, hat sie nun, wenn auch in Maßen, sonst aber hat sie nichts.

»Bedank dich auch«, sagt sie zur Kleinen und legt sie einfach in seine Arme. »Sie heißt Käthchen, Lukas hat sie so getauft.«

Sie würde sich auch gern in seine Arme legen, aber das traut sie sich nun doch nicht. Es gehört sich nicht. So vieles, das sich nicht gehört. Und doch, er müsste verstehen. Auch er hat Grenzen überschritten. Grenzüberschreiter sind sie beide. Sie haben etwas gemeinsam: Mut. Widerspruchsgeist. Ungehorsam. Merkt er es denn nicht?

Er ist nun oft in ihrem Traum. Er sitzt nicht mehr neben ihr, er liegt bei ihr.

»Käthchen und Katharina«, sagt er und streichelt über Käthchens Fell. Er hebt die Hand, als wolle er auch über Katharinas Haar streicheln, aber die Hand zuckt zurück und will nicht. Oder traut sich nicht.

In seinen Träumen ist Gott. Nicht sie. Noch nicht.

*

Manchmal weiß man etwas, ohne zu wissen, warum man es weiß.

Eines Morgens wacht Katharina auf mit der festen Überzeugung, der Gewissheit, Martin Luther werde ihr Ehemann. Irgendwer hat es beschlossen. Der liebe Gott. Der Gott der Liebe. Das Schicksal. Sie selbst.

Als Katharina Käthchen mitteilt, dass sie Katharina Lutherin sein wird, schnurrt es.

*

Was sie weiß, weiß er nicht. Hockt im Kloster, schreibt sich die Finger wund und haut der Kirche ihre Sünden um die Ohren.

Katharina will nicht länger warten, sie nimmt, wieder einmal, ihre Zukunft selbst in die Hand und überschreitet eine weitere Grenze. Eines Tages sagt sie ihm ins Gesicht, sie wolle ihn haben, er solle sie heiraten, sie sei gut für ihn, und er sei gut für sie.

Luther, sonst nie aufs Maul gefallen, verschlägt's die Sprache. Eine Frau ergreift die Zügel. Reform hin, Reform her, das gehört sich nicht.

»Ihr seid eine Katze, Katharina«, sagt er schließlich.

»Ja«, sagt sie, »bei denen ist es so: Die Katze wählt den Kater, sie entscheidet, welchen sie erhört.«

Doktor Martinus Luther, Kater? Da muss er erst mal drüber nachdenken.

Dann: »Wer in den Ehestand geht, der geht in ein Kloster voller Anfechtungen.«

Woher er das zu wissen glaube, fragt sie, wie damals, als sie aus dem Wagen gekrochen war. Diesmal fragt sie laut und schaut ihm dabei ins Gesicht. Sie sei nicht dem einen Kloster entronnen, um in ein zweites zu gehen. Und Anfechtungen gebe es überall. Und was für Anfechtungen er meine.

Dazu fällt ihm entweder nichts ein, oder er getraut sich nicht zu sagen, was ihm dazu einfällt.

»Wer nicht will, der hat gehabt«, sagt sie, nimmt Käthchen aus seinem Arm, drückt es an sich, dreht sich um und geht.

Struppig, denkt er. Sie ist immer noch struppig. Nicht mehr das Haar, sondern der Kopf darunter. Was im Kopf ist. Das Denken. Womöglich die Seele. Was soll man da machen?

Er steht dumm da, der Doktor Luther.

Aber nicht lange.

Er läuft ihr nach. Nicht sehr schnell, wegen der männlichen Würde, aber er läuft.

Sie bleibt stehen, damit er sie einholen kann.

Er sagt, er nehme ihren Antrag an.

»Trotz Anfechtungen?«

Er nickt. Und seufzt. Wegen der Anfechtungen oder aus Angst vor seinem Mut.

So kommen Martin Luther und Katharina von Bora unter die Haube. Sie heiraten am 13. Juni 1525.

Katharina packt ihre wenigen Sachen und zieht in den Sauladen.

Käthchen zieht mit.

*

Zu dritt im Schwarzen Kloster: Martin, Katharina, Käthchen.

Katharina schafft Ordnung, wäscht, putzt, kocht, flickt. Ihm gefällt's. Katharina weniger. Denn man will doch auch was anderes haben vom Ehestand als Putzerei. Und Luther hat es nicht so mit der Leidenschaft. Am Tag ist er kühl, verschlossen, fast schüchtern, er weicht zurück, wenn sie ihm nahekommt, als hätte sie eine ansteckende Krankheit, er sieht durch sie hindurch. Gottesliebe, Wortgewalt und zärtlicher Umgang mit einer Frau sind drei Paar Stiefel.

Das wird schon, sagt sie zu Käthchen, wie Lukas Cranach zu seinem kleinen Sohn. Er braucht halt Zeit, zwanzig Jahre lang war er Mönch und keusch, wo soll er's denn herhaben.

Kommt Zeit, kommt Lust. Luther ist lernfähig. Das eheliche Leben mit seinen Anfechtungen gefällt ihm immer mehr, viel mehr als die Keuschheit. Und auch in dieser Sache gilt, wie beim Malen, dass Übung den Meister macht.

In der Woche zwier, schaden weder ihm noch ihr, sagt er, und er sagt es nicht nur.

*

Einmal sieht Katharina, wie Käthchen auf der Ofenbank liegt, aber nicht schläft. Martin setzt das Amen unter seine Predigt, er ist müde, reibt sich den Rücken, will sich auf die Ofenbank setzen. »Rück mal!«, sagt er. Käthchen rückt nicht, es liegt warm und gut.

Martin wird lauter, er ist ein Hitzkopf. Käthchen gähnt ihn an. Er schiebt es zur Seite.

Das kann man mit Käthchen nicht machen. Es hebt blitzschnell die Tatze und zieht ihm eins über. Er weicht zurück, wischt sich das Blut ab. Eine Frau, die haut!

»Sie tut mir nicht schön«, sagt er beleidigt. »Ein Hund haut nicht.« Und zu Käthchen sagt er: »Ich bin Doktor Martinus Luther, damit du's weißt!« Er hebt die Hand: »Haust du mich, hau ich dich!«

»Du bist für sie nichts als ein großes Tier auf zwei Beinen«, sagt Katharina. »Ohne Doktortitel. Sie ist nun mal kein Hund.«

»Da hab ich mir was ins Haus geholt.« Sein Blick geht von der Frau zur Katze.

»Du hast uns nicht geholt, Martin«, sagt sie. »Wir beide sind freiwillig zu dir gekommen. Ich hab uns dich geholt.«

»Ihr seid vom gleichen Schlag«, sagt er und gibt ihr einen Kuss. »Schlaglustig, schlagfertig, schlagkräftig.«

»Nur wenn man's mit Gewalt versucht. Dann wehren wir uns. Wir haben uns viel zu lange nicht gewehrt, haben alles mit uns geschehen lassen. Du musst leis mit ihr reden. Höflich, geduldig, gesittet und mit Anstand. Dann tut sie, was du willst.«

»Vielleicht«, sagt er skeptisch.

»Wahrscheinlich aber nicht«, sagt sie und lacht ihn an. »Außerdem: Du haust auch drauf. Wenn auch nur mit Worten.«

Luther lacht mit. Was bleibt ihm übrig.

*

Sie sind jetzt zu viert. Das erste Kind heißt Johannes. Hänschen.

Käthchen liegt bei Hänschen in der Wiege, beide lassen sich schaukeln.

Luther hat sich nicht nur an Käthchen gewöhnt, er hängt bald ebenso an ihm wie an Katharina, fast könnte die eifersüchtig werden. Er spricht mit ihm nicht wie mit seinen Studenten. Sein Ton ist anders, sanfter, ruhiger, leiser. Und auch nicht wie man mit kleinen Kindern, etwa mit Hänschen spricht, sondern richtig, vernünftig, manchmal lateinisch und griechisch. Er erklärt Käthchen die Heilige Schrift, den Heiligen Geist, die göttliche Gnade, die guten Werke, die Determination, die ewige Seligkeit. Obwohl dem Käthchen das alles egal ist, es kommt ohne Schrift, Geist, Gnade und gute Werke aus, hört es höflich und aufmerksam zu und schnurrt. Als er ihm sein nagelneues Lied »Vom Himmel hoch, da komm ich her« vorsingt, stellt es anerkennend den Schwanz hoch.

»Es versteht was von Musik«, sagt Luther stolz.

Im Kloster habe sie auch immer mit Käthchen gesprochen, sagt Katharina. Als sie gefragt habe, ob sie gehen solle, habe Käthchen sie mit Funkelaugen angeschaut. »Nie wär ich ohne es gegangen.«

»Ja«, sagt er, »wo du hingehst, da will auch ich hingehen.« Und zu Käthchen: »Und du kommst mit.«

Wenn er kalte Füße hat, legt Käthchen sich nachts darauf und wärmt sie. Wenn er schreibt, liegt Käthchen auf dem Tisch und schaut aufmerksam zu. Er gewöhnt sich an, es zu fragen, ob das recht sei, was er da schreibe, ob es zu schwach sei oder zu stark oder nicht stark genug. Er liebt es stark. Er schaut dem Volk aufs Maul. Das Volksmaul ist oft ungewaschen. Macht nichts, alle verstehen ihn, das einfache und das gelehrte Volk, sogar der Papst in Rom.

Der schläft schlecht. Denkt er an Luther in der Nacht, dann ist er um den Schlaf gebracht. Er hört, Luther habe nicht nur eine Frau, sondern auch eine Katze. Frauen mag der Heilige Vater, Frauen sind brauchbar, Katzen nicht. Er ist für Hunde. Und für Gehorsam.

*

Ist Luther außer Haus, sitzt Käthchen vor der Tür und wartet auf ihn. Kommt er früher oder später als angekündigt, sitzt es ebenfalls dort. Als habe er ihm seine Ankunft in Gedanken mitgeteilt.

»Unser Herrgott«, sagt Luther, »hat des Öfteren seine schönsten und größten Gaben dem gemeinen Tier gegeben. Nur die Menschen suchen sie dort nicht. Was, Käthchen?«

Er tippt mit dem Finger an Käthchens Schnauze. Es leckt an seinem Finger. Rollt sich dann herum, zeigt ihm den Bauch und will gekrault werden. Er krault zu lang, zu fest, und wieder einmal läuft das Blut vom Finger.

»Da hast du's«, sagt Katharina. »Du hast geschrieben ›Von der Freiheit eines Christenmenschen‹.« Sie zieht ihn vor das Bild, das Cranach – diesmal der große, nicht der kleine – von Käthchen gemalt und ihr geschenkt hat: Käthchen, auf einem blauen Kissen sitzend, blickt die beiden an. Ein Geschöpf mit Selbstachtung und mit eigenem, unbeugsamem Willen. »Warum schreibst du nicht auch ›Von der Freiheit einer christlichen Katze‹?«

Luther guckt fast erschrocken. Ob eine Katze christlich sein könne?

»Sie ist das freieste Geschöpf auf Gottes Erdboden, Martin. Freier als wir, die wir glauben, uns so vielen Zwängen beugen zu müssen.« Dann fällt ihr ein, dass Philipp Melanchthon, mit dem sie befreundet sind, von einer römischen Göttin erzählt hat, die auf dem Aventin in Rom einen Tempel besaß: Libertas, Göttin der Freiheit. Zu Füßen der Göttin lag eine Katze.

»Katzen gab's schon immer«, sagt er, »die sind älter als jede Religion.«

»Dann schreib halt einfach nur: ›Von der Freiheit der Katze‹.«

So weit geht er aber nicht.

*

Doktor Luther läuft dozierend oder predigend durchs Haus, um den Fuß hat er eine Schnur gebunden, an der hängt ein Ball oder eine Feder oder ein Wollknäuel aus Katharinas Nähkorb. Käthchen hinterher. Hinter Luther her der Schreiber, in der Hand Papier und Stift, damit ihm nur kein Wörtlein entgeht, das aus Luthers Mund kommt.

Wenn das die Wittenberger sähen.

Luther braucht das, und Käthchen braucht es auch.

»Wo kein Spiel, da kein Leben«, sagt er. »Gut gesagt?«

»Sehr gut!«, lobt ihn Katharina. »Wie immer.«

»Eine Frau wie du, Katharina, ist die beste Gefährtin fürs Leben. Und eine wie Käthchen auch. Am besten man hat alle beide.«

*

Cranach malt Judih mit dem abgeschlagenen Haupt des Holo-fernes.

»Sie sieht dir ähnlich«, sagt Martin zu Katharina. »Wenigs-tens ein bisschen. Der Mund, die Augen.«

Sie würde keinem den Kopf abhauen, sagt Katharina und schneidet dem Fisch den Kopf ab. Der Fisch wird in Wein gesotten. Freitags gibt's immer Fisch. Den Kopf mit den Bäckchen kriegt Käthchen, die sitzt schon unterm Tisch und schleckt sich die Schnauze.

»Es war aber eine große Tat«, sagt er. »Und Judith eine große Frau. Es ist ein Kompliment, dass Cranach sie – dich – so gemalt hat. Tatkräftig, mutig, energisch. Wie du.«

Manchmal nennt er sie »Herr Käthe«.

Weil er den Talar anhat, aber sie die Hosen.

Und manchmal scheint es, als habe Käthchen im Hause Luther die Hosen an.

*

Käthchen hat sich bis zur Haustür geschleppt, da liegt es, reglos, verkrümmt, Schaum vor der Schnauze.

Obwohl die Stadt vom Reformator lebt, von den vielen, die nach Wittenberg kommen, Geld ausgeben, Quartier nehmen, den größten Sohn der Stadt besichtigen, haben die Luthers viele Feinde. Wenn man ihnen nicht an den Kragen kann, so doch dem Vieh. An Gift kommt man leicht heran, man fragt nur den Arzt oder Apotheker. Nach den Nebenwirkungen fragt man nicht.

Käthchen kriegt ein Grab im Luther'schen Garten, neben dem Fischteich, den Katharina angelegt hat. Wo sie Fisch doch so gern gemocht hat, sagt Hänschen und heult Rotz und Wasser. Er will wissen, ob Tiere in den Himmel kommen, nachdem sie – damit man sie wiedersieht, wenn man …

»Ich glaube«, sagt Luther, »dass auch Hündelein in den Himmel kommen.«

Aber Käthchen ist kein Hündelein. Ohne Käthchen mag Hänschen nicht im Himmel sein, auf Hündelein und Engelein kann er verzichten. Sonst geht er halt woandershin.

Luther verspricht es. Auch Käthchen komme in den Himmel.

Katharina weint um Käthchen, das ein Stück ihres Lebens mit sich genommen hat. Ehrlichkeit. Wärme. Vertrauen. Liebe. Das hat sie auch von ihrem Ehemann bekommen, aber sie musste es sich erkämpfen. Käthchen gab alles freiwillig.

Luther wischt sich die Augen und spricht ein Gebet.

Am Abend schreibt Luther: »Ich glaube, dass jede Kreatur eine unsterbliche Seele hat.«

Die Kreatur freut's. Die Kirche glaubt es bis heute nicht.

Auf dem Regenbogen

Frido Knab-Eckermann, Schriftsteller (drei kritische Bücher über Papsttum, Kreuzzüge und Hexenprozesse) – wachte auf. Seine Füße waren kalt und nass, der ausgelaufenen Bettflasche wegen, außerdem musste er aufs Klo.

Eigentlich hieß er Fridolin, hatte den Namen aber zu Frido geschrumpft. Mit dem heiligen Fridolin, dem Namenspatron des beachtlichen gotischen Münsters seiner Heimatstadt, wollte er nichts zu tun haben. Schlimm genug, dass er ausgerechnet an einem sechsten März, dem Gedenktag des Heiligen, das Licht der Welt hatte erblicken müssen.

Beim Frühstück fragte Frau Knab-Eckermann, Vorname Liane, warum er so verbiestert gucke.

»Ich hab geträumt.«

Das komme schon mal vor, sagte Liane, und der Honig tropfe von seinem Brot.

Frido leckte die Finger ab. »Aber dieser Traum war schrecklich.«

»Warum musst du auch um elf Uhr nachts noch eine Bratwurst mit Kartoffelsalat und Mayonnaise essen – ein voller Bauch schläft nicht gut. Erzähl!«

»Der liebe Gott saß auf dem Regenbogen.«

»Sag bloß! Wie sieht er denn aus?«

»Rund. Rot und grün und gelb und blau …«

»Dass ich meine Lust dran schau. Ich mein doch den lieben Gott. Wie sieht der also aus?«

»Furchtbar.«

»Was heißt ›furchtbar‹?«

»Er sieht genau so aus, wie der einfach gestrickte, erzkonservative Christenmensch ihn sich vorstellt, weil man es ihm schon als Kind so eingebläut hat.«

»Du bist aber doch kein Christenmensch. Ich meine, keiner mehr. Bist nur noch Mensch ohne Christ. Atheist. Gebrauchst ununterbrochen deinen aufgeklärten scharfen Verstand. Und er hat trotzdem so ausgesehen? Ein alter Herr? Mit Bart? Und mit Heiligenschein?«

»Genau so. Er hat erklärt, so sehe Er nur aus, um den Menschen entgegenzukommen. In Wahrheit sehe Er ganz anders aus, wenn Er überhaupt irgendwie aussehe, was Er als Gott nicht nötig habe. Also Er saß auf dem Regenbogen, warum, weiß ich nicht.«

»Aber ich. Den hat er doch als Zeichen eines neuen Bundes nach der Sintflut geschaffen. Sowas lernt man im Religionsunterricht.«

»Ich war in Ethik. Da hockt niemand auf einem Regenbogen.«

»Vielleicht saß Er darauf, weil Er auch mit dir einen neuen Bund schließen will.«

»Das verbitte ich mir. Und Er war nicht allein. Neben Ihm hockte unser Tüpfel, und sein Schwanz hing herunter. Stell dir das mal vor!«

Das könne sie sich sehr gut vorstellen, sagte Liane und guckte verträumt. »Tüpfel auf dem Regenbogen. Mit oder ohne Heiligenschein?«

»Natürlich ohne. Er hat mir ja nie gefolgt, wenn ich ihn gerufen hab. Und er ist immer auf meinem Sessel – na ja, er ruhe in Frieden, und zwar dort, wo ich ihn begraben habe, unterm Holunderbusch. Was hat er auf einem Regenbogen zu suchen? Neben Ihm? Schließlich ist Tüpfel tot, ist ohne zu gucken über die Straße gerannt.«

»Wenn er noch lebte, könnte er nicht neben dem lieben Gott dort oben hocken. Und weiter?«

»Die beiden haben sich angeregt unterhalten.«

»Ich hab mich auch immer gern mit Tüpfel unterhalten. Allerdings nicht auf dem Regenbogen. Worüber haben sich die beiden denn …?«

»Über mich. Tüpfel hat gepetzt. Hat erzählt, ich hätte – er hat natürlich gelogen. Wie zu seinen Lebzeiten.«

»So?«

»Ich hätte, als er mal drei Tage nicht heimgekommen ist, dem heiligen Franz eine Kerze versprochen, wenn der ihm, also dem Tüpfel, heimleuchten würde. Ich! Eine Kerze! Dem heiligen Franz!«

»Das ist allerdings mehr als Ehrabschneidung«, sagte Liane mitfühlend. »Ich versteh deine Empörung.«

»Und ausgerechnet ich als überzeugter Atheist muss sowas träumen. Ich verbitte mir, dass der liebe Gott – ich bring das Wort kaum raus – mich im Traum belästigt. Schließlich weiß ich, dass es Ihn nicht gibt. Und lieb ist Er schon gar nicht. Und mit Tüpfel werd ich ein Wörtchen reden, wenn ich wieder mal von dem träumen sollte. Das geht nicht, dass er neben – neben dem da auf dem Regenbogen hockt und den Schwanz herunterhängen lässt und mich verleumdet. Aber Tüpfel war intellektuell schon immer ein bisschen – na ja. Man kann sich, tot oder lebendig, nicht mit jemandem unterhalten, der nicht existiert.«

»Du hättest ihm halt noch zu Lebzeiten erklären müssen, dass nicht nur du Atheist bist, sondern auch er einer zu sein hat. Wie der Herr, so's Gscherr. In diesem Fall: so der Kater.«

»Glaubst du, dass er's geglaubt hätte?«

»Natürlich nicht.« Liane goss heiße Milch in das Honigglas und schob es ihm hin. »Ist gut für die Nerven.«

»Was mach ich, wenn Er es wieder tut?«

»Wenn Er was wieder tut?«

»Mir im Traum erscheint.«

»Er groß- oder kleingeschrieben?«

»Groß. Er soll mir nicht nachsagen, ich wisse nicht, was sich gehört.«

»Dann sagst du Ihm einfach, dass es Ihn nicht gibt, dass Er sich schleichen soll und dass du gottlose Träume bevorzugst.«

»Wohin soll Er sich …?«

»Vielleicht – zurück ins Paradies.«

»Aber das gibt es auch nicht.«

»Richtig. Dann in den Himmel.«

»Den ebenso wenig.«

»Dann halt in den Herrgottswinkel. Dort in der Ecke ist einer.«

»Der stammt von meinen Großeltern«, sagte Frido. »Ich hab's nicht übers Herz gebracht, ihn zu entsorgen. Aus Pietät. Nur aus Pietät. Und aus Dankbarkeit. Schließlich hat Opa alle meine Kasperlefiguren geschnitzt. Was für ein wundervoller Teufel, ich hab ihn heut noch.«

»Den Teufel gibt es auch nicht, weil er ja vom lieben Gott abhängt.«

»Und wie es den gibt. Er sitzt doch auf meinem Schreibtisch und inspiriert mich ungeheuer beim Schreiben. Mein Opa hat auch das Kreuz selber geschnitzt, und als Kinder haben wir immer frische Blumen … na ja. Ich genier mich noch heut, wenn ich dran denk. Kindesmissbrauch, sowas.«

»Ja, dann weiß ich auch nicht«, sagte seine Frau. »Dann musst du selber gucken, wie ihr beide die Sache regelt.«

*

Bevor er zu Bett ging, nahm Frido ein ermunterndes Rosmarinölbad, trank zwei Tassen Bohnenkaffee – sonst nahm er immer den ohne Koffein – und las eine ganze Stunde in dem von ihm selbst geschriebenen, allerdings nur mäßig aufregenden Krimi ›Mord in der Krypta‹. Aber irgendwann fiel ihm das Buch aus der Hand, und er war weg. Fand sich wieder unterm Regenbogen, auf dem Er saß und freundlich und sanft auf ihn herunterguckte. Und neben Ihm …

Frido formte mit den Händen einen Trichter und schrie hinauf zum lieben Gott, dass es Ihn nicht gebe und dass Er verschwinden solle. »Und du, Tüpfel, kommst sofort da runter.«

Er sitze aber gut, rief der liebe Gott. Und Tüpfel rief, er sitze ebenfalls sehr bequem und denke nicht dran, den lieben Gott allein hier sitzen zu lassen. Wo sie sich doch so interessant unterhielten, über die Menschen als solche, und wo er dem lieben Gott doch gerade einige Verbesserungsvorschläge unterbreite, wenn der mal wieder Lust habe, eine neue Schöpfung mit neuen Menschen zu machen.

»Schöne Aussicht auf meine Erde von hier oben«, rief der liebe Gott. »Willst du nicht raufkommen als Dritter im Bunde? Rutsch mal, Tüpfel!«

Er denke nicht dran, brüllte Frido, er setze sich doch nicht neben einen, den es nicht gebe. »Ich möchte Dich in aller Form bitten, Dich ab sofort aus meinem Traum rauszuhalten. Gott ist tot. Und Tüpfel ist tot. Aber den hat es wenigstens mal gegeben. Dich nie. Außerdem bin ich Atheist, Herrgott noch mal!«

»Darf ich fragen, warum?«

»Als denkender und aufgeklärter Mensch des 21. Jahrhunderts nach Chr… also dieses dritten Jahrtausends, glaub ich natürlich, dass es Dich nicht gibt.«

»Glaubst du's oder weißt du's?«

»Sowohl als auch.«

»Aber du siehst mich doch.«

»Das ist nur ein Traum. Ein Albtraum.«

»Für seine Träume ist jeder selbst zuständig, deinen Traum kannst du mir nicht in die Schuhe schieben.«

»Liane – das ist meine Frau …«

»Ich weiß, ich weiß.«

»Also Liane sagt, der Kartoffelsalat und die Bratwurst seien dran schuld.«

»Ja, was machen wir denn da?«

Frido Knab-Eckermann schlug Gott vor, sich einfach in Luft aufzulösen.

»Ungern«, sagte der. »Schön, hier oben. Da hat man immer den Überblick. Was sagst du, Tüpfel?«

Tüpfel schleckte dem lieben Gott die Hand und warf Frido einen verächtlichen Blick zu. Verächtliche Blicke sind eine Katerspezialität.

»Es gibt Dich wirklich nicht«, beharrte Frido. »Glaub's nur!«

»Dein Kater ist offenbar anderer Meinung.«

»Weil er blöd ist. Und ein verlogenes, undankbares Miststück, das schlecht über seinen Herrn redet.«

Tüpfel schnurrte dem lieben Gott was ins Ohr.

»Was sagt der Kerl?«

»Tüpfel sagt, er habe keinen Herrn. Habe auch nie einen gehabt. Er sei ein herrenloser, wahrheitsliebender Kater, was man von dir nicht sagen könne.«

Tüpfel kringelte den Schwanz um des lieben Gottes Arm.

»Sag ihm, er soll den Mund halten.«

Tüpfel kriegte Funkelaugen und fauchte eindrucksvoll vom Regenbogen herunter.

»Tüpfel sagt«, so der liebe Gott, »er lasse sich von einem wie dir nicht die Schnauze verbieten.«

»Schluss damit. Zurück zu Dir, lieber Gott. Ich meine, Du höheres Wesen, das viele aus Unwissenheit, Dummheit und Unaufgeklärtheit immer noch verehren, obwohl …«

Das höhere Wesen lächelte, strich sich den Bart und rückte den etwas verrutschten Heiligenschein zurecht.

Frido gab nicht auf. »Kennst du den ›Gotteswahn‹? Ich meine, das Buch von Richard Dawkins?«

»Kenn ich. Man sagt mir ja nach, ich sei allwissend.«

»Und?«

»Der Mensch«, so der liebe Gott milde, »ist frei, so hab ich ihn nun mal geschaffen. Er kann schreiben, was er will. Auch jeden hanebüchenen Blödsinn.«

»Immerhin ein Bestseller.«

»Das ist mein Buch auch.«

»Du hast eins geschrieben?«

»Noch nie von der Bibel gehört?«

»Also ich seh das – Dich – wie Dawkins. Tut mir leid, aber Du bist nur ein Wahn. Ein Irrtum. Ein frommes Gerücht.«

»Tut dir das wirklich leid, mein Sohn?«

»Eigentlich nicht. Man sagt halt so.«

Der liebe Gott drehte alberne Löckchen in seinen Bart und versank in Nachdenken, was eine Weile dauerte. Tüpfel machte einen kleinen Großputz, und Frido Knab-Eckermann wartete höflich, bis der liebe Gott wieder aus seinem Nachdenken auftauchte.

»Und?«, fragte er und klopfte erwartungsvoll mit dem Fuß auf den Boden.

»Na gut«, seufzte der liebe Gott. »Du hast gewonnen.«

»Dann hab ich also recht?«

»Brüll nicht so. Der Regenbogen wackelt ja schon.«

»Es gibt Dich nicht?«

»Nach eingehender Beratung mit mir selbst bin ich zur Erkenntnis gekommen, dass es, um deines Seelenfriedens willen, mich tatsächlich besser nicht gibt. Ich muss mich schwer über mich getäuscht haben. Eine deprimierende Selbsterkenntnis.«

»Was beweist, dass Du gar kein allwissender, allmächtiger Gott sein kannst. Aber sowas kommt ja vor«, rief Frido Knab-Eckermann erleichtert, »und für Einsicht ist es bekanntlich nie zu spät, was? Jedenfalls vielen Dank! Gott sei Dank, wenn ich mal so sagen darf!«

»Du darfst«, rief der liebe Gott. »Keine Ursache. Halten wir also fest, dass es mich nicht gibt. Hast du's verstanden, Tüpfel?«

Tüpfel, uneinsichtig, rieb seinen Kopf am Arm des lieben Gottes und sabberte ihn voll.

»Also dann geh ich mal wieder«, sagte Frido. »Und du kommst mit, Tüpfel. Man hockt nicht neben jemandem, der nach seinen eigenen Worten nicht existiert, und erzählt ihm Lügen über Leute, die es wirklich gibt. Und schon gar nicht besabbert man ihn.«

Tüpfel legte den Kopf schief und himmelte, alle vernünftigen Erklärungen ignorierend, den lieben Gott weiter an. Der streichelte ihm sanft die Ohren, was eine verzückte Tüpfel'sche Schnurrorgie auslöste, und wünschte Frido Knab-Eckermann schöne, gottlose Träume.

»Also dann geh ich mal wieder.«

»Wohin?«, fragte der liebe Gott.

»Aufwachen. Ich muss in aller Herrgottsfrühe – ich meine, ich muss früh raus.«

»Schlaf gut!«, rief der liebe Gott.

»Und Pfoten – Pardon, Hände weg von meinem Kater.«

»Aber wir sitzen oft hier und halten einen Schwatz.«

»Ein starkes Stück. Wo er doch unterm Holunderbaum liegt, und wo Liane Immergrün darauf gepflanzt hat, eine Neuzüchtung, die muss man kaum mehr gießen.«

»Dann grüß mir deine Frau.«

»Lieber nicht.«

»Ist die auch Atheistin?«

»Bisher nicht. Aber das wird schon noch. Ich arbeite daran.«

»Und wenn sie nicht will?«

»Sie muss«, sagte der Atheist.

»Immer noch der alte Macho, was? Na, dann grüß mir wenigstens meinen Sohn im Herrgottswinkel.«

»Tut mir leid, aber den gibt es auch nicht. Das heißt, ich weiß schon, dass es den gegeben hat, er ist auch nicht unsympathisch, aber Gottes Sohn? Nein, man kann nicht der Sohn von einem sein, den es nicht gibt und der das vernünftigerweise gerade erst zugegeben hat.«

»Dann sei du gegrüßt. Oder gibt es dich auch nicht?«

»Ich muss doch sehr bitten!«

»Glaubst du's oder weißt du's?«, fragte der liebe Gott.

»Da bin ich mir ganz sicher.«

»Aber vielleicht ist es auch andersrum.«

»Wie andersrum?«

»Vielleicht bist auch du nur eine Einbildung. Oder ein Traum. Ein Atheistenwahn. Auch ein Gott hat Träume.«

Frido schüttelte heftig den Kopf.

»Oder du bist ein unfrommes Gerücht. Ich meine, als Atheist.«

»Unsinn. Ich bin, im Gegensatz zu Dir, Realität. Und da wir die Sache nun geklärt haben, werde ich gleich aufwachen. Ich verabschiede mich schon mal. Also, mach's gut!«

»Ich hab schon alles gut gemacht. Einmal reicht!« Und der liebe Gott wünschte ihm einen schönen Tag.

»Danke, Dir auch«, sagte Frido höflich. »Ich finde es wirklich sehr zuvorkommend und sehr vernünftig von Dir, dass Du nicht existierst.«

»Man tut, was man kann«, sagte der liebe Gott. »Möchtest du vielleicht, als Andenken an mich, noch einen Segen? Ich hab gerade nichts anderes da. Natürlich musst du nicht, ist nur ein Angebot.«

»Danke, gern. Man nimmt ja, was man kriegen kann.«

»Im Stehen?«

Frido setzte sich ins Gras.

»Im Sitzen?«

Frido erinnerte sich an seine Ministrantenzeit und kniete

nieder. Und Gott segnete ihn und ließ ihn laufen. In die Herrgottsfrühe.

*

»Na?«, fragte Liane beim Frühstück. »Hast du Ihn wieder gesehen?«

Frido nickte.

»Und?«

»Wir haben uns recht gut unterhalten. Auf hohem Niveau.«

»Also auf dem Regenbogen.«

»Er hat mir zugestimmt. Er hat sogar gesagt, Er sei mir dankbar dafür, dass Er es nun wisse.«

»Was?«

»Dass es Ihn nicht gebe. Er war sich nämlich selbst nicht
sicher, ob oder ob nicht. Sowas ist ja nicht lustig. Ich hab erklärt,
dass Er eine Projektion sei. Dass wir Ihn uns nach unserem Bilde
gemacht haben. Dass wir Ihn gar nicht brauchen, um uns die
Welt zu erklären. Dafür haben wir schließlich Professor Lesch.
Und dann …«

»Was dann?«

»Ich sag's lieber nicht.«

»Sag's doch!«

»Er hat mich – nein, ich bring's nicht raus.«

»Nur Mut! Er hat dich – verdammt? Macht doch nichts, an
die Hölle glaubst du ja auch nicht. Trotz deines großväterlichen
Teufels.«

»Quatsch. Gesegnet hat Er mich.«

»Ist das ein Grund, den Kaffee zu verzittern? Und das hast
du dir gefallen lassen?«

»Na ja, ich war so froh, dass Er keinen Ärger gemacht und mir recht gegeben hat, dass ich Ihm auch eine Freude machen wollte.«

»Immerhin – einen höchstgöttlichen Segen, den hat auch nicht jeder.«

»Glaubst du, der Segen ist schädlich?«, fragte Frido besorgt. Das glaubte Liane eher nicht.

»Aber gerade fällt mir ein – wenn es Ihn nicht gibt, was jetzt sicher ist, dann gibt es Seinen Segen ja auch nicht.«

»Da ist was dran. War Tüpfel wieder da?«

»Und wie. Er hat Ihm sogar die Hand abgeschleckt. Übrigens hat er irgendwie komisch ausgesehen. «

»Wie – komisch?«

»Er war wieder ganz. Wo er doch unter die Räder gekommen – und ganz blutig – und ohne Schwanz – na ja, du weißt ja …«

Seine Frau freute sich, dass Tüpfel wieder vollständig war. »Ich fände es nett, wenn er mich auch mal im Traum besuchen würde. Sag ihm das, wenn du wieder …«

»Ich denk nicht dran. Ich denk was anderes. Ich hab nämlich eine Idee.«

»Dem Teufel sei Dank!«

»Ja. Heut fang ich an. Mit dem neuen Buch. Schließlich war Goethes Eckermann ein Ahnherr von mir.«

»Eckermann ist kinderlos gestorben.«

»Aber er hatte einen Vetter vierten Grades, auf den ich meine Abstammung zurückführe.«

»Und wie soll das Kind – das Buch heißen? ›Neue Gespräche mit Eckermann‹?«

»Natürlich nicht. ›Gespräch auf dem Regenbogen‹. Untertitel: Ein Atheist widerlegt den Herrgott.«

»Eigentlich«, sagte Liane nachdenklich, »müsstest du Ihn als Koautor erwähnen. Immerhin verdankst du Ihm diese Erkenntnis.«

Frido dachte nach. Schließlich sagte er: »Hast recht. Er war ja auch ziemlich kooperativ. Dann wird mein Buch …«

»Euer Buch …«

»Unser Buch wird heißen: Ein Atheist und der liebe Gott widerlegen sich selbst.«

»Geht nicht. Oder widerlegst du auch dich?«

»*Also:* Ein Atheist und der liebe Gott widerlegen den Herrgott.«

»Und Tüpfel? Kommt der auch drin vor? Ich bestehe auf Tüpfel.«

»Unmöglich. Tüpfel widerlegt Ihn ja nicht. Der glaubt an Ihn, das blöde Vieh! Schleckt Ihm die Hand ab!«

Liane Knab-Eckermann verlangte, des blöden Viehs wegen, eine postume Entschuldigung, und zwar eine zerknirschte.

»Schön, also in Gottes Namen – ich will sagen, Tüpfel kommt auch hinein, das heißt, er kommt hinten aufs Cover.«

»Nein, vorne. Wie er neben Ihm auf dem Regenbogen sitzt. Mit herunterhängendem Schwanz.«

»Nun denn, mit herunterhängendem Schwanz.«

»Und wieder ganz.«

»Und wieder ganz ganz.«

Worauf Liane Frido einen Kuss gab und Frido einen Wadenkrampf kriegte, woran die Knieerei während des göttlichen Segens schuld sein musste.

Der heilige Fridolin, sagte Liane, sei übrigens nicht nur für gutes Wetter und Viehseuchen zuständig, sondern auch für allerlei Beinleiden, also auch für Wadenkrämpfe.

Wo geht's zum Paradies?

Moritz stöhnt sich aus dem Bett und zieht, seiner Bettgenossin den Rücken zuwendend, das Nachthemd über den Kopf. Diese, weniger schamhaft, guckt ihm fasziniert beim Anziehen zu, ihr fehlt das rechte Verständnis für Sittlichkeit.

»Ein Knopf ist ab«, sagt sie.

»Gestern war er noch dran. Hast du vielleicht …?« Er legt sein Gesicht in strenge Falten. Sie steckt ihre Nase in Johannes Paul den Zweiten – so heißt die Rose auf dem Nachttischchen. »Guck mal unterm Schrank.«

Er verwechselt die Füße und stolpert über eine Teppichkante.

»Ich verwechsle meine nie«, sagt sie, »und ich hab sogar vier. Und Hunger.«

»Ich auch. Komm frühstücken, die Messe beginnt um halb acht.«

Er murmelt das Tischgebet, sie hält rein gar nichts von der Beterei, ist nicht katholisch, gehört überhaupt keiner Konfession an, was ihn manchmal neidisch macht. Ohne Konfession lebt es sich wohl auch nicht schlecht, denkt er. Er kennt ein paar Leute, die gut ohne Konfession auskommen und ausgesprochen sympathisch sind.

Dann widmet er sich seinem Vierkorn-Müsli und dem grünen Tee, sie hält sich an »Feine Lachsstückchen in Soße«.

*

Moritz ist – dem aufmerksamen Leser kann es nicht entgangen sein – Priester. Moritz' Bettgenossin ist Katze. Muzz ist rot, Moritz schwarz. Aber während Muzz immer in Rot herumläuft, ist Moritz nur im Dienst schwarz. Außerdienstlich und am Feierabend schlappt er herum, mit Hosenträgern, offenen Sandalen und einem zottligen Schal, dessen Fransen Muzz ziemlich dezimiert hat und der ihm etwas liebenswert Verwahrlostes gibt.

Muzz tut, was sie will. Moritz bemüht sich zu tun, was seine Pflicht ist und was man an oberster, an alleroberster Stelle von ihm erwartet. Er hat versucht, auch Muzz zu Pflichtbewusstsein zu erziehen, aber der Erfolg war deprimierend. Also lässt er es, tut seine Pflicht allein, und Muzz guckt ihm dabei zu.

Moritz' Pflicht besteht darin, in einem großen Haus zu sitzen, sonntags die Messe zu lesen, seine Schafe zu hüten – viele sind es ja nicht mehr –, verlorenen Schafen nachzurennen, meist ohne Erfolg, weil die schneller rennen als er, alte Schafe mit dem Segen der Kirche unter die Erde, junge Schafe und Böcke unter die Haube zu bringen. Letzteres kommt gelegentlich noch vor.

Muzz ist Moritz zugelaufen oder zugefallen, und da der Mensch, auch der katholische Priester, jemanden haben muss, mit dem er vertraulich reden kann, kamen die beiden ins Gespräch. Was in der Kirche durchaus Tradition hat, denn haben nicht auch der heilige Franz und das Vieh gelegentlich miteinander geplaudert?

Und da der Mensch auch jemand haben muss, mit dem er ab und zu schmusen kann, und da die Schmusemöglichkeiten eines katholischen Priesters leider Gottes, oder leider Kirche, nun mal eingeschränkt sind, hatte er Muzz vorgeschlagen, mit ihm nicht nur den Tisch zu teilen, sondern auch das Bett. So waren die beiden ein Paar geworden. Ist es doch nicht gut, dass der Mensch, ob Priester oder nicht, allein sei. Weshalb der Herr einst im Paradies seinem Adam ja auch eine Eva an die Seite gab. Eine weise Erkenntnis, die die Katholische Kirche immer noch nicht so recht verinnerlicht hat.

Wenn Moritz die Sehnsucht nach Nähe, Wärme, Zärtlichkeit überkam, war statt einer liebevollen Eva seine Muzz da: warm, weich und hemmungslos sinnlich.

Muzz, als emanzipierte Katze, hat Moritz fest im Griff. Sie macht das Pfarrhaus zu einem Haus der offenen Tür, kommt und geht, wie es ihr passt, was nun wieder Moritz nicht passt, denn wenn Muzz sich aushausig herumtreibt, malt er sich alle nur denkbaren Schrecklichkeiten aus. Und die Kirche war, wenigstens früher, schon immer gut im Ausmalen von Schrecklichkeiten. Heute ist sie wesentlich sanfter geworden, weshalb die Hölle auch sehr nachgelassen hat. Gegen die Hölle eines Brueghel oder eines Michelangelo ist die heutige eine Wellnessoase. Und wahrscheinlich gibt es sie nicht mal.

*

Muzz hat sich drei lange Tage und ebenso lange Nächte nicht blicken lassen, und Moritz hat literweise Fencheltee getrunken wegen seiner Magenbeschwerden, die sich wie immer in diesem Fall prompt einstellten. Dann, am dritten Abend, hockt sie draußen auf dem Fensterbrett, drückt die Nase an der Scheibe platt und maunzt.

»Wo warst du bloß, Muzz?«, fragt Moritz streng, aber glücklich.

Muzz schleckt sich die Pfoten.

»Ich hab mir Sorgen gemacht.«

Muzz schleckt sich die Brust, dreht den Kopf um fast 360 Grad und schleckt sich den Rücken.

»Ich hab dem heiligen Franz eine Kerze versprochen, schon die vierte in diesem Jahr.«

Jetzt sind die Flanken dran.

»Dann hab ich gesehen, wie du über die Wiese angetrödelt kommst. Mit Zwischenpausen, Rumschnüffeln, Mäuseschnüffeln. Denkst du denn gar nicht an mich?«

»Nein.« Muzz streicht sich mit der Pfote über die Ohren.

»Auch Frau Baierle war arg besorgt um dich.« Frau Baierle macht einmal die Woche im Pfarrhaus sauber, sogar das Katzenklo, und ist fürs Futter zuständig. Aber nur fürs Katzenfutter. Moritz muss selbst gucken, dass er nicht verhungert, und sein Klo auch selbst putzen.

»Du hättest wenigstens mit dem Handy …« Dann fällt ihm ein, Muzz hat ja keins. Irgendwann, denkt er, wird es Handys auch für Hund und Katz geben, der Fortschritt schreckt vor nichts zurück.

»Wo hast du dich rumgetrieben, Muzz?«

Muzz gähnt, marschiert in Richtung Bett und ruckelt sich auf dem Kopfkissen zurecht. »Ich war«, sagt sie, »im Paradies.« Dann, Moritz' Fragen entrückt, begibt sie sich in Regionen, in die er ihr nicht folgen kann.

*

Das Paradies, in dem sich Muzz herumgetrieben haben will, lässt Moritz keine Ruh. Es fällt – schließlich ist er Priester – in seine Zuständigkeit. Da wüsste er gern Genaueres.

»Meine liebe Muzz«, sagt er, als sie beim Abendessen sitzen – Moritz hat sich eine Tiefkühlpizza aufgebacken, Muzz speist Lunge, die der Metzger immer für sie reserviert, »du sagst, du seist im Paradies gewesen, aber ich glaub, du hast mich angeschwindelt.«

Sie sei, sagt Muzz beleidigt, absolut schwindelfrei.

»Aber wie bist du dorthingekommen, meine Liebe?«

Muzz' Schwanz zuckt. »Zu Pfot. Ich hab ja vier Stück.« Schleckt sich die Schnauze und springt, ohne zu warten, bis auch Moritz sich die Schnauze – sich mit der Serviette den Mund gewischt hat, mit ihren vier Pfoten auf Moritz' Gemütlichkeitssessel.

»Ich war noch nie im Paradies«, sagt Moritz.

»Du hast ja auch nur zwei Pfoten.« Muzz spielt mit ihren Ohren. »Damit kommst du nicht weit.«

Moritz fühlt sich verarscht. Dieses Gefühl hat er öfters, wenn er sich mit Muzz unterhält. Kein gutes Gefühl für einen Priester der Heiligen Katholischen Kirche. »Gibt's im Paradies auch Sessel, auf denen man sich rumfläzt, ohne vorher um Erlaubnis zu fragen? Runter mit dir!«, befiehlt er mit klirrender Stimme. Muzz dreht ihm den Hintern zu. Moritz, er weiß aus bitterer Erfahrung, da sei nichts zu machen, kehrt auch ihr den Rücken, schnappt sich den großen Holzkorb und erklärt, er gehe.

»Ins Paradies?«, fragt Muzz, »mit nur zwei Pfoten?«

Er gehe in den Schopf, sagt Moritz, das vom Gärtner Walz in handliche Scheite gesägte und gehackte Holz in diesen Korb zu legen und trotz heftigster Rückenschmerzen herzuschleppen. »Damit du heut Abend deine vier Pfoten am Kaminfeuer wärmen kannst. So bin ich nun mal: edel, hilfreich und gut. Und wie vergiltst du's mir? Mit Veräppelung.«

*

Abends am Kaminfeuer. Muzz hat ihm voll Großmut seinen Sessel überlassen, ein arg verschlissenes, aber äußerst bequemes, weil durchgesessenes Ding, aus dem unten die Fetzen raushängen und den er vor Frau Baierles Zugriff gerettet hat, die ihn zum Sperrmüll schaffen wollte, weil ein solcher Sessel eines katholischen Priesters und eines katholischen Herrgotts unwürdig sei. Und so wie Moritz entschieden würdevoller aussieht, wenn er sein prächtiges Messgewand trägt, ist es auch mit dem Sessel, der viel gewonnen hat durch eine tiefblaue Husse, die Moritz ihm verpasste und die die Innereien zusammenhält und dem alten Möbel so gut steht, dass Max, der Kollege von der anderen Konfession, eigentlich heißt er Maximilian, mit dem er sich die Kirche teilt und alle vierzehn Tage Schach spielt oder Mensch ärgere dich nicht oder Malefiz, ihn Moritz am liebsten abfuggern würde.

Muzz liegt auf dem Kissen, das eine von Moritz' Messebesucherinnen künstlerisch bestickt hat mit einem adipösen Engel, der seine Ellbogen auf eine Wolke stützt und verdächtig dem Engel zu Häupten der Sixtinischen Madonna Raffaels gleicht. Moritz also sitzt auf seinem Sessel, ihm gegenüber hängt Martin Luther, der eigentlich in einem katholischen Pfarrhaus nichts zu suchen hat. Aber er hängt da, weil Max und Moritz, beseelt vom Geist der Ökumene, beschlossen haben, jeder von ihnen solle einer herausragenden Persönlichkeit der jeweils anderen Konfession die Ehre geben: Moritz dem Luther (von Cranach), Max dem Franz von Assisi (von Giotto), der wegen der Heiligenallergie der protestantischen Kirche in einem anständigen evangelischen Pfarrhaus ebenfalls fehl am Platz wäre. Beide auf Kunstkarten, das Stück ein Euro, in Billigrähmchen.

Muzz und Moritz ist wohl, warme Pfoten und warme Füße heben die Laune bei Katz, Mensch und Angehörigen des geistlichen Standes.

»Also erzähl endlich!«, sagt Moritz, in dem immer noch das Paradies rumort. »Vom Paradies!«

Muzz öffnet ein Auge und blinzelt. »Bitte! Als Katze legt man Wert auf höfliche Fragen. Befehle ignoriert man. Solltest du allmählich wissen.«

»Liebste Muzz«, flötet Moritz, »hast du nicht Lust, dem guten alten Moritz ein bisschen vom Paradies zu erzählen? Ich war noch nie drin und wüsste gern, wie's da aussieht. Wegen der Predigt am nächsten Sonntag.«

»Kommt ja eh kaum einer«, sagt Muzz.

»Letzten Sonntag waren es immerhin fast zwanzig.«

»Lauter alte Knochen.«

»Besser ein alter als gar kein Knochen«, sagt Moritz beleidigt. »Also, wie ist es so im Paradies? Ich muss den alten Knochen –

den Leuten ja sagen können, was sie erwartet. Weil sie alle mal hineinwollen. Nun, wie sieht's dort aus?«

Muzz gibt sich maulfaul. »Wiese.«

»Haben wir auch.«

»Bäume.«

»Die stehn auch im Pfarrgarten.«

»Blumen.«

»Ebenfalls.«

»Maulwurfshügel.«

»Wie bei uns. Was hast du noch gesehen?«

»Hasen. Eichhörnchen. Vögel. Einen Elefant.«

»Einen Elefanten«, sagt Moritz milde.

»Nein, einen kurzen Elefant. Ohne was hintendran. Einen Saurier. Ein Känguru. Einen Löwen. Einen Walfisch. Eine Ente. Einen Esel. Einen Engel.«

»Engel gehören nicht zu den Tieren.«

»Der hatte aber Flügel.«

»Und was haben die getrieben?«

»Der Elefant hat rumtrompetet. Der Saurier hat rumgesaut. Der Löwe hat rumgelöwt. Der Walfisch hat sich rumgewalt. Das Känguru hat geruht – aber ohne rum. Weil rumgeruht blöd klingt.«

»Da hast du recht«, sagt Moritz. »Und die Ente?«

»Die Ente hat geschnabelt und geschnattert. Der Esel hat nicht rumtrompetet, nicht rumgesaut, nicht rumgebrüllt, nicht rumgewalt, nicht geruht, nicht geschnabelt und nicht geschnattert.«

»Sondern? Was hat er gemacht?«

»Nix. Der hat zu nix Lust gehabt. Wie Esel halt sind.«

»Und der Engel?«

»Hat sich gefloht. Engel haben nämlich Flöhe. Weil sie Flügel haben. Da hocken sie drin. Die kratzen sich dauernd, die Engel.«

»Hat er was gesagt?«

»Er hat. Halleluja oder so ähnlich. Und dass er sich arg freut, dass mal wer anderes vorbeikommt. Weil ihm nämlich stinklangweilig ist. Weil ihn kein Schwein besucht. Die anderen Engel kann er nicht mehr sehen, weil die immer da sind. Und wie's draußen so geht mit den Menschen, hat er gefragt. Und wie sie sich benehmen. Saumäßig, hab ich gesagt.«

»Woher weißt du das?«

»Von dir. Sagst du doch immer. Und der Engel hat gesagt, man soll aber die Hoffnung nie aufgeben. Und dann hat er mir alles gezeigt.«

»Auch den Apfelbaum?«

»Ja, so einer ist rumgestanden und hat mit den Blättern geraschelt. Ein paar Äpfel waren noch dran.«

»Das ist«, sagt Moritz feierlich, »der Baum der Erkenntnis. Hast du auch die Schlange gesehen?«

»Die ist runtergekringelt vom Baum und hat einen Apfel gefressen, weil ihr auch langweilig war. Dann hat sie gewurgst, ihr ist schlecht geworden, und sie hat gespuckt. Wie ich gestern, weil ich nun mal kein Kaninchen in Soße mag.«

»Das war ein Sonderangebot von Lidl. Hast du auch einen Apfel …?«

»Ich bin doch nicht vegetarisch«, sagt Muzz. »Der Engel hat mit zwei Fingern gepfiffen, dann ist eine Maus gerannt gekommen und hat gesagt: ›Aus dem Paradies frisch auf den Tisch! Und guten Appetit auch!‹«

»Und du hast die arme Maus …?«

»Mit sehr gutem Appetit.«

»Und hast du Ihn gesehen? Den lieben Gott?«

»Der ist rumgelaufen und hat die Blumen gegossen. Mit einer Gießkanne, ganz aus Gold und viel schöner als deine aus Plastik, die immer tropft. Dann hat der Engel mir den lieben Gott vorgestellt. Das ist also unser lieber Gott, hat er gesagt, und zum lieben Gott: Das ist Muzz, sie guckt mal kurz bei uns rein. Der liebe Gott hat mir über den Buckel gestreichelt, und gelacht hat er auch.«

»Wie?«

»Wie man halt lacht, wenn man der liebe Gott ist. Gottig. Und er hat gefragt, ob du immer noch so geizig seist mit den Leckerli.«

Moritz stemmt sich ächzend hoch, geht aus dem Zimmer und holt eins aus der geheimen Schachtel, von der er glaubt, dass nur er wisse, wo sie ist. »Also?«

»Ein Leckerli sei knauserig, hat er gesagt. Und die Schachtel, wo sie drin sind, sei draußen im Schrank hinter den Tassen.«

»Woher weiß Er das?«

»Das kommt von der Allwissenheit. Hast du selber gesagt, dass der alles weiß.«

Moritz ächzt sich ein zweites Mal hoch und kommt mit einem weiteren Leckerli zurück. »Nun?«

»Der liebe Gott hat gesagt, ein schöner Gruß an unseren guten alten Moritz.«

»Das kann er nicht gesagt haben«, sagt Moritz. »Als lieber Gott beherrscht Er den Akkusativ. Weshalb Er natürlich ›einen schönen Gruß an unseren guten alten Moritz‹ gesagt hat. Was noch?«

»Er hat gefragt, ob du immer noch allein im Körbchen liegst.«

Eine Frage, die Moritz verwundert. Wo er sich doch, trotz gelegentlicher Anfechtungen, immer tapfer ans Zölibat gehalten hat und weil es der Heiligen Kirche sicher nicht gefiele, läge in seinem Körbchen, sprich Bett, statt seiner Muzz eine zweipfotige Muzz. »Was hast du Ihm gesagt?«

»Dass niemand Zweipfotiges in deinem Körbchen – im Körbchen von Max –, liegt aber eine, hab ich gesagt. Und dass dir immer weniger Leute die Kirche einrennen.«

»Und Er?«

»Hat gesagt, dann müsst ihr euch halt was einfallen lassen.«

»Was?«

»Selber denken macht schlauer, hat er gesagt. Und schließlich hat er ja sowas wie einen Verstand in euch hineingeschnauft.«

»Das war der Atem des Lebens. Oder die Seele.«

»Dann hat er gesagt, jetzt muss er aber wieder gießen, die Engel machten ab fünf Feierabend, dann täten die nix mehr, um alles müsse er sich dann selber kümmern, und das in seinem Alter.«

Dann will Moritz unbedingt wissen, wo der Weg zum Paradies sei. Er könne nicht über das Paradies predigen, wenn er nicht imstand sei, den Menschen den Weg dorthin zu zeigen.

»Da kommt ihr nie hin«, sagt Muzz. »Weil ihr den Apfel gegessen habt, den mit der Erkennung, wo eine Maus doch viel besser – und weil euch der großmächtige Engel rausgeschmissen hat, weshalb ihr jetzt immer schaffen und dabei schwitzen müsst. Ich schwitz nie.«

»Du schaffst ja auch nix«, sagt Moritz. »Du guckst immer nur zu, wenn andere schaffen. Sagt Frau Baierle auch. Du liegst auf der Fensterbank oder auf meinem Schreibtisch auf dem heiligen Ignatius von Loyola und guckst ihr zu, ohne auch nur eine Pfote zu rühren.«

Der heilige Dings, sagt Muzz, habe sich bis jetzt noch nicht beschwert.

Was Moritz auf die Palme bringt. »Du bist halt doch nicht schwindelfrei. Das Paradies, in dem du angeblich gewesen bist, liegt nämlich sehr weit weg von hier. Da müsstest du lang laufen mit deinen vier Pfoten, bis du reinkommst. Außerdem: du kennst ja den Weg dorthin gar nicht.«

»Klar kenn ich ihn.«

»So?«

»Der Engel hat damals nicht nur die zwei Apfelklauer rausgeschmissen, sondern auch die Tiere. Obwohl die lieber im Paradies geblieben wären, wegen der guten Verpflegung und dem schönen Wetter. Weshalb sie sauer waren und den Kopf hängen ließen. Nur die Katz hat immer geguckt und geguckt und sich den Weg gemerkt. Später hat sie den Weg ihren Katzenkindern gesagt, und die haben ihn wieder ihren Katzenkindern, und die ihren Katzenkindern – und so weiter. Drum sind Katzen die einzigen, die wissen, wie man ins Paradies kommt. Rein und wieder raus. Und jede Katz weiß, warum ihr Menschen den Weg zurück ins Paradies nicht findet. Weil, als der Engel euch die Tür vor der Nas zugehauen hat, ihr euch den Weg nicht gemerkt habt. Drum lauft ihr dauernd in die falsche Richtung.«

Da könne was dran sein, denkt Moritz.

»Weil ihr blöd seid.«

Mit diesem Satz – »ihr seid blöd!« – pflegt Muzz alle Gespräche zu beenden. Worauf Moritz beschließt, am Sonntag nicht über das Paradies zu predigen. Es gibt ja noch ein paar Themen, bei denen die Leute nicht einschlafen, etwa die Geschichte, wie der Herr aus Wasser Wein macht. So etwas kommt immer noch gut an. Moritz' Gemeinde ist umgeben von Weinbergen.

*

Max und Moritz spielen Malefiz, spielen den Frust des Tages hinweg. Frau Baierles Nichte will, wenn überhaupt, ihren Sohn statt »Lukas« lieber »Luke« taufen lassen, und die Konfirmanden ziehen ein Lagerfeuer mit Würstchenbraten einem Film über Martin Luther vor. Während des Spiels erzählt Moritz vom Paradies, und dass seine Muzz den Weg dorthin kenne.

»Den kenn ich auch«, sagt Max.

»Du? Woher?« Moritz würfelt eine Drei. Damit kommt er nicht weit.

»Von einem Dichter. Heinrich von Kleist.« Max kennt sich aus in der Poesie, er schreibt heimlich Elegien, aber nicht an die Jungfrau Maria, sondern an eine Nichtmehrjungfrau namens Ann-Kathrin. »Kleist sagt, der Haupteingang sei uns verschlossen, davor stehe dieser Mordsengel, ein Messer im Blick und eines in der Hand.«

Das sei ihm weiß Gott nichts Neues, sagt Moritz.

Nicht verschlossen aber sei das Hintertürchen. Max würfelt eine Sechs und schickt sein drittes, das grüne Männchen auf die Reise. Dieses Hintertürchen sei ganz leicht zu finden. Der aus dem Paradies hinausgeschmissene Mensch, so der Dichter, musste sich nun im Schweiße seines Angesichts sein Brot verdienen, seine Kinder kriegen und dazu auch noch die Folgen der Erkenntnis tragen. Und die waren übel. Denn er, der im Paradies so glücklich, sorglos und ohne groß was zu denken vor sich hingelebt hatte, fing nun an, ununterbrochen zu sinnieren, zu grübeln, seinen Verstand überzustrapazieren und – Apfel! – zu erkennen, was das Zeug hielt.«

Moritz seufzt. Er kommt nicht voran, die Sechser meiden ihn.

»Will der Mensch wieder zurück in den Garten Eden gelangen«, so Max, »oder, was das gleiche ist, in den wunderbaren

Zustand, den wir ›paradiesisch‹ nennen, solle er, schlägt Kleist vor, einfach die Erkenntnis zuhause lassen und sich nicht ständig den Kopf zerbrechen über alles und jedes. Allzu viel Verkopftheit sei nur hinderlich.«

»Immer nur Zweier, Dreier und Vierer zu würfeln, auch«, knurrt Moritz, der Max' Männchen dem Ziel zueilen sieht. Und was das mit seiner Muzz zu tun habe.

»Katzen«, so Max, »grübeln nicht. Katzen denken weder vorwärts noch rückwärts, sie leben ganz dem Augenblick. Fragen ihren Schwanz nicht, ob er lieber rechts oder links herum gelegt werden will. Sitzen nicht da und zerbrechen sich den Kopf darüber, welches Ohr zuerst gewaschen werden muss. Sie überlegen nicht, welche Pfote sie vor die andere Pfote setzen sollen. Nie ginge es deiner Muzz wie jenem bedauernswerten Tausendfüßler, der immer gut zu Fuß war, ohne groß nachzudenken. Eines Tages geschah sein Sündenfall. Er nagte zwar an keinem Erkenntnisapfel herum, aber er hielt inne im Laufen und dachte angestrengt darüber nach, welchen seiner tausend Füße er jetzt heben solle. Und je mehr er darüber nachdachte, desto weniger fiel es ihm ein. Weshalb er heute noch da steht, wo er einst stehen geblieben ist.«

Moritz kann nicht mehr vor und zurück, sein blaues Männchen ist eingeklemmt, das rote weit abgeschlagen, das gelbe harrt noch im heimischen Stall und kommt einfach nicht raus.

»Wir können uns die Katze zum Vorbild nehmen«, sagt Max, »die in allem, was sie tut, von selbstverständlicher Anmut, Eleganz, Schönheit und Würde ist, die einfach ihrer Natur folgt, die nicht erst herumfragt, was und warum und wie sie etwas tun solle, die nicht dran denkt, zuerst immer die Gebrauchsanweisung zu studieren. Was eh nix nutzen würde, denn Gebrauchsanweisungen sind per se unverständlich.«

Max spricht aus Erfahrung, hat er doch zwei Stunden lang vergeblich versucht, die neue Geschirrspülmaschine zu programmieren.

»Dann machen wir's richtig und kommen – na ja, wohl nicht immer, aber doch ab und zu zwar nicht durch die von einem sturbockigen Engel bewachte Vordertür, wohl aber durch das Hintertürchen wieder ins Paradies hinein, in dem uns so wohl gewesen ist und nach dem wir uns unser Leben lang sehnen.«

»Hat er den Weg zurück ins Paradies gefunden, dein Dichter?«

»Weiß ich nicht. Sein Leben war unglücklich, sein Tod nicht. Als er nicht mehr leben wollte, hat er den Tod gesucht und gefunden. Er hat geglaubt, dass ihm auf Erden nicht zu helfen war.«

»Vielleicht, wenn der arme Heinrich eine Katze gehabt hätte …«, sagt Moritz nachdenklich.

»Ja, wenn«, sagt Max und schmeißt Moritz hinaus.

Zwei alte Damen,
eine Zimtkatze

Wenn die rüstige ältere Dame auf dem Markt eingekauft hat, besucht sie auf dem Heimweg gern eine noch ältere, wirklich alte Dame. Diese ist nicht mehr ganz so rüstig, dafür aber unbeschreiblich, wenigstens mit den heute üblichen Wörtern. Wörter, die zu ihr passen, nimmt kaum mehr jemand in den Mund, abgelegte altmodische Wörter wie zierlich, höflich, charmant, reizend, verträumt, die, wie auch die alte Dame, zarter Lavendelduft umgibt. Es ist eine gebildete Dame, wie manche Leute, die sie kennen, etwas nachsichtig-naserümpfend sagen, weil sie Bildung für unzeitgemäß und überholt halten.

Beide Damen sitzen im Wintergarten und schwatzen. Das heißt, die alte Dame schwatzt, sie lebt allein und genießt es, mit jemandem schwatzen zu können, nicht nur die eigene, feine, dünne, etwas brüchige Stimme zu hören, der die noch etwas rüstigere Dame gern zuhört. Diese kümmert sich zweimal die Woche um ihre Enkel, die ständig an sie hinplappern, wissen wollen, warum der Himmel blau ist, Schneeflocken nie zusammenstoßen beim Schneien und der Elefant kein fünftes Bein zum Abstützen seines Bauches hat.

Gelegentlich schaut auch die Zimtkatze bei der alten Dame vorbei.

»Wo sie herkommt, fragen Sie, meine Liebe? Vielleicht hat ein galaktischer Wind sie hergeweht, vom Zimtstern. Das zeigt die warme rötlichbraune Farbe ihres Pelzes. Und sie riecht auch ganz zimtig.«

Ihr Kater rieche eher nach Kater, sagt die Freundin, und das auch noch recht streng.

»Sagen Sie bloß! Abends kommt sie am liebsten, wenn die blaue Stunde sich verabschiedet hat und der Mond aufgegangen ist. Manchmal schaut sie nur von draußen zum Fenster herein, wobei die Höhe des Stockwerks – Sie wissen ja, meine Liebe, ich wohne im zehnten – sie nicht kümmert, und lässt ihre Augen im Dunkeln funkeln.«

»Wie schön«, sagt die rüstige Freundin, »und es reimt sich sogar. Munkeln würde auch noch dazu passen.«

»Ja, fast könnte man sagen, wir funkeln und munkeln im Dunkeln, wir beide. Ich würde sie ja gern behalten. Doch das will sie nicht. Katzen sind niemandem zu eigen. Aber ich bin ihr Mensch. Das lässt sie mich wenigstens glauben, und es macht mich froh. Ihr Anblick tut mir wohl.«

Das könne sie – bei aller Liebe – von ihrem Kater nicht immer sagen, so die andere Dame, der pflege zuweilen in unglaublich verwüstetem Zustand heimzukommen und sich dann schnurstracks in ihr Bett zu legen.

»Was für ein hübsches Wort, schnurstracks«, sagt die alte Dame und lächelt. »Bin ich traurig, kommt sie herein und setzt sich innen aufs Fensterbrett. Bin ich sehr traurig, springt sie herunter, legt ihren Zimtkatzenschwanz graziös um mein Bein. Bin ich unendlich traurig, was schon mal vorkommt, kringelt sie sich auf meinem Schoß zusammen, schleckt mit ihrer rauen

Zunge meine Hand oder drückt die Schnauze in meine Hals-beuge.«

»Meiner tupft dann mit der Pfote auf meine Backe«, sagt die Besucherin.

»Wie zartfühlend von ihm! Mein seliger Mann pflegte mir auch sanft die Wange zu streicheln. Manchmal wird sie zur Ku-gel, macht die Augen zu und zieht sich, Ohr für Ohr, Pfote für Pfote, in sich zurück. Gern lese ich ihr etwas vor. Den gestie-felten Kater findet sie albern, warum geht einer auf zwei Pfoten, wenn er doch vier hat? Durch manche Geschichten springt sie mit einem Satz wie ein Löwe durch den Reifen, zieht Fäden heraus, zerkratzt Anfänge, verwirrt Enden, lässt Fetzen fliegen. Aber ›Peterchens Mondfahrt‹ hat ihr gefallen. Sie kennt sie gut, die sanfte dunkle Nachtfee, den in einer Wanne herumplan-schenden blubbernden Wassermann, aber dem etwas ordinären Donnermann geht sie aus dem Weg, der ist ihr zu laut.«

»Mein Kater steht eher auf unheimliche Geschichten. Dann trapst er mit den Pfoten auf meinem Schoß. Je dunkler, rätsel-hafter die Geschichte, desto besser. Katzen sind ja selbst ein Rät-sel. Auch wenn mein Kater nicht vom Zimtstern kommt, son-dern aus dem Tierheim. Und obwohl er eine leichte Neurose hat, mir den Hörer aus der Hand haut, wenn ich länger telefoniere, und darauf besteht, oben auf dem Schrank sein Nickerchen zu machen und dann ganz staubig wieder runterzuspringen, weil ich mit dem Staublappen dort oben nicht hinkomm, umschwebt ihn doch etwas Rätselhaftes.«

»Natürlich biete ich ihr auch etwas an«, sagt die alte Dame. »Anfangs hab ich für sie Zimtsterne gebacken, aber die schubste sie im Zimmer herum, ohne sie zu fressen. Bloß nix Süßes, sagte sie, scharf auf scharfe Sachen, und machte sich über ein Schüsselchen Senf her, auch saure Gewürzgurken mag sie,

Meerrettichsahne, Oliven, Chilischoten, ganz verrückt ist sie auf schwarze Pfefferkörner …«

»Verständlich, wenn sie vom Zimtstern kommt, wo sie sicher nur Süßes kriegt. Aber meiner mag's süß. Auf Kokossahne ist er ganz wild.«

»Wie mein seliger Mann. Sobald sie genug hat von Geschichten und Gewürzgurken, springt sie wieder aufs Fensterbrett, setzt in kühnem Sprung durch die Scheibe übern Mond hinweg, grüßt das Mondschaf mit anmutigem Schwanzkringel, verschwindet dann zimtsternwärts in den unendlichen Tiefen des Weltraums.«

»Meiner unter der Truhe«, sagt die rüstige alte Dame. »Besonders wenn's donnert. Er hat, obwohl Kater, wenig Heldenhaftes.«

»Wenn mir im Fernsehen dieser kluge Professor das Weltall erklärt, denk ich oft, der weiß zwar viel, doch weiß er längst nicht alles. Weiß nicht, dass weit hinter dem farblodernden Pferdekopfnebel der kleine, feine, würzig riechende Zimtstern gemächlich seine Bahn zieht. Was meinen Sie, soll ich ihm einen Brief schreiben: Geschätzter Herr Professor, was wissen Sie eigentlich vom Zimtstern?«

Die Freundin rät ihr unbedingt davon ab, das würde den Professor nur irremachen, und dann würde er noch melancholischer dreinblicken, als er es schon tue.

»Dann lass ich's halt«, sagt die alte Dame, »man will ja niemandem sein mühsam aufgebautes Weltbild zerstören, nicht wahr? Wenn sie wieder bei sich zuhaus ist, wälzt sich die Zimtkatze fröhlich im Zimt. Ich hör sie noch ein bisschen rascheln und kraschneln und maunzen und raunzen, dann ist Ruh im Stern. Wie schön, Sie haben mir Radieschen mitgebracht. Und Oliven. Und Gurken. Darf ich Ihnen Tee anbieten?«

Den Tee serviert sie in hauchzarten Porzellantassen, sie zelebriert das Teetrinken, für sie ist es, wie für Japaner, ein ehrwürdiges Ritual, eine Kunst, die zu erlernen es Zeit braucht und innere Ruhe. Wie für die Kunst des Bogenschießens oder die Kunst des Blumensteckens. Sie hat, im Gegensatz zur Besucherin, die meist Hosen und Pullover trägt, überhaupt etwas Japanisches, das lange Hauskleid mit Blumenmuster, die sanften, leichten Bewegungen, die zierlichen Trippelschritte, und war in ihrem Vorleben vermutlich eine Geisha, gehüllt in einen seidenen Kimono. Abends saß sie am Fenster, blickte auf den blühenden Kirschbaum, und der Wind trug ihr ein schönes Haiku zu, vielleicht dieses:

> Schwarze Katze unterm Kirschbaum.
> Eine weiße Blüte schwebt herab.
> Weiße Blüte auf schwarzem Katzenfell …

Fritz und Jockel

Sie stehen nebeneinander. Goethe legt die linke Hand auf Schillers Schulter, was er nicht tun könnte, wenn er so klein wäre, wie er in Wirklichkeit gewesen ist, nämlich einen Meter neunundsechzig. Da hätte er sich ordentlich strecken und auf die Fußspitzen stellen müssen, denn Schiller maß im Leben stolze einsneunzig, war also einundzwanzig Zentimeter länger. Länger, nicht größer. Dies wissend und bedenkend, hat der Künstler den Unterschied eingeebnet und beide gleichgemacht. Der Kleinere der nun Gleichgroßen, also Goethe, reicht dem Größeren mit der rechten Hand einen Lorbeerkranz, der nimmt ihn, schaut aber dabei weg.

Warum gucken sie einander nicht an?

Wohin guckt Schiller?

Hat er was gegen Goethe?

Hat er was gegen Lorbeerkränze?

Dazu ließe sich einiges denken.

Sicher ist jedenfalls: Das berühmte Denkmal des Dichterpaares vor dem Staatstheater Weimar ist auch nicht mehr das, was es mal gewesen ist. Es ist nur die halbe Wahrheit. Das Denkmal gedachte in seinem Urzustand nämlich noch eines weiteren, seinerzeit fast ebenso berühmten Paares. Paar eins kennt die Welt, Paar zwei ist vergessen. Zu Unrecht. Grund, es aus dem Brunnen der Vergessenheit herauszuziehen. Denn das ist es wert. Eine Geschichte ist es wert. Diese Geschichte …

Beide Paare waren Bewohner der kleinen ländlichen Residenz des Winzigherzogtums Sachsen-Weimar. Zusammen hatten sie zwölf Beine, respektive Pfoten, und wenn sie durch die Straßen des eher ländlich als repräsentativ wirkenden Städtchens promenierten oder am Ufer der Ilm entlangspazierten, lüpften die Bürger den Hut (wobei natürlich, damit sie sich nicht empören, auch die nicht Hüte lupfenden Bürgerinnen erwähnt werden sollen, die ihnen nur zunickten oder knicksten oder lächelnd nachsahen). Blieb das eine Paar stehen, ins Gespräch vertieft – etwa über das Erhabene, oder darüber, ob Frau Christiane, des Geheimen Rats und Staatsministers Gefährtin, ihre Gänse mit Kastanien oder Äpfeln füllte, über das Theater als moralische Anstalt, darüber, wieviel Gläser Zwetschgen Frau Schiller gerade eingekocht hatte oder über die ästhetische Erziehung des Menschen –, dann machte auch das andere Paar eine Pause. Jagte Blättermäuse oder heruntergefallene Kastanien, kletterte Bäume rauf und runter, schleckte sich, flohte sich, kratzte sich oder knickte die Pfoten um und meditierte so lange, bis Paar eins weiterging.

Die Weimarer – oder Weimaraner, wie man damals sagte – waren stolz auf ihre vier Koryphäen und tauften dieses zweite, ebenfalls stadtbekannte Paar auf die Namen »Fritz« und »Jockel«, passend zum ersten, das hieß genauso. Oder fast genauso: Friedrich und Johann Wolfgang. Geheimrat der eine, Hofrat der andere, und beides Dichter, nach denen die anderen Völker sich neidisch die Finger schleckten.

Paar zwei dichtete nicht, das hatte es nicht nötig.

Wenn die Weimaraner – nicht zu vergessen die Weimaranerinnen – zuhause beim Mittagessen hockten, sagten sie »Jockel wird immer dicker«, oder »Fritz ist so nervös, der rennt dauernd hin und her«. Oft war nicht klar, welches Paar man meinte, denn die Bemerkung passte sowohl auf das eine als auch auf das andere. Man weiß ja, dass Tiere ihren Menschen mit der Zeit ähnlicher werden können im Verhalten und im Temperament, sie gucken sich ab, wie ihr Mensch sich räuspert und wie er spuckt, wie Schiller im ›Wallenstein‹ schreibt. Nur dass er nicht Kater meinte, sondern die ihren Feldherrn anhimmelnden Soldaten.

Kater Fritz hatte also viel von Friedrich, Kater Jockel von Johann Wolfgang. Kater Fritz, rotes Fell, mager, fast dünn, hatte keine Ruh im Leib, Kater Jockel war rundlicher und trug einen vornehmen grauen Pelzmantel. Fritz' Temperament war feurig, während Jockel eher gemütlich, gemäßigt und leutselig war, dazu ein paar Jährchen mehr an Alter und vielleicht auch an Weisheit auf dem Buckel hatte. Während Fritz sich leidenschaftlich gern stritt und sich mit allen erreichbaren Weimaraner Katern anlegte, Dresche kriegte und selbst verdrosch, war Jockel diplomatisch und von höflicher Natur, suchte keinen Streit und fraß gern. Fräulein Vulpius, Goethes schöngelockter Bettschatz, führte, wie gesagt, eine ausgezeichnete nahrhafte Küche, und das sah man den beiden Katern, dem großen und dem kleinen, auch an.

Jockel war ein Geschenk der Frau von Stein an Goethe, womöglich als Ersatz dafür, dass er sie nicht ins Bett kriegen konnte. Wobei man bis heute nicht weiß, ob er sie vielleicht nicht doch gekriegt hat. Nichts Genaues weiß man nicht und muss es auch nicht wissen. Jockel wurde in einem schön geflochtenen Weidenkörbchen frei Haus geliefert.

Fritzens Herkunft liegt im Dunkeln. Er war den Schillers zugelaufen. Eines Abends saß er vor der hofrätlichen Haustür; er trug Spuren eines harten Kampfes, ein zerfetztes Ohr, eine blutige Wunde am Buckel und hatte Flöhe und Hunger. Lotte,

Schillers Frau, erbarmte sich seiner so sehr, dass er einzog. Doch wurde er nie richtig zahm, blieb wild und struppig, hatte immer ein Fauchen parat, und in seinem Blick konnte man deutlich lesen, was auch Schiller, als er noch jünger und wilder gewesen war, auf der ersten Seite seiner ›Räuber‹ geschrieben hatte: *In tyrannos!* Jedenfalls legte er großen Wert darauf, als freier Kater respektiert zu werden.

Jockel und Fritz waren sich zunächst spinnefeind. Sie hielten, jeder im Bewusstsein seiner Bedeutung und Einzigartigkeit, erst mal Abstand, und wenn sie sich zufällig über den Weg liefen, fauchten sie sich ein klein wenig an; aber das war Imponiergehabe, und sie verdroschen sich nicht. Fritz war auch ein bisschen neidisch auf Jockel, der eigentlich immer im gemachten Körbchen lag, während er sich mehr schlecht als recht durchschlug und sich seine Mäuse selber fangen musste.

Eine Tages aber kamen sie sich näher. Sie waren beide bei der großen Katerversammlung am Ufer der Ilm gewesen, ganz in der Nähe der Stelle, an welcher Kater Jockels Mensch den Mond besungen hatte, als dieser wieder mal Busch und Tal still mit Nebelglanz füllte. Man hatte debattiert, sich gestritten, sich angefaucht, wie das halt so ist, wenn Kater zusammenhocken. Auf dem Heimweg – sie hatten denselben – liefen Fritz und Jockel nebeneinander her, warfen sich von der Seite nicht unfreundliche Blicke zu und stellten fest, der jeweils andere sei durchaus ein sympathischer Kerl. Sie begleiteten einander nachhause, erst Fritz den Jockel, dann der Jockel den Fritz, und dabei tauschten sie sich aus und taten das so gründlich, dass sie jedes Mal vergaßen, sich voneinander zu verabschieden, weshalb sie sich gegenseitig mindestens dreimal nachhause brachten. Worüber sie sich austauschten, weiß die gebildete Welt nicht.

Das Eis war also gebrochen, man sah sich nun fast täglich, unternahm viel gemeinsam, ja, man schloss sich immer enger zusammen und verdrosch vereint alle Kater, die erreichbar waren, und das waren viele, denn in Weimar traten sich die Kater, die berühmten und die nicht berühmten, wie man weiß, auf die Pfoten. Ein schönes Leben führten sie, ein Leben voller Wonne.

Die Herzoginmutter Anna Amalia schickte dem Jockel ein seidenes Halsband, dem Fritz eine blaue Schleife. Jockel trug das Band mit einem gewissen Stolz, Fritz pfotete die Schleife verächtlich in den Rinnstein. Er war und blieb nun mal ein freier Kater und zeigte, anders als Jockel, Katerstolz vor Fürstenthronen. Wofür ihn die französischen Kater zum Ehrenkater ihrer Revolution ernannten.

Jockel, der vor der innigen Freundschaft mit Fritz ziemlich vor sich hin gekümmert hatte, weil er das Leben in Weimar langweilig fand, geradezu zum Gähnen, blühte nun auf, er genoss sein Leben wieder mehr und hing mit ebenso großer Zuneigung an Fritz wie Fritz an ihm. Die innige Verbundenheit der beiden steckte ihre Herrchen an – wobei das Wort »Herrchen« natürlich eine Beleidigung ist, denn Katzen und Kater haben keine Herrchen –, auch diese kamen sich näher und wurden bald so unzertrennlich wie ihre Kater. Schiller, sagte Goethe einmal voll Bewunderung, sei in allem groß, sogar, wenn er sich die Nägel schneide. Was auch auf Schillers Fritz zutraf. Wenn der seine Krallen wetzte, hatte das ebenfalls etwas Genialisches. Die beiden Kater teilten miteinander ihre Mäuse, die beiden Dichter lasen sich gegenseitig vor, was sie gedichtet hatten, den ›Erlkönig‹ oder die ›Die Kraniche des Ibykus‹ und lobten sich gegenseitig übern Schellenbambl. Wobei es in den Schiller'schen Balladen immer etwas wilder zuging als in den Goethe'schen.

Als Napoleon einmal den Staatsminister und Geheimen Rat Exzellenz von Goethe zur Audienz bat, nahm auch Jockel an dieser teil, er ruhte auf einem samtenen Kissen und guckte so klug, dass der Kaiser der Franzosen den berühmten Ausspruch tat: »*Voilà un chat!*« Dann, auf Goethe deutend und um den nicht zu vergrätzen: »*Voilà un homme!*« Was spätere Goethebiographen – allesamt vermutlich Katzenhasser und Hundeliebhaber – aber der Nachwelt verschweigen.

So ging's dahin. Jockel war pumperlgesund, er platzte fast aus allen Nähten seines Fells, doch mit Fritz ging es immer mehr den Bach hinunter. Als junger wilder Sturm- und Drangkater hatte er ja auch wüst gelebt, war herumvagabundiert ohne festen Wohnsitz, hatte sich nicht ordentlich ernährt, nicht darauf geachtet, dass er alle wichtigen Vitamine und Mineralstoffe bekam. Manchmal hatte er auch gar nichts zwischen die Zähne gekriegt, weil gerade nichts Fressbares da war. Und der Kater lebt nun mal nicht von der Freiheitsliebe allein. Der Mensch auch nicht, wie man an Schiller sehen kann, dessen Lebensweise in jüngeren Jahren der seines Fritz ähnlich gewesen war, auch er hatte sich nicht ordentlich ernährt, hatte geraucht wie ein Schlot und, man muss es so sagen, gesoffen wie ein Loch.

Es kam, wie es kommen musste. Fritz siechte dahin, wurde immer dünner, und eines traurigen Tages tat er seinen letzten Schnaufer. Jockel brauchte sehr lange, bis er über den Verlust des Busenkaterfreundes hinwegkam, eigentlich kam er nie richtig darüber hinweg. Es ging ihm wie dem Geheimen Rat Goethe, wenn der an seinen inzwischen ebenfalls dahingeschiedenen Dichterfreund Schiller dachte.

Eines Tages waren sie alle vier nicht mehr da. Und hinter ihnen, »im wesenlosen Scheine, lag, was uns alle bändigt, das Gemeine«, wie Goethe vorausschauend gedichtet hatte. Das geistig verwaiste Weimar war wieder ein langweiliges Kaff. Fritz und Jockel weilten in den ewigen Jagdgründen, die beiden andern auf dem Olymp im Kreise der ihnen bestens vertrauten Götter Griechenlands, wo sie Nektar und Ambrosia schlürften und die himmlischen Heerscharen darüber belehrten, wie viele Hebungen und Senkungen ein Jambus oder Trochäus haben muss und wie viel Versfüße ein anständiger Hexameter, denn die Götter kannten sich in der Verslehre nicht besonders gut aus.

Gewöhnliche Sterbliche kommen in die Erde, kriegen einen Stein aufs Grab, und damit hat sich's. Unsere Weimaraner Unsterblichen gelangten zur Ehre eines Denkmals. Und zwar, so der eindeutige Wille des Volkes, eines Denkmals für alle vier.

Der Bildhauer Ernst Rietschel bekam den Auftrag. Er tat sich recht schwer damit, fertigte einen Entwurf nach dem anderen an. Die zwei Dichterfürsten waren nicht das Problem, die hatte er bald im Griff, wohl aber die beiden Dichterkater. Denn: wohin mit denen?

Erster Entwurf: Schiller hat Fritz im Arm, Goethe seinen Jockel.

Abgelehnt. Frau Lotte, Schillers Witwe, erklärte, ihr Friedrich habe Fritz nie auf den Arm genommen, der sei, übrigens ganz wie ihr Mann, kein Schmusekater gewesen und habe immer gekratzt, wenn einer ihm zu nah gekommen sei.

Zweiter Entwurf: Umgekehrt, also Schiller mit Jockel, Goethe mit Fritz.

Abgelehnt. Fritz von Stein, Sohn der Frau von Stein, die Goethe den Jockel einst geschenkt hatte, protestierte im Namen seiner längst verstorbenen Mama. Jockel habe in Schillers Armen rein gar nix zu suchen, der gehöre in die Arme Goethes, der in seinem Gedicht ›An den Mond‹ sagt: »Selig, wer sich vor der Welt ohne Hass verschließt, einen Freund am Busen hält, und mit dem genießt …«. Wer anders als Jockel konnte dieser Busenfreund sein?

Dritter Entwurf: Fritz, sich lässig um Schillers Hals wickelnd (der hatte es nämlich oft an den Bronchien), Jockel klettert an Goethes Beinkleid hinauf.

Abgelehnt. Ottilie von Goethe, des Dichters Schwiegertochter, war sich dessen ganz sicher, dass Jockel nie auf die Idee gekommen wäre, an den goetheschen Beinkleidern hinaufzukraxeln, dafür sei er viel zu faul und zu dick gewesen.

Vierter Entwurf: Fritz und Jockel, ihre Köpfe an den Schiller'schen und Goethe'schen Stiefeln reibend.

Abgelehnt. Der für Goethes Stiefel zuständig gewesene Diener sagte unter Eid aus, Jockel habe niemals seinen Kopf an einem Goethestiefel gerieben, er habe sich geradezu vor diesen Stiefeln geekelt, vielmehr vor ihrem Geruch, was von der mit Ziegenfett versetzten Salbe gekommen sei, mit der er die geheimrätlichen Stiefel regelmäßig eingeschmiert habe. Was Frau Schiller bestätigte, auch ihres Gatten Stiefel – sie habe die gleiche Schmiere verwendet – hätten Fritzens empfindliche Nase beleidigt.

Fünfter Entwurf: Jockel und Fritz tatzeln beide nach dem Lorbeerkranz, den Goethe Schiller überreicht.

Abgelehnt wegen Einspruch der Schiller-Schwägerin und womöglichen Schiller-Geliebten (aber genau weiß man es nicht), Karoline von Wolzogen, die berichtete, dass Fritz Lorbeer nicht ausstehen konnte, er sei geradezu lorbeerallergisch gewesen, und nie wäre es ihm in den Sinn gekommen, nach einem Lorbeerkranz zu tatzeln. Er habe sich aber mit innigem Vergnügen und irrem Blick gern auf Katzenminze hin und her gerollt, weshalb Herr Rietschel in Erwägung ziehen möge, Goethe statt des Lorbeerkranzes einen Kranz Katzenminze in die Hand zu drücken ...

Was der Künstler beleidigt ablehnte.

Sechster Entwurf, der teils Verwirrung, teils Begeisterung auslöste und der, wie sich herausstellte, von Herrn Rietschels achtjährigem Töchterchen Bertha stammte: Fritz und Jockel in Überkatergröße auf dem Sockel, beide um die einssiebzig, zu ihren Füßen, vielmehr Pfoten, liegend, die beiden Dichter im Kleinformat. Bertha hatte nämlich ein Kätzchen, das Julchen, in das sie ganz vernarrt war, weshalb sie die beiden Kater für wesentlich wichtiger hielt als die Dichter.

Nach hitzigen Debatten abgelehnt.

Siebter Entwurf, von dem der Künstler erklärte, dieser sei sein letzter, nun reiche es ihm, er sei am Ende und dem Wahnsinn nahe: Fritz und Jockel liegen mit eingeknickten Pfoten, also müffchenmachend, zu Füßen ihrer Dichter. Klein, aber oho.

Um der Qual ein Ende zu machen: Einstimmig angenommen.

*

Am vierten September 1857 war's dann so weit, am hundertsten Geburtstag des Herzogs Carl August von Sachsen-Weimar-Eisenach, der allerdings an der Doppel-Jubelfeier nicht mehr persönlich teilnehmen konnte.

Das Denkmal wurde enthüllt. Es gab Sonnenschein und Blasmusik, Ehrenjungfrauen, Hochrufe, ellenlange Reden, Glockengebimmel (Schiller zu Ehren und seinem ›Lied von der Glocke‹). Die allgemeine Bewunderung galt den Geistesheroen auf dem granitenen Sockel, die besondere aber Fritz und Jockel, die Herrn Rietschel großartig gelungen waren, manche munkelten sogar, besser als die beiden dort oben. Und die, wie der eine oder andere behauptete, laut und deutlich schnurrten.

Goethe und Schiller schnurrten nicht; wer so erhaben dreinschaut, kann nicht schnurren.

*

Dann aber …

»Denn das Unglück schreitet schnell«, hatte Schiller gedichtet (auch im ›Lied von der Glocke‹, das voller Zitate steckt, es ist ja auch arg lang).

Kurz darauf war Fritz verschwunden, am Tag darauf auch Jockel. Da sie sich nicht von selbst davongemacht haben konnten, musste jemand nachgeholfen haben. Ein Katzenliebhaber? Ein böser Mensch, der vorhatte, beide einzuschmelzen, wie es leider auch heute üblich ist, wo Eisenbahnschienen und Grabkreuze abmontiert werden? Ein Souvenirjäger wie jener Mensch, der dem verstorbenen Joseph Haydn den Kopf abtrennte, um ihn immer bei sich zu haben?

Ganz Weimar, vom Detektivfieber erfasst, ging auf die Suche, sogar Spürhunde wurden eingesetzt – »Such die Kätzchen, Bello!« –, aber es nutzte nichts, kein Fritz, kein Jockel, nirgends.

Der Künstler machte einen neuen Fritz, einen neuen Jockel, die am verwaisten Platz ihrer Vorgänger niet- und nagelfest befestigt wurden und nach einem Monat ebenfalls das Weite gesucht hatten. Worauf Herr Rietschel das dritte Pärchen in Erz goss und den Dichterfürsten zu Füßen legte. Zudem wurde eine Wache aufgestellt. Eines Nachts, man ahnt es, schlief der

Wachmann, an den Sockel des Denkmals gelehnt, seinen gewaltigen Rausch aus – er hatte abends die Kirmes besucht –, und am Morgen standen die beiden dort droben wieder unten ohne da. Rietschel erklärte, nun habe er die Nase endgültig voll, und zerdepperte in einem Wutanfall die Form aus Ton, in der er Fritz und Jockel immer wieder nachgegossen hatte. (Wie man sowas macht, also gießt, steht natürlich auch in der ›Glocke‹.)

Weshalb die beiden Helden bis zum heutigen Tag, also auch im dritten Jahrtausend, katerseelenallein und deshalb etwas unglücklich auf ihrem Sockel herumstehen. Man spürt sofort, da fehlt was. Das zeigt auch Schillers Blick, der, wie anfangs erwähnt, nicht Goethe zugewandt ist, sondern in die Ferne schweift, wahrscheinlich sucht er immer noch seinen Fritz …

Wer sich Fritz und Jockel unter den Nagel gerissen haben könnte, ist bis heute in den Nebel des Geheimnisvollen gehüllt, weshalb man, frei nach Marlene Dietrich, nur singen kann: »Weißt du, wo die Kater sind, wo sind sie geblieben …«

*

Nachtrag: Der fleißige Schreiber von Biographien über Goethe, Schiller, und, damit nicht genug, auch noch über Goethe und Schiller, Herr Rüdiger Safranski, er gilt ja als gelehrter honoriger Mann, deutete, wie man mir zugetragen hat, kürzlich nach etlichen Gläsern guten Markgräfler Weines an, einer der beiden, der Figur nach eindeutig der Fritz, sei heute in seinem Besitz, aber wie er an den gekommen sei, werde er nicht ums Verrecken der Welt preisgeben. Woraus man schließen könnte, dass er ein krummes Ding gedreht hat. Aber was soll's. Ich gönn ihm den Fritz, lese ich doch Herrn Safranskis arg voluminöse und grundgescheite Bücher mit Gewinn, weshalb ich ihm sogar verzeihe, dass er neulich in einem Interview »in keinster Weise« gesagt hat. Was Schiller nie, nie passiert wär.

Eine kleine Abendmusik

Ich saß neben Tonio, meinem Künstlerfreund, in einem Straßencafé, wir hatten die Beine ausgestreckt, hielten unsere Gesichter in die Sonne, und Tonio lächelte in sich hinein …

»Du denkst wohl gerade an etwas Schönes«, sagte ich.

Er wandte sich mir zu und nickte.

»Erzähl mal!«

Er schüttelte den Kopf.

»Ist es ein Geheimnis?«

»Nein. Eine Erkenntnis.«

Ich hätte nichts gegen Erkenntnisse, sagte ich.

»Du wirst es mir nicht glauben.«

Was immer er erzähle, würde ich glauben, versprach ich.

»Du bist leichtsinnig. Möglicherweise wirst du hinterher ein anderer Mensch sein, womit ja nicht jeder fertig wird.«

Ein berühmter Philosoph, sagte ich, habe geschrieben, jeder Mensch habe das Recht darauf, ein anderer zu werden.

Der Kellner brachte mir eine Schokolade, ihm einen Espresso, dazu ein Glas Wasser. Er nahm einen Schluck, der so heiß war, dass er sich schier den Mund verbrannte und schnell kaltes Wasser nachtrinken musste. »Ich hab dir vorhin im Atelier ein Bild gezeigt.«

»Ein kurioses Bild«, sagte ich, »ganz anders als alles, was ich von dir kenne. Hast du dir einen neuen Stil zugelegt?«

Er sah mich amüsiert an. »Das fragen mich alle. Das Bild irritiert euch.«

»Aber wie kommst du dazu, so etwas zu malen?« Ich konnte das sagen, denn wir haben schon als Kinder zusammen Kirschen geklaut.

»Anfangs hatte ich Scheu, es zu erklären, weil ich fürchtete, man halte mich für verrückt. Nicht des Bildes, sondern der Umstände wegen, unter denen es entstanden ist. Aber mit der Zeit hab ich die Scheu verloren …«

»Dann kannst du's mir ja erzählen«, sagte ich.

»Also gut, auf deine Verantwortung. Bei Risiken und Nebenwirkungen frag aber bitte keinesfalls deinen Arzt oder Apotheker, die wären überfordert … Es ist etwa ein halbes Jahr her. Ich wollte mir nach dem Essen noch etwas die Beine vertreten und frische Luft schnappen. Du weißt, ich wohne am Stadtrand, man muss nicht weit gehen, dann kommen Wiesen. Natürlich kommen sie nicht, sie liegen da und warten, dass man zu ihnen kommt. Ich laufe gern im Dämmergrau über eine abgemähte Herbstwiese. Die Farben leuchten nicht mehr, das Grün ist gedämpft, man ahnt gerade noch die zarten lila Tupfer der Herbstzeitlosen. Ich habe dann das Gefühl einer großen Freiheit, als liefe ich ins Offne, Weite, Unbekannte. Ein paar vereinzelte Bäume standen da und weiter hinten wie ein blasser Schemen der Wald. Nebelschwaden stiegen aus der Wiese, und da lag sie, und obwohl sie im Gras lag, sah es aus, als schwebe sie leicht über dem Boden.«

»Wer lag da, Tonio? Wer schwebte?«

»Die Katze.«

»Na, und? Sie lauerte vor einem Mausloch.«

»Sie lauerte nicht, sie lauschte. Vor der Katze saß ein Mann auf einem einfachen Klappstuhl. Er spielte auf einem Cello, die Katze hörte zu. Hinter ihm stand sein Fahrrad, daran lehnte der Cellokasten, er hatte das Instrument auf dem Gepäckträger transportiert. Als ich dazukam, spielte er gerade die letzten Töne, dann setzte er den Bogen ab. Auf meine Frage, was er gespielt habe, wünschte er mir einen schönen guten Abend, und es sei der erste Satz der Cellosonate von Mozart gewesen.

Mozart habe für die wenigen Jahre, die er lebte, unfassbar viel komponiert, sagte ich, so viel, dass man sich frage, wann er eigentlich gelebt, geliebt, Billard gespielt, getanzt und Feste gefeiert habe. Aber eine Cellosonate sei nicht darunter.

Das wisse er natürlich, er sei selbst Musiker und gehöre einem recht guten Laienorchester an. Es sei eine kleine Abendmusik für ein Cello, einen weißen Nebel, einen Mond – der sich allerdings etwas verspätet habe – und eine Katze.

Ich beharrte darauf, was er spiele, das gebe es nicht.

Der Katze gefalle es, sagte er, sie habe, ob es diese Musik nun gebe oder nicht, im Gegensatz zu mir, keine Einwände.

Woher er denn wisse, dass es der Katze gefalle, fragte ich ihn.

Sie habe Beifall geschnurrt. Übrigens finde er, Schnurren als Beifallsäußerung habe etwas für sich, es höre sich viel kultivierter an als das sonst übliche, etwas plumpe, laute Geklatsche, Getrampel, Gepfeife und Bravo-Geschrei. Er bat die Katze, etwas lauter zu schnurren.

Und dann hörte ich es auch selbst: ein wie tief aus dem Innern der Katze kommendes mächtiges Orgelgebraus, in dem die Bäume sich wiegten, die Blätter sich von den Zweigen lösten und ins Gras taumelten.«

Tonio bestellte noch einen Espresso.

»Eine ungewöhnliche Katze«, fand ich.

»Wem sagst du das. Der Cellospieler war etwa so groß wie ich, die Katze eine Riesenkatze, ein Katzenriese von der Größe eines Elefanten. Ein Berg von einer Katze. Sie lag ganz ruhig da, hatte den Kopf auf die ausgestreckten Pfoten gelegt und die Augen geschlossen, als lausche sie immer noch der Musik.«

Tonio saß ebenfalls mit geschlossenen Augen da, als lausche auch er …

Ich lachte: »Du bindest mir da keinen Bären auf, sondern eine Riesenkatze. Du bist nicht nur Künstler, sondern auch Märchenerzähler.«

»Ich wusste, du würdest mir nicht glauben. Aber ich hab sie selbst gesehen. Und was Märchen angeht – das sind die vernünftigsten Geschichten, die ich kenne.«

»Es war eine Halluzination«, sagte ich, »oder ein Traum. Oder der Mann mit dem Cello hat dich hypnotisiert. Oder …«

»Keineswegs«, sagte Tonio. »Die Katze lag im Gras, weder Traum noch Halluzination, riesengroß und ein Bild von einer Katze. Aber auch ich fand, eine solche Katze gehe entschieden zu weit. Er spiele einer unmöglichen Katze eine unmögliche Musik vor, hab ich zu dem Mann mit dem Cello gesagt.

Er fragte, was ich denn gegen die Katze hätte.

Sie sei viel zu groß. Er sei normal, aber verglichen mit der Katze ein Winzling. Wenn die Riesengröße der Katze normal wäre, müsste er ja viel, viel größer sein, mindestens so groß wie diese Birke dort.

Die Auffassung, dass der Mensch groß sei, das Tier klein,

teilte ich mit den meisten, sagte er. Sie bringe den Menschen dazu, auf das Tier herabzuschauen.

Aber so sei es nun mal, wandte ich ein. Ausnahmen bestätigten die Regel. Ein Elefant oder eine Giraffe würden auf den Menschen herabschauen.

Was der Mann mit dem Cello zugab. Trotzdem schaue auch – natürlich im übertragenen Sinn – der Mensch auf Elefant und Giraffe herab und behandle auch sie, als sei er groß und sie klein. Er habe, um den Tieren wenigstens ab und zu Gerechtigkeit widerfahren zu lassen, die Sache, wie ich ja wohl sehen könne, einfach umgedreht: Er selbst sei klein, die Katze groß.

Ich fragte, wie um Himmels willen er das gemacht habe.

Dazu brauche er keinen Himmel, er habe rein gar nichts gemacht. Es sei im Grunde ganz einfach, jeder könne es. ›Denken Sie an die wundervollen Bilder mittelalterlicher Maler‹, sagte er. ›Die haben, was ihnen wichtig und groß erschien, auch groß gemalt. Ich habe nur die Perspektive gewechselt. Ich sehe Tiere jetzt mit demütigeren Augen. Die Größe liegt ja, wie man es auch von der Schönheit sagt, im Auge des Betrachters. Ich finde, wir sind es ihnen schuldig. Und ich glaube, es spricht sich bei ihnen herum. Heute Abend ist es diese Katze, die mir zuhört, neulich war es eine Schnecke, ein majestätisches Geschöpf voller Anmut und Würde. Es kroch vorbei, machte halt und lauschte, offensichtlich tief berührt, meinem Spiel. Auch ein Eichhörnchen und ein Hase waren schon da, alle so groß wie diese Katze, sie waren äußerst diszipliniert, haben weder gekeckert noch gehustet noch geraschelt.‹

Das könne aber auch gefährlich werden, sagte ich. Diese so andächtig lauschende Katze habe spitze Reißzähne und gut geschärfte Krallen. Mit einem Hieb könne sie ihn umbringen, wenn er einen falschen Ton spiele.

Das tue sie sicher nicht. Er sei sozusagen ihr Orpheus. ›Kennen Sie Orpheus?‹

Das sei doch dieser griechische Sänger, der seine Eurydike aus dem Hades zurückholt, sagte ich.

Und er: ›Die wilden Tiere sind ihm nachgelaufen, wenn er die Leier geschlagen hat. Ich hab keine Leier, ein Cello tut's auch, obwohl es ziemlich mühsam ist, das Ding auf dem Fahrrad zu transportieren, dazu noch den Klappstuhl. Mit der Macht der Töne konnte Orpheus das wildeste Tier bezwingen, und keines hat ihm je etwas zuleide getan. Es waren Menschen, wütende Mänaden, die ihn in Stücke gerissen haben. Aber ich möchte sie gar nicht bezwingen. Ich will mir selbst und den Geschöpfen, die mit mir diese Erde teilen, eine Freude machen. Ihnen zeigen, dass sie – auch die Kleinsten – groß sind. Es ist ein Gefühl von Verbundenheit, von Respekt. Für eine kleine Weile sind wir im Paradies.‹

Das sei ja alles gut und schön, sagte ich stur, aber die Töne, von deren Macht er spreche, die gebe es nun mal nicht, was ich nicht in Ordnung fände.

Er fing an, die Saiten zu stimmen, die feuchte Luft mache ihnen zu schaffen. Ich sei, sagte er, offenbar ein arg erklärungssüchtiger, bemitleidenswerter Realist. Nur weil Mozart auf Erden keine Cellosonate geschrieben habe, heiße das noch lange nicht, dass es sie nicht hätte geben können. Ich ahnte ja nicht, was der alles im Kopf gehabt habe. Und was existiere, egal, ob in einem Kopf oder außerhalb des Kopfes auf einem Blatt Papier, das gebe es, und unter bestimmten Umständen, hinter die zu kommen er das Glück gehabt habe, könne man es auch hören. Übrigens spiele er nicht immer dieses Stück, manchmal auch etwas von Dvořák oder eine Partita von Bach, die ebenfalls unbekannt sei, weil sie nur im Kopf des Komponisten gelebt habe. Und nun müsse er mich dringend bitten, mit meinen Zweifeln und Fragen den Frieden dieses Abends nicht länger zu stören. Wie ich sehen könne, sei der Mond, ebenfalls ein guter, alter, aufmerksamer und sehr kenntnisreicher Zuhörer, schon aufgegangen, und einen Mond lasse man nicht warten.

Ich bat ihn zerknirscht, mein dummes Geschwätz zu verzeihen, entschuldigte mich auch bei der Katze und hockte mich ins Gras.

Es war kühl, und die Katze legte die Pfoten um mich – was für ein wunderbares Gefühl, liebevoll umpfotet zu werden. Mein Cellospieler drehte an der Schnecke, hob den Bogen und begann mit dem zweiten, dem langsamen Satz …«

Tonio schloss wiederum die Augen, als sitze er nicht mir gegenüber in einem Straßencafé, sondern immer noch zwischen den zärtlichen Pfoten einer großen Katze, versunken in eine Musik, die ich nicht hören konnte …

Nach einigen Minuten wandte er sich mir wieder zu: »Wenn ich dir sage, ich hätte so etwas noch nie gehört, dann ist das im doppelten Sinn wahr. Einmal, weil es dazu ja keine Noten gibt, und die Noten gibt es nicht, weil der Komponist es nicht für nötig gehalten hat, sie aufzuschreiben. Dann, weil es die vollkommenste Musik war, die meine Ohren, und wohl auch die Ohren der Katze, je das Glück hatten zu hören. Eine Musik von ruhiger Schönheit, herbstlich-sanfter Melancholie und der Sehnsucht nach etwas, das ich wohl kenne, für das ich aber keine Worte weiß, wofür Mozart aber Töne gefunden hat. Der Mann spielte auf seinem Cello, die Katze und ich lauschten, und mir, ich gebe es zu, kamen die Tränen. Wegen der realistischen Scheuklappen, die es einem oft so schwer machen, das Unerklärliche einfach dankbar zu genießen, und für die ich mich nun schämte. Weil die Katze groß war, der Mensch klein, der Mond rund und schön, der weiße Nebel und die Musik so wunderbar und die Welt um uns herum so stille. Der Mann, sein Cello, die Katze und ein bisschen auch ich, wir waren für ein paar Minuten im Stand der Gnade – wenn dir das altmodische Wort nicht peinlich ist –, für Mozart wohl ein Dauerzustand.«

Ein paar Minuten saßen wir still nebeneinander im Café …

»Eine ungewöhnliche Geschichte, Tonio«, sagte ich schließlich.

»Ja«, sagte er, »und nun laufe ich immer wieder abends über die Wiesen. Ich sehe, wie der Nebel aus ihnen steigt, sehe den Wald im Dämmergrau, aber den Mann mit dem Cello sehe ich nicht mehr. Ich höre auch nichts. Ich hab nicht herausgefunden, was man tun muss, um jene ungeschriebene Musik hören zu können. Aber vielleicht ist es falsch, sich das ständig zu fragen. Vielleicht sollte ich einfach warten, bis sie mich findet. Vielleicht sind meine Ohren noch nicht so weit wie meine Augen. Denn auch ich sehe Tiere nun anders. Sehe sie in ihrer wahren Bedeutung und Größe. Für mich ist jedes Tier, was wir bisher in unserer Hybris nur dem Menschen zugestehen: eine Krone der Schöpfung. Und eines Tages hab ich gemalt, was ich mit eigenen Augen gesehen habe und was dich so irritiert hat: eine auf herbstlicher Wiese liegende wunderschöne große Katze, der ein kleiner Mann eine Musik vorspielt, die man nur hören kann, wenn einem die Ohren aufgegangen sind. Du kannst jetzt deinen Senf dazugeben. Aber du kannst auch einfach den Mund halten.«

Ich hielt den Mund.

Tonio legte Geld auf den Tisch, stand auf und schlenderte davon.

*

Und nun laufe auch ich manchmal in der Abenddämmerung, wenn der weiße Nebel aufsteigt, über die Wiesen, aber ich sehe und höre nichts. Nicht den Mann mit dem Cello, von dem Tonio erzählt hat, und nicht die Katze. Ich weiß nicht, was ich tun muss, um jene ungeschriebene Musik hören zu können. Aber vielleicht ist es falsch, sich das ständig zu fragen, vielleicht ist es besser, einfach zu warten, bis sie mich findet.

(Anmerkung: Ein Bild des Malers Quint Buchholz hat mich zu dieser Geschichte angeregt. Bei ihm ist es eine majestätische Schnecke, die dem Spiel des Cellisten lauscht, ich hab aus ihr eine Katze gemacht – der Künstler wird es mir hoffentlich verzeihen.)

Pfotenspiel

Er hat sich alles angeschaut. Viel ist nicht mehr da, das an den Besitzer erinnert, verschwunden der Turm, in dem dessen Frau wohnte, verschwunden das Hauptgebäude. Das neue, an Stelle des alten, verfallenen errichtete Wohnhaus war erst im 19. Jahrhundert fertiggeworden. Aber sein geliebter Turm, er besteht eigentlich aus zwei Türmen, einem größeren und einem angebauten kleineren, hat überlebt – ein Fels in der Brandung der Zeit. Ein paar hundert Jahre lang scharrten Hühner darin herum, wurden Kartoffeln und Rüben gelagert und allerlei Gerümpel abgestellt. Dann, als man draufkam, dass der einstige Schlossherr eine Weltberühmtheit ist, hatte man in Besinnung auf das, was man »kulturelles Erbe« nennt und in froher Erwartung einträglicher Besucherströme, Hühner, Mäuse und Fledermäuse geschasst, den Krempel entsorgt, die blinden Fensterscheiben geputzt, Staub gewischt und versucht, dem Turm wieder das ursprüngliche Aussehen zu geben. Man stellte ein paar alte Möbel hinein, dazu Bücher vom Flohmarkt. Fast alle Bücher des Besitzers, eines leidenschaftlichen Büchermenschen, waren verlorengegangen, vom Winde verweht, oder irgendwer hatte sie zum Anfeuern benutzt und sein Süpplein auf ihnen gekocht.

Durch einen abbröckelnden Torbogen hinter dem Turm gelangt der Besucher auf eine kleine, von einer Mauer eingegrenzte Wiese. Hier gibt es keine gepflegten Beete, Rabatten und gekiesten Wege, hier wachsen Kraut und Unkraut lustvoll durcheinander.

Er ist allein, die andern sind wieder in ihre Busse und Autos gestiegen und setzen die Besichtigungstour fort, das Périgord hat noch mehr zu bieten. Es ist spät am Nachmittag.

Kaesdorf, Vorname Eberhard, ein Neffe des Biberacher Malers Julius Kaesdorf, von dem ein paar zauberhaft-skurrile Bilder mit ebenso skurril-zauberhaften Titeln die Staatsgalerie in Stuttgart schmücken, ist freier Mitarbeiter einer nicht unbedeutenden Zeitung und seit drei Wochen unterwegs. Er schreibt für die Wochenendbeilage eine Artikelserie über *monuments historiques*. Die liegen, der Name sagt's, in Frankreich. Kaesdorf liebt Frankreich, *la douce France*, die Landschaften, die alten Klöster und Schlösser, die Kultur, den Wein, das *savoir vivre*. Er war mal in eine Französin verliebt. Nie hätte er sich in eine Engländerin oder Amerikanerin verlieben können, der Sprache wegen, die es an Eleganz und Schönheit nicht mit der französischen aufnehmen kann. Weshalb er gern Arte schaut und sich beim Sender beschwert, wenn der Sprecher wieder mal *Saint* wie *San* ausspricht: *Le mont San Michel ...*

Es ist Mittag, die Stunde des Pan, Zeit für eine kleine Siesta. Besichtigungsmüde legt Kaesdorf sich ins Gras, döst vor sich hin, nickt ein bisschen ein, und als er sich wieder aufrichtet und umsieht, merkt er, er ist nicht allein. Auf der breiten niedrigen Mauer vor ihm liegt eine Katze. Eine ganz gewöhnliche Bauernkatze, grau-schwarz gestreiftes Fell und ziemlich struppig. Sie zeigt keine Scheu, läuft nicht weg, mustert ihn mit runden lebhaften Augen. Ihr Schwanz hängt vom Mäuerchen und macht einen Kringel.

Eberhard Kaesdorf mag Katzen. »Du bist ein hübsches Ding«, sagt er. Was man so zu einer Katze sagt, um sie freundlich oder gnädig zu stimmen.

Sie nimmt das »hübsche Ding« zur Kenntnis, als sei sie Komplimente gewöhnt.

»Wem gehörst du denn?«

»Gehören?« Ihr Schwanz entkringelt und bewegt sich, Unmut anzeigend, hin und her. »Ich gehör niemand. Nur mir.«

»Pardon. Ich meine, wo bist du zu Hause?«

»Hier.«

»Aber das ist ein Schloss. Sein Schloss.«

»Mein Schloss.«

»Dort hinten steht sein Turm.«

»Mein Turm. Aber ich lass ihn drin wohnen.«

»Und der Garten?«

»Mein Garten. Meine Bäume, meine Mauer, meine Blumen, meine Sonne, mein Mond, meine Wolken. Auch die Sterne gehören mir. Alles ist für mich da. Er auch.«

»Dann sitze ich also auf deiner Wiese?«

»Ja. Aber du darfst bleiben. Wie er. Die Mäuse sind auch meine.«

»Keine Angst, die überlass ich dir. Seit wann gehört dir das alles?«

»Seit immer. Er ist sehr dankbar dafür, dass ich so großzügig bin. Ein angenehmer Mensch. Was man, weiß Katz, nicht von allen Menschen sagen kann.« Sie überkreuzt die Pfoten.

Kaesdorfs Blick geht zwischen Turm und Katze hin und her. Dann fällt der Groschen: Sie ist es. Sie muss es sein. Er sitzt vor *seiner* Katze. Der Katze des berühmten Mannes.

Sie leibt und lebt, blinzelt, spielt mit den Ohren und lässt sich herab, mit ihm, Kaesdorf, zu reden. Vielleicht wäre es angebracht, statt des kumpelhaften herablassenden »du« zum respektvolleren »Sie« überzugehen …

»Hab ich die Ehre …?«

»Du hast. Kennst du ihn?«

»Ich bewundere ihn. Hab alle seine Essais gelesen. Zuerst auf Französisch, dann auch in der neuen, besonders schönen Übersetzung von Hans Stilett.«

»Was gibt's da groß zu bewundern?«

»Seine Offenheit, seine Beobachtungsgabe, seine Toleranz, sein Einfühlungsvermögen, seinen Humor, seine …«

»Reicht«, sagt sie und schlägt mit der Pfote nach einer Fliege, die sie umsummt. »Spielst du gern?«

»Wieso fragst du?«

»Ich und er, wir spielen oft miteinander.«

»Ja, das ist bekannt. Er hat darüber geschrieben. Du bist durch ihn berühmt geworden.«

»Ich? Durch ihn?«

»Es ist nur ein einziger Satz, aber der hat es in sich. Ich les ihn dir vor.« Er zieht sein kluges Büchlein aus der Tasche. »Ich hab mir die Stelle angestrichen: ›Wenn ich mit meiner Katze spiele, weiß ich nicht, ob ich mich an ihr ergötze oder meine Katze sich an mir.‹ Ein Satz, der heute in jedem Katzenbuch, in jedem Katzenkalender bis zum Gehtnichtmehr zitiert wird, den jeder Liebhaber von Katzen kennt.«

Die Katze betrachtet argwöhnisch die Fliege, die sie immer noch umkreiselt und umbrummselt.

»Wer hat mehr Spaß daran?«, fragt Kaesdorf, »wer ist der Chef?«

»Er glaubt, er sei's.« Sie zieht ihre Schnauzwinkel hoch, als amüsiere sie sich.

»Habt ihr oft gespielt?«

»Ein Tag ohne Spiel, sagt er, ist ein verlorener Tag. Ganz verrückt ist er auf das Pfotenspiel.«

»Pfotenspiel?«

»Streck mal deine aus!« Sie hebt ihre Pfote. »Jetzt hau ich drauf. Du darfst deine wegziehen, wenn du's schaffst.« Sie schlägt so blitzschnell zu, dass er die Hand nicht vorher wegziehen kann, und beschert ihm einen langen Kratzer, der ein bisschen blutet.

»Gewonnen. Jetzt bist du dran!« Nun streckt sie ihm ihre Pfote hin, er holt aus, trifft aber nicht, sondern haut auf die Mauer. Sie hat ihre Pfote schon weggezogen, und er reibt sich die Hand. Was Reaktionsschnelligkeit angeht, ist sie ihm über.

»Wieder gewonnen«, sagt sie. »Ich gewinn immer. Damit seine Hand nicht so viele Kratzer abkriegt und er nicht so jammern muss – er ist nun mal ein Kater – ein Mann –, trägt er jetzt jedes Mal einen ledernen Handschuh mit Krallen vorne dran. Manchmal zieh ich ihm zulieb meine Pfote nicht weg. Aber er haut nicht fest, damit es mir nicht wehtut.« Sie schleckt sich die Pfote, die er nicht erwischt hat.

»Er sagt noch etwas«, fällt Kaesdorf ein: »»Die närrischen Spiele, mit denen wir uns vergnügen, sind wechselseitig. Ebenso oft wie ich bestimmt sie, wann es losgehn oder aufhören soll.‹«

»Denkt er.« Die Katze lässt den Schwanz auf die andere Seite der Mauer herunterhängen, damit ihm, wie sie sagt, nicht langweilig wird. »Aber natürlich bestimm ich, wann und wo und wie lange wir spielen. Und er folgt. So kommen wir gut miteinander aus. Er zieht mich nie am Schwanz, hat nichts dagegen, wenn ich zwischen seinen Büchern ein Nickerchen mache, und scheucht mich nie vom Sessel oder vom Bett.«

»Er hat dich in sein Bett gelassen?«

»Andersrum. Ich lass ihn in meins.«

»Darf ich fragen, womit ihr euch sonst noch die Zeit vertrieben habt?«

»Manchmal liegen wir hier auf der Mauer in der Sonne, ich hier, er mir gegenüber.«

Kaesdorf fällt ein alter Kinderreim ein: ›Auf der Mauer, auf der Lauer‹ – sehr unpassend, denn auf dieser gereimten Mauer sitzen kein Philosoph und keine Katze, da sitzt nur eine kleine Wanze. Immer wenn er ergriffen ist, muss er an etwas Albernes denken. »Und was macht ihr auf der Mauer?«

»Müffchen. Pfoten umknickeln. Am Anfang hat er Mühe damit gehabt, wegen seiner steifen Knochen, aber jetzt kriegt er's einigermaßen hin. Probier's mal!«

»Lieber nicht.« Er stellt sich die beiden vor, wie sie daliegen, mit eingeknickten Vorderpfoten – respektive Armen und Händen –, der große Mann und seine kleine Katze.

»Was heißt schon groß, was heißt schon klein. Wir sind gleich groß. Wir liegen also da. Und dann fragen wir uns was. Er fragt sich, was in meinem Kopf vorgeht, und ich frag mich, was in seinem. Er kriegt's natürlich nicht raus, ich aber schon. Im Rauskriegen von Menschengedanken sind wir Katzen nun mal besser. Ich weiß, was er denkt, bevor er selber draufkommt.«

»Er hat einmal geschrieben«, so Kaesdorf, »man könne die Welt mit den Augen eines Menschen sehen, aber ebenso durch die Augen eines Hundes, eines Pferdes oder eines Vogels, und jede dieser Perspektiven sei so richtig und wichtig wie die des Menschen, der sich zwar als etwas Besseres vorkomme, aber nichts Besseres sei als etwa eine Katze wie du.«

»Wo er recht hat«, sagt sie, »hat er recht.«

»Heute nennt man so jemand einen Katzenflüsterer.«

»Er flüstert nicht, er redet ganz normal. Und nie laut, er brüllt nicht, schimpft nicht, tobt nicht. Er weiß, das mögen wir nicht. Ich versuch gerade, ihm das Schnurren beizubringen. Er ist nicht unbegabt darin. Manchmal sitzen wir auch nur da, denken gar nichts, schauen uns an, Aug in Aug, und sind still. Ganz anders als dieser Kerl.«

»Welcher Kerl?«

»Den kennt doch jede Katz. Er hat gesagt, dass es ihn nur gibt, wenn er denkt.«

»Ah, Monsieur René Descartes. Ja, der hält euch für Maschinen ohne jedes Gefühl, die funktionieren oder auch nicht. Der wär nie auf die Idee gekommen, mit dir das Pfotenspiel zu spielen.«

»Glaubst du, der könnte schnurren?«

»Nie und nimmermehr«, sagt Kaesdorf überzeugt. »Damit wär er überfordert gewesen.«

»Mein Mensch weiß, dass es ihn gibt, auch wenn er nicht gerade denkt, sondern mit mir spielt. Dann sogar besonders. Ich kann wohl sagen, wir sind sehr befreundet miteinander. Sein Benehmen ist voller Respekt. Er weiß halt, wie man mit einer Katze umzugehen hat.«

»Und wie gehst du mit ihm um? Auch mit Respekt?«

»Respekt, wem Respekt gebührt«, sagt sie. Was wohl bedeuten soll, eine Katze habe selbstverständlich Anspruch darauf, ein Mensch aber nicht unbedingt. »Manchmal fauch ich ein bisschen, damit er nicht auf den Gedanken kommt, ich sei zahm oder tanzte nach seiner Pfeife. Kommt er mir zu nah, kratz ich ihn oder zieh ihm eins über die Nas. Man will ja nicht immer bekrabbelt werden. Wann geschmust wird, bestimme ich.« Sie rollt herum, legt sich auf den Rücken und streckt alle viere von sich. Kaesdorf würde gern ihren Bauch streicheln, aber da er keins über die Nase gezogen kriegen möchte, lässt er es lieber. Und nun fällt ihm etwas auf. Sie spricht, als geschehe, was sie erzählt, in der Gegenwart.

»Das ist«, sagt er, »alles ja schon ziemlich lang her.«

»Was heißt lang? Lang ist mein Schwanz.«

»Lang heißt an die fünfhundert Jahre. So alt bist du näm-lich.«

Sie gähnt.

»Du liegst auf dieser Mauer, wir schwatzen miteinander, aber du musst dir darüber im Klaren sein, dass es dich nicht mehr gibt. Wie auch ihn.«

»Klar ist, dass es mich gibt«, sagt sie. »Und ihn auch. Ich muss es doch wissen, wo ich ihm erst gestern eine Maus gebracht hab. Er war außer sich vor Freude.«

»Tut mir leid, aber es gibt dich nur noch in seinen Essays. Und auf diesem Bild.« Wieder schlägt Kaesdorf das Buch auf und hält es ihr unter die Nase: eine Aquatintaradierung von Arthur Ditchfield, um 1867: ›Der große Philosoph und seine Katze‹. »Das bist du.«

Sie wirft einen kurzen Blick darauf und legt die Ohren flach an. »Stimmt nicht. Wenn schon, dann muss es heißen ›Die Katze und ihr Philosoph‹. Und er guckt viel freundlicher. Und ich bin nicht so fett. Und mein Schnurrbart ist länger. Und sie hat keine Streifen. Guck mich an. Hab ich Streifen oder nicht?«

»Du hast. Aber trotz eleganter Streifen und trotz großartigem Schnurrbart bist du nun mal eine längst dahingegangene Katze.«

»Ich geh nirgendwo dahin, ich bleib, wo's mir gefällt. Nämlich hier. Du bist ja auch da. Oder bist du auch irgendwo dahingegangen?«

»Noch weile ich unter den Lebenden«, sagt Kaesdorf. »Du nicht mehr. Warum wir hier sitzen und miteinander reden können, weiß der Teufel. Womöglich verdanke ich das dem *genius loci*, dem Geist des Ortes, wie man sagt.«

»Dazu brauch ich keinen Teufel«, sagt sie, »und keinen Geist. Ich bin keine vergangene oder dahingegangene oder nicht mehr weilende Katze. Ich bin da. Ich weile. Jetzt. Für eine Katze ist immer jetzt.«

»Aber die Zeit, meine Liebe, bleibt nicht im Jetzt stehen«, glaubt er sie belehren zu müssen, »die macht, dass sie weiterkommt. Weil sie noch viel vorhat. Du bist höchstens eine, wenn auch hübsche – Illusion. Und er ist auch eine.«

Die Katze glaubt kein Wort und stellt ihn in den Senkel: »Du weißt auch gar nix. Dort hinten steht unser Turm. Mein Mensch läuft in seinem Zimmer, wo an der Wand die vielen Bücher stehen, auf und ab. Seine Gedanken schlafen nämlich, wenn er sitzt. Und wer hin- und herläuft, den gibt es auch. Also schwätz nicht so blöd!«

Kaesdorf hat keine Lust, sie – und auch sich – davon zu überzeugen, es gebe sie nicht. Lieber stellt er sich nun vor, was er bei der morgendlichen Turmbesichtigung nicht sehen konnte: das runde Turmzimmer, darin ein Tisch, darauf ein Buch oder Papier, ein Tintenfass mit einer Feder. Ein Stuhl und ein bequemer Sessel. An der gemauerten Wand schmiedeeiserne Leuchter. Eine geschnitzte Truhe, darauf ein gefülltes Weinglas, das Schloss ist ja von Weinbergen umgeben. Monsieur schätzt einen guten Tropfen aus eigenem Anbau. Auf den Steinfliesen ein Teppich. Die Bibliothek, an die tausend Bücher, die rundherum in fünf Reihen übereinander in einem hölzernen Regal stehen oder aufeinanderliegen. Hier entzieht er sich Frau und Tochter und den Geschäften. Er weiß, die beiden schaffen das ohne ihn viel besser. »Sie stören, Papa«, so die Tochter, »lesen Sie was oder spielen Sie mit der Katze!« Und die Gattin: »Haben Sie nichts Besseres zu tun, mein Gemahl, als uns ständig vor den Füßen herumzulaufen? Schleichen Sie sich!«

Er steht ihnen, ein überflüssiges Möbelstück, nur dumm im Weg herum.

Ihm ist es recht, in seinem Turm macht er sich, wie er schreibt, selbst den Hof.

»Und mir«, sagt die Katze, die in einem Menschenkopf besser lesen kann als der Mensch in einem Katzenkopf.

»Dort hat er seine Ruh, wenn ihm danach ist«, sagt Kaesdorf. »Er liebt das Alleinsein, hat auch beim Essen gern seine Ruh und lässt es sich von seiner Frau durch eine Klappe im Fußboden, ich hab sie heut Morgen selbst gesehen, heraufreichen.«

»Manchmal ist er mit sich allein«, sagt die Katze, »und manchmal sind wir zu zweit. Das ist, wie wenn einem die Sonne auf den Pelz scheint. Nur innendrin. Schön ist es auch, wenn's dunkel wird. Dann sitzen wir am Fenster,

> schauen nah, schauen fern,
> schauen Mond, schauen Stern,
> Mond und Glanz und Sterngefunkel
> und wir starren tief ins Dunkel.
> Schnurren laut, schnurren leis
> schnurrn nach alter Katzenweis …«

Ihr Blick hat etwas Unergründliches, ja Mystisches. Es ist Abend geworden, am Himmel steht schon ein blasser Sichelmond.

»Du bist wirklich eine poetische Katze«, sagt Kaesdorf voll Bewunderung.

»Jetzt blättert er in einem Buch«, sagt sie. »Er kritzelt was hinein. Das tut er oft.«

O hätt ich nur eins, denkt Kaesdorf sehnsüchtig. Ein Buch mit einem gescheiten Gekritzel von seiner Hand, dafür gäb ich meine halbe Bibliothek.

»Jetzt macht er das Fenster auf und guckt zu uns herunter.«

»Ja, ich seh ihn«, sagt er aufgeregt, »wahrhaftig, ich seh ihn, sein kluges Gesicht, die hohe Stirn, die breite Halskrause. Er hebt die Hand, er winkt.« Kaesdorf hat Herzklopfen, möchte zurückwinken, traut sich aber nicht. Er ist ja nicht gemeint.

»Mein Mensch hat Lust, ein bisschen zu spielen«, sagt die Katze. »Die Tür unten steht immer offen. Er wartet auf mich.« Sie springt von der Mauer.

»Ich komm mit!«

»Du bleibst hier!« Sie reibt den Kopf an Kaesdorfs Bein und begibt sich langsam in Richtung Turm. Er sieht ihr nach, wie sie durchs hohe Gras streicht, manchmal unbeweglich auf drei Pfoten verharrt, eine Pfote erhoben, wie sie nach einem Schmetterling tatzelt, einen plötzlichen Satz macht und hinter einem Busch verschwindet.

Und nun fällt ihm die griechische Inschrift ein, die man auf einem der Deckenbalken in seiner Bibliothek lesen kann: »Ich begreife nichts. Ich entscheide nichts. Ich weiß nichts.« Ein Satz, den der alte Sokrates auch gesagt haben könnte und der der menschlichen Arroganz einen gehörigen Dämpfer versetzt.

Vielleicht hat die Katze ja recht, denkt Kaesdorf. Vielleicht weiß ich wirklich nichts. Vielleicht hält die Zeit sich nicht an unsere Vorstellung von ihr. Legt sich nicht fest, macht, was sie will, wechselt die Richtung, wie es ihr gefällt, mal geht's im Sauseschritt voran, mal rückwärts, mal schlägt sie einen Purzelbaum. Oder sie bleibt stehn, winkt den Wolken, die ruhig dahinziehen, hört dem Gras beim Wachsen zu. Und womöglich war Einstein der Wahrheit ganz nah, als er draufkam, dass die Zeit relativ ist. Oder er kannte die Wahrheit, traute sich, seinem wissenschaftlichen Renomee zuliebe jedoch nicht, es laut zu verkünden: Die Zeit, liebe Leut, ist eine Katze. Ob es euch passt oder nicht. Für eine solche Erkenntnis kriegt man keinen Nobelpreis.

Nun muss sie im Turm sein. Sie geht vorbei an der kleinen Kapelle im Erdgeschoss, ohne einen Blick hineinzuwerfen, Katzen sind nicht besonders fromm, der Hausherr ist es auch nicht. Sie klettert auf der steinernen Treppe in das Arbeitszimmer im ersten Stock und wird gleich im Turmzimmer sein, der Bibliothek mit den vielen Büchern, den Deckenbalken mit den aufgemalten Weisheitssprüchen antiker Geistesgrößen. Und wenn sie des Lateinischen mächtig wäre, was Kaesdorf nicht ausschließen will – schließlich legten, als Monsieur ein Kind war, seine Eltern großen Wert darauf, dass alle Hausbewohner, ob Köchin, Stallknecht oder Gärtner, in dieser ehrwürdigen Sprache wenigstens rudimentäre Kenntnisse besaßen. Wobei er sich fragt: Wie hat man auf Lateinisch die Hosen voll? Zahnweh? Eine Rotznas? Wenn sie also Latein verstünde, könnte die Katze eine Inschrift lesen, die besagt, dass im Jahre des Herrn 1571, an seinem achtunddreißigsten Geburtstag, sich Michel Eyquem de Montaigne in voller Manneskraft in den Schoß der gelehrten Jungfrauen zurückgezogen habe.

Womit – *honni soit qui mal y pense* – und bevor jemand auf den Gedanken kommen könnte, es handle sich da um wilde Sexorgien –, natürlich die für die schönen Künste zuständigen Musen gemeint sind, die da heißen Klio, Melpomene, Thalia, Euterpe, Erato, Urania, Kalliope, um nur einige zu nennen. Und weiter steht da, dass er diese Stätte seiner Freiheit, seiner Ruhe und seiner Muße geweiht habe ...

Kaesdorf sieht, wie Monsieur de Montaigne in diesem Augenblick den Plutarch, in dem er geblättert hat, ins Regal zurückstellt, weil soeben die Katze den Kopf durch die Tür steckt. Sie springt auf den Tisch, pfotet Papier, Feder und Tintenfass beiseite, Monsieur setzt sich in den Sessel, und dann ...

Kaesdorf sieht die beiden vor seinem geistigen Auge, wie sie, der Zeit ein Schnippchen schlagend, sich gegenseitig auf die Pfoten hauen ...

Er sieht das Bild vor sich, das Julius Kaesdorf, sein begnadeter Onkel, in zarten Pastellfarben gemalt haben könnte: »Diese drei von mir in dämmerblauer Abendstunde abgemalten Personen sind Monsieur de Montaigne und Musch-Musch, seine langjährige innig geliebte Lebensgefährtin beim gegenseitigen Pfotenverhauen, sowie der das Amt des Schiedsrichters innehabende Mond, der aber, selbst nur halb zu sehen, nicht alles mitkriegt ...«

Er sieht vor seinem geistigen Auge die Überschrift seines Artikels über Schloss und Turm des Philosophen im Périgord: »Montaigne und Katze beim Pfotenspiel ...«

Er stellt sich das Gesicht des zuständigen Redakteurs beim Lesen des Artikels vor ...

Kaesdorf wird den Artíkel nicht schreiben. Was er erlebt hat – eine solche Perle wirft man niemandem vor die Füße ...

Am Fuße der Mauer liegt etwas im Gras. Kaesdorf hebt es

auf: ein lederner Stulpenhandschuh, die Seiten ausgefranst, an den Fingern dunkelrote Krallen. Vogel- oder Drachenkrallen. Er hat ihn schon mal gesehen. Das Wappen der Herren von Montaigne, die vor fünfhundert Jahren dieses Schloss bewohnten, zeigt in einem quadratischen blauen Feld mit gelben Kleeblättern diesen Krallenhandschuh.

Die Geschenke
der Heiligendreikönige

Vorneweg marschiert der kleine Mohr, er hält ein Schild hoch, darauf sind zu sehen: drei Könige und ein Stern, alles gut erkennbar, wenn auch klein, sonst würde es ja nicht auf das Schild passen. Nach dem Mohr kommt der König, auch klein, auf dem Kopf eine Zipfelmütz, es ist kalt, bitterer Winter, über der Mütz die Krone. Er trägt einen roten Mantel, mit seinen Pelzstiefeln gleicht er ein bisschen dem gestiefelten Kater. Am nächtlichen Himmel funkeln kleine ferne Sterne. Ein gewaltig großer Stern – fünfzackig und wundervoll beschweift – zieht vor den beiden her, vor dem König und dem kleinen Mohr mit dem Schild. »Bald habt ihr's geschafft«, sagt der Stern, »ist nicht mehr weit, lupft nur die Füß.« Unter ihnen knirscht der Schnee.

Die Mutter setzt die Brille auf und begutachtet das Bild. »Warum trägt der Mohr dieses Schild?«

»Damit die Leute wissen, wer kommt. Ich hab draufschreiben wollen: ›Wir sind die heiligen drei Könige und laufen unserem Stern nach.‹ Dann ist mir eingefallen, dass ich noch nicht schreiben kann. Da hat der Mohr das Bild gemalt, und jetzt wissen es alle. Die Bäume, die Hirten und die Schafe.«

»Nein, das warst du, Schatz. Und du hast auch den Mohr gemalt.«

Das Kind zieht eine Schnute. Darüber nachzudenken, wer wen oder was gemalt hat, scheint ihm zu kompliziert. Und nicht wichtig.

Die Mutter ist Erzieherin. Sie arbeitet im Kindergarten, der nicht »Kindergarten« heißt, sondern »Little giants«, in dem die kleinen Riesen frühstgefördert und auf das Leben vorbereitet werden. Spielerisch, wie es heißt. Sie lernen sogar Chinesisch, weil das die Sprache der Zukunft ist. Wer Chinesisch kann, hat später, als *big giant* beste Aussichten, Konkurrenten aus dem Feld zu schlagen. Früh übt sich im Schlagen.

»Aber da stimmt was nicht, Schatz.«

»Ist ja noch nicht fertig«, sagt das Kind. »Ich hab erst einen König. Die andern kommen noch.«

Die Mutter meint es anders. »Was bringen die Könige dem Kind?«

»Geschenke.«

»Richtig. Was für Geschenke?«

»Schöne Geschenke.«

»Und was bringt ihm der kleine rote König?«

Das Kind strahlt. »Ein ganz ganz schönes Geschenk.«

»Aber das ist ja eine Katze.«

Das Kind nickt. Zwei Mal. »Eine grüne. Mit Streifen, wie so ein Tiger. Aber sie ist nicht tigergroß, sondern katzenklein. Weil der König ja auch klein ist.«

Die Mutter fragt, was die solle, die Katze.

»Die soll nix. Der kleine rote König will die kleine grüne Katze dem Kind schenken. Weil Weihnachten ist.«

»Stimmt nicht«, sagt die Mutter sanft. »Er will dem Kind was anderes schenken. Du weißt es.«

Das Kind guckt weg.

»Na?«

Das Kind guckt wieder her und deutet auf das Bild. »Die Katze will er ihm schenken.«

»Unsinn. Es ist …«

»Gold«, sagt das Kind. Es klingt verächtlich. »Goooold!«

»Na also. Warum dann die Katze?«

»Weil er dem Kind das Gold gar nicht schenken will. Du willst, dass er es ihm schenkt. Ich und der kleine rote König wollen es nicht.«

»Gold«, sagt die Mutter, »ist Liebe.« Sie ärgert sich aber gleich, weil sie das gar nicht sagen wollte, sie hat es im Kopf, da war mal dieses Plakat, auf dem ein schöner Mann einer schönen Frau eine Kette um den Hals legt, darunter stand es: »Gold ist Liebe«.

Das Kind findet nicht, dass Gold Liebe ist, sondern blöd. »Drum will er dem Kind was schenken, wo es was davon hat. Von einer Katze hat es ganz viel. Es kann mit ihr spielen.«

»Aber es stimmt nun mal nicht, Schatz. So war es nicht, damals, als die drei Könige das Kind besucht haben.« Bei »Little giants« werden die Kinder kindgemäß, aber bestimmt mit dem konfrontiert, was man für Realität hält. Obwohl diese Geschichte mit den drei Königen natürlich alles andere ist als Realität. Weiß die Mutter. Aber ihr Kind ist ja noch im Märchenalter, das wird sich schon geben.

Dem Kind ist das »damals« ebenso egal wie die Realität. Es mag das Gold nicht.

»Weißt du was? Du malst einfach noch mal ein Bild.«

»Warum?«

»Damit es stimmt. Und damit Oma sich freut.«

»Oma mag Katzen. Sie hat drei.«

»Das Bild soll doch ein Weihnachtsgeschenk für sie sein. Sie hat es sich extra gewünscht. Und da muss alles stimmen. Oma weiß schließlich, was die Könige dem Kind mitbringen. Wenn du was anderes malst, ist sie traurig.«

»Ist sie nicht.«

»Ist sie doch. Also noch mal. Macht nichts, es ist ja sowieso noch nicht fertig.«

*

Das Kind malt das Bild neu.

»Was malst du da?«, fragte der kleine rote König, der zum Fenster hereinguckt.

»Dich. Ich muss dich noch mal malen«, sagt das Kind. »Mit einer Kiste, da drin ist das blöde Gold. Welcher bist du denn?«

Er sei der Kaspar, sagt der kleine rote König mit einer kleinen piepsigen Stimme, und er habe keine große Lust auf so eine Kiste.

»Die Mama will aber«, sagt das Kind, »dass du Gold bringst. Ich nicht.«

Die Mama habe keine Ahnung, sagt der kleine König, solle sie doch selber die Kiste mit dem Gold schleppen. Er will lieber die Katze, so eine Katze im Arm ist was anderes als eine Kiste. »Gib mir die kleine grüne Katze mit den Tigerstreifen wieder, die vom ersten Bild.«

Das Kind streckt die Zunge aus dem Mund, leckt den Stift an und malt ihm die kleine grüne Streifenkatze in die Arme. Der kleine rote König ist zufrieden.

»Ich will auch eine!« Der zweite König taucht neben dem ersten auf. Er ist mittelgroß und trägt einen grünen Mantel.

»Wer bist du denn?«

»Ich bin der Balthasar. Mal mir eine rote Katze, die sieht gut aus zu meinem Mantel.«

Das Bild wächst. Sie sind nun schon näher am Stall, der Stall ist größer als auf dem ersten Bild, es ist hell darin, das Licht kommt von Josefs Laterne. Der Stern funkelt noch lauter, der Schnee knirscht noch mehr, der kleine Mohr friert, aber er hält tapfer sein Schild hoch, das verkündet, hier zögen drei heilige Könige durch Eis und Schnee. Obwohl es erst zwei Könige sind, der dritte ist noch ungemalt.

»Achtung, sie kommt!« Die beiden Könige im Fenster ducken sich, man sieht nur noch die Zacken ihrer Kronen.

Die Mutter schaut dem Kind über die Schulter. »Na also, jetzt machst du's richtig!«

»Ja«, sagt das Kind, »jetzt ist es noch richtiger als auf dem ersten Bild. Guck!« Es holt die mütterliche Brille. »Guck doch!«

Die Mutter guckt genauer, nämlich mit Brille. Was sie sieht, freut sie nicht. Nun trägt auch der zweite, mittelgroße König, der mit dem grünen Mantel, eine Katze im Arm. Eine rote. Sie ist ein bisschen größer als die grüne gestreifte Katze des kleinen Königs mit dem roten Mantel.

»Aber ich hab dir doch gesagt, das geht nicht«, sagt die Mutter ungeduldig. Sie macht gerade einen Unterrichtsentwurf, wie sie morgen mit den Kindern ein chinesisches Lied lernen will, und ist dabei, die kognitiven Lernziele zu formulieren.

Das Kind sagt, doch, das gehe gut. »Die Katze ist ja nicht schwer, sie ist ganz leicht, da braucht er nicht zu schleppen.«

»Du weißt doch, was der zweite König dem Kind bringt.«

Das Kind nickt.

»Nämlich?«

»So einen Rauch.«

»Weihrauch heißt das.«

»Was ist Weihrauch?«, fragt das Kind.

»Weihrauch ist – was Kostbares, Teures. Damit kann man guten Geruch machen.«

»Wenn's stinkt?«

»Ja.«

»Katzen riechen gut«, sagt das Kind. »Die brauchen keinen solchen Rauch.«

»In der Kirche gibt's Weihrauch. In einem Gefäß, das hängt an Ketten und wird so rumgeschwenkt. Dann riecht alles danach.«

»Woher weißt du das?«

»Das weiß ich aus der Zeit, wo ich noch klein war. Da hat meine Oma mich oft mitgenommen in die Kirche.«

»Du bist nicht mehr klein«, sagt das Kind. »Du bist groß. Und du gehst nie in die Kirche.«

»Weihrauch ist sehr teuer.«

»Die Katze nicht«, sagt das Kind. »Die kostet nix. Da kann er doch froh sein, der König, dass er sein Geld gespart hat.«

»Aber es geht nun mal nicht. Er muss dem Kind den Weihrauch bringen.«

»Warum?«

»Weil das so in der Bibel steht.«

»In dem dicken Buch?«

»Ja.«

»Zeig mal das Buch.«

Mutter fällt ein, sie hat keine Bibel. Die Bibel ist entsorgt worden. Las doch keiner drin, und sie nahm nur Platz weg.

»Oma hat so ein dickes Bibelbuch«, sagt das Kind. »Da liegt Buzz oft drauf und rollt sich rum.«

»Oma würde sich furchtbar freuen, wenn alles richtig wär auf dem Bild, das du ihr schenken willst.«

»Oma freut sich bestimmt furchtbar, dass auch der grüne mittlere König dem Kind eine Katze bringt.«

»Aber es ist nicht richtig.«

»Doch. Man sieht gleich, dass es Katzen sind. Ist alles dran. Ohren und Pfoten und ein schöner Schwanz. Und jede hat einen Schnurrbart. Die kleine grüne einen kleinen, die mittlere rote einen mittelgroßen.«

»Aber sie passen nun mal nicht.«

»Mir passen sie«, sagt das Kind. »Und dem Kaspar. Und dem Balthasar. Oma passen sie auch. Und dem Krippenkind. Ich hab's gefragt. Es hat gesagt, es freut sich, und es hat gelacht. Und sie sollen endlich kommen, diese Könige, es kann's fast nicht erwarten, bis sie da sind.«

»Soso. Wann hast du denn das Kind gefragt?«

»Beim Malen.«

»Ich seh es aber nicht.«

»Kannst du auch nicht. Erst, wenn die Könige angekommen sind.«

»Es sind nur zwei Könige.«

»Der dritte König kommt gleich. Er wär schon da, aber du hast mich gestört. Er wartet, bis du weg bist. Er geniert sich, wenn du zuguckst, wie er kommt. Er will nicht, dass du an ihm rummeckerst. Er sagt, du bist eine Meckermutter.«

»Ich geh gleich. Und denk dran: Das Kind freut sich ganz arg, wenn die Könige ihm die richtigen Geschenke bringen. Der erste König das Gold, der zweite den Weihrauch, der dritte …«

Dann muss sie hinaus, das Telefon läutet. Das Kind bohrt

mit dem Stift in der Nase, und zum Fenster hin sagt es: »Sie ist weg!«

Die zwei Könige sind wieder da. Sie müssen sich ganz schön strecken, das Zimmer des Kindes liegt nämlich im dritten Stock. Auch der Stern guckt dem Kind beim Malen zu. Er muss sich nicht strecken, sondern bücken, weil er ja weiter oben ist. Nun taucht auch der dritte Königskopf auf, er gehört dem großen König, dem mit dem weißen Mantel. Er sagt, er sei der Mohr, heiße Melchior und wolle auch eine Katze, was anderes komme überhaupt nicht in Frage.

»Was für eine?«, fragt das Kind.

»Eine schwarze. Ich bin ja schwarz, und sie passt gut zu mir. Und zu meinem Mantel. Eine Mohrenkatze will ich.«

»Schwarz steht ihm nämlich«, sagen der rote und der grüne König.

Was das Kind auch findet.

Jetzt sind sie schon vor dem Stall. Vorne der kleine grünbekatzte Rotmantelkönig, dann der mittelgroße, rotbekatzte Grünmantel, am Schluss der große Weißmantelkönig mit der schwarzen Katze. Mohrenkatz und Katzenmohr. Der Stern steht still, setzt sich aufs Dach und ruht sich aus. Er hat's verdient. Und er kann nicht mehr. Der Tross der Heiligendreikönige ist jetzt auch da. Die Kamele sehen unfroh aus, sie maulen, die beturbanten Diener murren, ihnen tun die Füße weh, viel lieber wären sie daheimgeblieben.

*

»Was soll das, Kind? Ich hab dir schon zwei Mal gesagt, mal das Bild endlich richtig. Wie es sich gehört.« Mutter hat ein kleines Messer in der Stimme.

»Jetzt gehört es sich richtig«, sagt das Kind zufrieden. »Jetzt sind es drei. Drei Könige und drei Katzen.«

»Aber du weißt doch, was der dritte König dem Kind bringt, oder hast du's vergessen?«

»Ich bin doch nicht blöd«, sagt das Kind. »Klar weiß ich's. Mürrr. Solches Zeug halt.«

»Und? Was ist das?«

Das Kind zuckt die Schultern und guckt gelangweilt.

»Myrrhe«, sagt die Mutter«, »ist eine Pflanze.«

»Von mir aus«, sagt das Kind.

»Myrrhe ist auch sehr, sehr kostbar. Und sie blüht schön. Weiß oder rosa.«

»Die Katze ist schwarz und hat einen weißen Tüpfel am Schwanz. Wie Omas Buzz. Das kriegt deine Mürre nicht hin. Weil sie keinen Schwanz hat.«

»Und man kann damit Kranke behandeln.«

»Das Kind ist aber gar nicht krank. Es lacht.«

»Ich nehme Myrrhe, um den Mund zu spülen, nach dem Zähneputzen.«

»Es hat noch keine Zähne«, sagt das Kind. »Es mag das Mürrezeug nicht. Es mag lieber die Katzen.«

»Aber was soll es mit drei Katzen anfangen?«

»Mit ihnen spielen. Sie streicheln. Gucken, wie sie sich rumkugeln und rumhupfen und purzelbaumen und sich verhauen. Wenn es friert, legen sich alle drei zu ihm in die Krippe. Und sie fangen die Mäuse. Im Stall gibt's nämlich welche. Wenn ihr mich zu Oma bringt und ich bei ihr schlafe, dann legen sich die Omakatzen auch zu mir ins Bett.«

»So? Hab ich ja gar nicht gewusst. Das geht aber nicht.«

»Das geht gut«, sagt das Kind. »Das Bett ist groß. Wie für einen Riesen.«

»Ich werd mit Oma reden. Katzen haben im Bett nichts zu suchen.«

»Sie suchen ja nichts. Sie sehen mich doch. Buzz liegt auf meinem Bauch. Muzz liegt auf meinen Füßen und macht sie warm. Wuzz liegt auf meinem Kopfkissen. Manchmal schleckt er mir die Ohren ab. Das kitzelt, und dann lachen wir alle drei.«

»Davon kannst du krank werden. Katzen sind nicht steril. Nur was abgekocht ist, ist steril.«

»Ich glaub nicht, dass Oma die Katzen abkochen will«, sagt das Kind ernst.

»Du gehst mir auf die Nerven, Kind. Katzen haben oft Würmer. Und Flöhe.«

»Ich hab auch mal Würmer gehabt. Und Läuse auf dem Kopf. Alle im Kindergarten haben Läuse gehabt. Ich am meisten.«

Was die mütterliche Laune nicht hebt. Und wenn sie schon mal beim Meckern ist … »Die Engel sehen auch komisch aus. Sie haben falsche Ohren.«

»Es gibt komische Engel und unkomische Engel«, sagt das Kind. »Die komischen Engel haben Katzenohren, die ihnen gut stehen, die unkomischen solche wie du.«

»Und die Tiere im Stall, du meine Güte! Also da steht der Esel. Und auf dem Esel steht …«

»Der Hund«, sagt das Kind.

»Und auf dem Hund steht …«

»Die Katze.«

»Und auf der Katze steht …«

»Der Gockel.«

»Und was machen die hier bei der Krippe?«

»Sie singen. Für das Kind. Die Engel singen ja auch.«

»Singen dürfen sie schon, aber nicht hier.«

»Warum nicht?«, fragt das Kind.

»Weil das die Bremer Stadtmusikanten sind«, sagt die Mutter. »Die gehören nicht hierher. Die gehören in ein anderes Märchen.«

»Sie sind von Bremen hergelaufen«, sagt das Kind. »Ganz schön weit. Viel weiter als die Heiligendreikönige.«

»Aber dieser Gockel – schau dir den mal an!«

Das Kind schaut sich seinen Gockel genau an und findet ihn wohlgelungen. Richtig gockelig. Ein Prachtstück von einem Gockel.

Die Mutter holt, Anzeichen von Erschöpfung zeigend, tief Luft.

»Also, von vorne. Hör zu, Kind: Wieviel Beine hat ein Esel?«
Man kann Kinder nicht früh genug auf das Leben vorbereiten. Nicht früh genug die richtigen Sprachen lehren, nicht früh genug auf den späteren Konkurrenzkampf einstimmen. Dafür ist es wichtig zu wissen, wer wieviel Beine hat. Und über die richtige Anzahl von Beinen lässt sich nun mal nicht streiten. Die steht fest. Basta. »Also: wieviel Eselbeine?«

Das Kind zeigt vier Finger.

»Und ein Hund?«

Wieder vier Finger.

»Und eine Katze?«

Vier Finger.

»Und ein Gockel?«

Vier Finger.

Die Mutter verzweifelt. »Du glaubst doch nicht wirklich, dass der Gockel vier Beine hat, wie Esel, Hund und Katze?«

»Nein, glaub ich nicht.«

»Also: wieviel Beine hat der Gockel?«

»Der von der Frau, wo wir immer die Eier holen, hat nur zwei.«

Die Mutter atmet auf und bedankt sich beim lieben Gott, mit dem sie sonst nichts am Hut hat.

»Aber der hier im Stall hat vier Beine«, sagt das Kind.

»Warum denn, wenn du weißt, wie es richtig ist?«

»Ich hab ihm vier gemalt, weil es bescheuert aussieht, wenn er nur zwei hat. Wo alle anderen vier haben. Nur zwei, das stört. Dann wackelt alles. Vier sehen schöner aus. Mit vier Beinen stimmt er. Nicht bei der Eierfrau, aber auf dem Bild. Und du bist blöd.«

»Ich? Warum?«

»Weil du denkst, dass ich blöd bin. Bin ich aber nicht.«

»Wo haben die Könige überhaupt die Katzen her?«

»Rat mal!«, sagt das Kind.

»Vielleicht sind sie ihnen zugelaufen?«

»Sind sie nicht.«

»Vielleicht hat jemand sie ihnen geschenkt?«

Das Kind schüttelt den Kopf.

»Vielleicht sind sie vom Himmel gefallen?«

»Das machen doch nur Sterne«, sagt das Kind. »Und Engel. Katzen nicht. Weil sie nicht oben am Himmel sind. Katzen sind unten. Buzz ist mal vom Baum gefallen, sagt Oma, aber er hat sich nichts gebrochen.«

»Dann weiß ich nicht, woher die Katzen kommen.«

»Frag doch die Könige«, sagt das Kind.

»Die reden nicht mit mir.«

»Mit mir reden sie aber«, sagt das Kind stolz. »Sie gucken mir nämlich beim Malen zu. Der Stern auch.«

Die Mutter starrt zum Fenster, sieht aber kein Fitzelchen von einem König oder einem Stern.

»Ich weiß, woher die Katzen kommen. Von Oma. Ich hab sie den Königen gegeben.«

»Die sehen aber anders aus als Omas Katzen.«

»Ich hab sie nur ein bisschen anders angemalt, damit sie zu den Königen passen.«

»Dann hat Oma aber keine Katzen mehr. Dann weint sie. Willst du, dass Oma weint?«

Das Kind schüttelt heftig den Kopf.

»Und wenn du in Omas Haus schläfst, liegst du ganz allein im Bett. Und Muzz, Buzz und Wuzz sind weit weg im Stall.«

»Sind sie nicht.«

»Wo dann?«

»Im Bett, Muzz unten, Wuzz oben, und Buzz auf meinem Bauch. Ich schleck Wuzz sein Ohr ab. Dann kichert er.«

»Was?«

»Wuzz schleckt mein Ohr ab. Ich hab unsere Ohren verwechselt. Ich hab den Königen die Katzen nämlich nur geliehen. Wenn das Kind schläft, sind sie wieder bei mir. Wenn ich schlaf, sind sie beim Kind. Es ist ja nicht für immer. Nur ein paar Nacht lang.«

»Und was machen die Könige jetzt mit ihren richtigen Geschenken?«

»Die haben sie weggeschmissen. Als ich ihnen die Omakatzen gegeben hab. Wenn sie heimgehen, können sie sie ja wieder mitnehmen. Wenn sie sie finden.« Das Kind grinst. »Ich hab dem Schnee gesagt, er soll fest schneien. Er hat gesagt, das macht er. Er schneit das ganze Zeug zu, dann ist es weg, und keiner muss sich damit rumärgern.«

Die Mutter nimmt sich vor, mit Oma ein ernstes Wörtchen zu reden. Aber erst nach dem Urlaub. Eine Oma ist manchmal lästig, pfuscht einem in die Erziehung hinein, aber praktisch ist sie auch.

*

Die Eltern fahren Ski, Oma hat das Kind gekriegt und das Bild und hat sich gefreut. Es hängt über der Küchenbank. Sie haben stundenlang das Hütchenspiel gespielt, das Kind hat immer gewonnen.

Jetzt liegt es im Bett. Über das Deckbett laufen Pfoten, Katzenpfoten; wenn das Kind bei Oma ist, kriegt es immer die Katzenbettwäsche. Die drei Könige hocken auf dem Fensterbrett, lassen die Beine baumeln und wollen gern was singen. Das Kind kennt aber nur ein chinesisches Lied, wenigstens ein bisschen. Das singt es den Königen vor, die bringen ihm dafür das Lied bei vom Mond, der aufgegangen ist und dann noch das Lied, das sie gesungen haben, als sie losgezogen sind, immer dem Stern nach: Muss i denn, muss i denn zum Städtele hinaus, Städtele hinaus …

Sie haben die Katzen zurückgebracht, die liegen auch im Bett, Wuzz oben, Muzz unten, Buzz dem Kind auf dem Bauch. Wuzz schleckt ihm das Ohr, es kitzelt. Ich will auch abgeschleckt werden, sagt der Stern. Wuzz springt aufs Fensterbrett und schleckt den Stern ab. Jetzt funkelt der Stern, er war staubig geworden auf dem Weg zum Kind. Wie neu sieht er jetzt aus.

*

»Wie war's bei Oma?« Die Mutter ist gut erholt und gebräunt von der Wintersonne.

»Schön.«

»Und die Katzen?«

»Mal waren sie in der Krippe, mal bei mir. Ich hab das Bild gesehen. Oma hat es mir gezeigt.«

»Was für ein Bild, Kind?«

»Na, das von den Heiligendreikönigen, wie sie dem Kind ihre Geschenke bringen.«

Die Mutter versteht nicht. »Aber das Bild hast doch du gemalt.«

»Hab ich nicht.«

»Doch. Das mit den Katzen.«

»Nix Katzen. Andere Geschenke. Die sind aber auch sehr schön. Einer bringt eine Trompete. Einer eine Mundharmonika. Einer eine kleine Trommel.«

»So? Und wer hat es gemalt, dieses komische Bild?«

»Du. Sagt Oma. Wo du noch so klein warst wie ich.«

Das kleine und
das große Universum

Diese Stille. Er kann sich an ihr nicht satthören. Der gestirnte Himmel über ihm, unter ihm, um ihn herum. Das Gefühl für Zeit weicht dem der Zeitlosigkeit.

Er ist der erste Mensch im Weltraum. Ausgesucht aus einer Reihe Kandidaten, alles hervorragende Astronauten, alle hatten ein hartes Trainigsprogramm absolviert, man hatte sie im Simulator festgeschnallt, in den Sitz gedrückt, gedrillt und herumgewirbelt bis zur Schmerzgrenze, die Haut hatte sich in Falten gelegt, das Gesicht verzerrt. Immer wieder. Man hatte sie an die Schwerelosigkeit gewöhnt, an umherfliegende Tuben, Gläser, Löffel. Warum sie gerade ihn genommen hatten, wusste er nicht. Vielleicht weil sie glaubten, er habe die besseren Nerven. Oder man hatte gewürfelt oder abgezählt, dachte er in einem Anflug von Humor, ene, mene, mu, hinauf musst du …

Seiner Frau war es nicht recht gewesen, aber sie hatte sich gefügt. Als sie heirateten, wusste sie, was ihm, was ihr bevorstehen konnte. Sie war, wie alle Astronautenfrauen, vernünftig und tapfer, war dabeigewesen, als die Rakete mit der engen

Raumkapsel, an der die Versorgungsmodule und die Sauerstoffbehälter hingen, gezündet wurde.

Nun schwebt er etwa 200 Kilometer über der Erde, die er, so ist es vorgesehen, mindestens vierzigmal umkreisen wird, jede Umkreisung dauert etwa hundert Minuten. Dann wird er landen an einer der vorgesehenen Stationen – alles ist tausendmal durchgerechnet worden.

Als die Kapsel im Orbit war, konnte er auf Kurzwellenfrequenzen über die Funkverbindung mit dem Kontrollzentrum der Bodenstation mit seiner Frau sprechen. Sie sei stolz auf ihn, hatte sie gesagt, pass auf dich auf, vergiss uns nicht über allem, was du von oben sehen kannst, vielleicht begegnest du ja auch einem Ufo oder – sie lachte – einem Engel, angeblich hat das Hubbleteleskop Bilder von echten lebenden Engeln zur Erde gefunkt, Riesenkerle, sie sollen Flügel haben, groß wie Jumbojets, und engelhaft gelacht haben. Wie lacht ein Engel? Du musst uns alles ganz genau erzählen …

Die Verbindung funktioniert problemlos, alles funktioniert, alles ist bis zum Gehtnichtmehr geübt, jeder Handgriff sitzt, sein Vertrauen in die Technik, in die Leute dort unten, die über ihn wachen, ist unbegrenzt. Er tastet nach dem runden Stein in einer der vielen Taschen des Raumanzugs, den seine Frau am Strand gefunden hatte, da hast du dein Weltall, ein bisschen kleiner als das richtige, große, unendliche, in das sie dich hinaufschießen werden, aber unendlich, grenzenlos ist es auch, du kannst es in die Tasche stecken, in der Hand halten, wie fühlt es sich an?

Ganz gut, hatte er gesagt und gelacht. Ein runder schwarzer Stein, glatt geschliffen von Wellen und Sand, wie Tausende herumlagen, übersät von zahllosen winzigen hellen Tupfen und Punkten. Das sind die Sterne, hatte sie gesagt, schau, hier stehen sie ganz dicht, das ist eine Galaxie, da sind viele Galaxien, hier ein Sternennebel, dort ein Sternbild, das ist natürlich *Der große Kater*, und dieser Winzling – sie deutete auf einen stecknadelkopfgroßen Punkt –, ist unsere Erde, zoom uns herbei, mach uns größer, noch größer, da stehen wir am Strand, siehst du uns, vor uns das Meer …

Klar, hatte er gesagt, das sind wir zwei.

Wir drei, hatte sie gesagt. Der dritte war der Kater, sein Kater, sie hatten ihn aus dem Tierheim geholt, wo er ganz hinten in seinem Käfig hockte, zusammengeduckt, schmuddelfarbig, am linken Ohr fehlte ein Stückchen, geblieben in wilden Katerkämpfen. Der Kater hatte ihn nur angesehen, er hatte ihn auf den Arm genommen, der Kater hatte sich an ihn geschmiegt, hatte nichts gesagt, nur seinen Kopf in die Armbeuge gedrückt. Den nehmen wir, sagte er, seine Frau liebäugelte mit einem jüngeren, schöneren, lebhafteren, bitte keinen Schmuddelkater, aber er hatte ihn im Arm gehabt, an sich gedrückt, hatte das Katerherz schlagen hören, so einen gibt man nicht zurück.

Kater war also der dritte im Bund.

Seine Frau hatte den Stein mit Kerzenwachs eingerieben, bis er schön seidig glänzte. Weiß leuchteten die Sterne im endlosen Rund des kleinen Universums. Der Kater hielt das Universum für sein Spielzeug, das er mit der Pfote über den Boden schob, unter den Schrank fetzte, dann musste einer von ihnen das Universum mit einem Kleiderbügel wieder hervorholen.

Die Bodenstation meldet sich, fragt, ob alles in Ordnung sei, ja, alles in Ordnung, er schildert den atemberaubenden Blick aus dem Bullauge, er fliege gerade über Afrika, die Sahara ganz hell, wie Goldstaub oder wie Honig leuchte sie, das unter ihm seien wohl die Pyramiden, die sehe er zum ersten Mal. So wie er sie sehe, habe noch kein Mensch sie sehen können, höchstens der Mann im Mond oder die Riesenengel mit Jumbojetflügeln, die Hubble angeblich fotografiert hatte. Er sei glücklich. Glücklich und tief dankbar, das alles sehen zu dürfen. Und wie schön, wie wunderschön die Erde sei.

Er müsse jetzt ausruhen, befiehlt die Bodenstation, solle sich entspannen, das Ding fliege automatisch, und nun wolle seine Frau noch etwas sagen, die stehe nämlich daneben.

Zuhause gehe alles gut, hört er, auch Kater lasse lieb grüßen, er sei etwas komisch, anders als sonst, unruhig sei er, wolle nichts fressen, aber das werde sich bestimmt geben.

Nach zwei Umkreisungen – er hat tief und fest geschlafen – macht er die vorgeschriebenen Körperübungen, nimmt dann von sich aus Verbindung mit unten auf, fragt nach dem Wetter, nach dem Spiel seiner Fußballmannschaft, sie hat verloren, eins zu drei, und muss wohl absteigen. Himmlische Grüße an Frau und Kater, und wie es diesem gehe, ob er sich beruhigt habe, wieder fresse.

Dem Kater gehe es nicht gut, so seine Frau am Abend, man habe ihr zwar gesagt, das solle sie ihm verschweigen, er habe schließlich Wichtigeres zu tun als an den Kater zu denken, er sei auf einer historischen Mission, aber wenn er schon frage – gleich morgen früh gehe sie mit ihm zum Tierarzt, das werde bestimmt wieder, und ob er schon ein Ufo oder einen lachenden Riesenengel …

Der Übergang zwischen der Tag- und Nachtseite der Erde ist abrupt, ein scharfer Schnitt. Er bekommt Hunger, schraubt eine Tube auf, püriertes Hähnchen, drückt sich den Inhalt in den Mund, das hatte er immer wieder üben müssen, und verzieht das Gesicht. Wieder zuhause wird er seine Frau bitten, ein Rosmarinhuhn zu braten, zur Feier seiner Rückkehr.

Unter ihm glänzt der Pazifische Ozean. Er glaubt Schaumkrönchen auf den Wellen zu sehen. Später überfliegt er den Himalaja, die weißen Spitzen der höchsten Berge der Erde, irgendwo unter ihm der Nanga Parbat, der Mount Everest, der Kailash, der heilige, von Göttern bewohnte Berg der Tibeter. Er überwacht die Geräte, alle funktionieren einwandfrei.

›In achtzig Tagen um die Welt‹, das Buch war einmal eines seiner Lieblingsbücher gewesen, er würde es in knapp vierzig Stunden um die Welt schaffen, nein, um die Erde. Was hätte Jules Verne dazu gesagt, dieser Visionär, der so vieles vorhergesehen hatte, die Reise zum Mond – in ein paar Jahren würde der erste Mensch den Fuß auf den Mond setzen –, die U-Boote, die Raketen, all das, was heute schon Realität war oder bald sein würde …

Die Bodenstation meldet sich, ob alles in Ordnung sei? Ja, alles in Ordnung. Er bittet, seine Frau zu holen, er müsse mit ihr sprechen. Als sie dran ist, fragt er, wie es dem Kater gehe, was der Tierarzt gesagt habe. Ganz gut, sagt sie aufgekratzt, aber ihre Stimme klingt so munter, dass er merkt, sie sagt das nur, um ihn zu beruhigen, weil man es ihr befohlen hat, der historischen Mission wegen. Er spüre aber, sagt er, es sei etwas Ernstes, er wolle alles wissen.

Kater sei sehr krank, sagt seine Frau, so leise, dass er es fast nicht verstehen kann, die Nieren hätten versagt. Aber er sei zuhause, liege in seinem Körbchen, sie sitze bei ihm, flöße ihm mit der Pipette Medizin ein, was er aber nicht möge, er drehe immer den Kopf weg, sie rede mit ihm, und sie glaube, er höre ihr zu.

»Sag ihm, ich denk an ihn, sag ihm, ich bring ihm auch was Schönes mit.«

»Was denn?«

»Ich fang einen Stern ein, es schwirren ja so viele um mich herum, mit dem kann er spielen. Sag ihm das!«

Sie verspricht es, vielleicht werde es auch wieder, da stecke man nicht drin, Katzen hätten, wie es heiße, neun Leben. »Was siehst du gerade?«

»Die chinesische Mauer, die windet sich wie ein Wurm durchs Land. Sie soll das einzige Bauwerk sein, das man vom Mond aus sehen kann, hast du das gewusst?«

Ja, das weiß sie.

Am nächsten Tag – dreißigste Erdumrundung – sagt ihm seine Frau, Kater liege im Sterben. Aber er scheine nicht leiden zu müssen. Sie habe ihm seinen Pullover ins Körbchen gelegt, er habe daran gerochen und sei dann ruhig eingeschlafen.

Für immer?, fragt er stockend.

Nein, er sei wieder aufgewacht, aber er drehe sich weg, wenn sie ihm mit der Pipette komme. Er sei wohl furchtbar müde. Lebensmüde. Todmüde.

»Sag ihm, er soll nicht – noch nicht – sag ihm, er soll warten. Ich will ihn sehen, will ihn streicheln, ihm die Pfote halten …«

»Das geht nicht. Du bist etwas weit weg. Wenn du über uns hinwegfliegst, denk an ihn.«

»Sag ihm, er soll warten. Ich komm runter.«

Was das solle, sagt die Bodenstelle, die mitgehört hat, ob er den Verstand verloren habe, wegen eines blöden Katers seine historische Mission – als erster Mensch im Orbit, es gebe sowas wie Verantwortung und …

»Mein Kater und ich«, sagt er, »wir haben einerlei Atem.«

»Was?«

»Beide sind wir Windhauch, wir gehen an ein und denselben Ort. Beide sind wir aus Staub gemacht, beide kehren wir zum Staub zurück.«

»Wie reden Sie denn, Mann!«

»Sagt einer von diesen alten Predigern. Hab's nie vergessen. Weiß nicht, warum. Vielleicht, weil es so dunkel klingt. Und noch zwanzig Minuten bis Buffalo.«

»Buffalo?«, fragt die Bodenstation. »Wieso Buffalo?«

Das sei aus einem Gedicht, das er in der Schule gelernt habe. ›John Maynard‹, eine Ballade, vielleicht kenne jemand dort unten …

Niemand unten kennt diesen – »wie heißt der Kerl?«

»Maynard, John Maynard. Er ist Steuermann auf einem Passagierschiff, wie ich …«

Er sei allein, ohne Passagiere, und das Schiff sei ein Raumschiff.

»Auf dem Schiff brennt es, das Feuer breitet sich aus, aber der Steuermann hält das Steuer fest in der Hand, die Passagiere drängen sich am Bug zusammen, sie haben Angst, schreien und fragen ständig, wie weit es noch sei, ob sie noch lebendig ankommen würden. Aber er bleibt ruhig, er sagt immer wieder die Zeit durch – noch dreißig Minuten bis Buffalo, noch zwanzig Minuten bis Buffalo, noch zehn Minuten …«

Unsinn, sagt die Bodenstation scharf, und er solle sich gefälligst zusammenreißen.

Halt aus, Kater! Bitte geh nicht, halt aus!

Rechts über ihm sei das Fach mit den Tabletten, sagt der Mann am Boden, er solle sofort zwei nehmen und langsam im Mund zergehen lassen, nicht kauen, dann werde ihm gleich besser, dann könne er wieder klar denken.

Er denke ganz klar, ihm gehe es gut, nicht aber dem Kater. Und was die Verantwortung angehe … »Ich bin auch für meinen Kater verantwortlich.«

»Die Tabletten, Mann!«

Er werde jetzt die automatische Steuerung abschalten, sagt er, werde selbst die Kapsel steuern. »Ich komm runter!«

»Sie bleiben oben!«

Halt aus, Kater. Stirb nicht, Kater, noch nicht, wir haben zusammen Musik gehört, weißt du's noch? Am liebsten waren dir die langsamen Sätze. Einmal hab ich dich drei Tage gesucht, als du verschwunden warst, in einer Dachshöhle festgeklemmt, du konntest weder vor- noch rückwärts, ich hab dich an den Hinterpfoten herausgezogen, erinnerst du dich, Kater?

Draußen funkeln die Sterne. Es ist ein kaltes Gefunkel.

Warte, Kater, geh noch nicht. Du bist am liebsten auf meinem Bett gelegen, ganz unten, zwei Schlafende in einem Bett, zwei Träumende, manchmal hab ich von dir geträumt. Ob du von mir geträumt hast, weiß ich nicht. Und in der Morgenfrühe musste ich dich rauslassen, weil du da munter geworden bist. Manchmal hast du die Pfoten um meinen Hals gelegt und mich angeschaut.

Die Erde kommt näher.

Und noch eine Stunde bis Buffalo …

Einmal hab ich unseren Pfarrer gefragt, ob er glaube, dass du eine Seele hast, er hat gemeint, Menschen schon, Tiere weniger.

Was das heißen solle: weniger, hab ich gesagt. Entweder er hat eine oder er hat keine. Es gibt keine Mehroderwenigerseelen. Wer einen so anschaut wie mein Kater, der muss doch eine Seele haben. Wenn er seinen Kopf in meine Hand legt, legt er damit auch seine Seele hinein. Wart, bis ich da bin, Kater!

Noch eine halbe Stunde bis Buffalo …

Er verdunkelt die Bullaugen der Kapsel und schließt sein Helmvisier. Greift nach dem Stein in der Tasche des Raumanzugs. Seine Hand umschließt das Universum, das seine Frau ihm geschenkt hat. Das kleine runde Universum, ebenso unendlich wie das riesige, von dem Stephen Hawking sagt, dass es auch Kugelgestalt habe.

Eintritt in die Erdatmosphäre. Sonnensensoren bringen die Raumkapsel in die richtige Position für die Bremszündung. Er richtet die Triebwerke entgegen der Flugrichtung aus. Zündet die Bremsrakete, um die Geschwindigkeit zu verlangsamen. Am geöffneten Fallschirm landet die Kapsel weich auf dem Boden. Ein Feld, eine Wiese. Nicht weit weg von seiner Stadt.

Die Bergungsmannschaft ist da, der Hubschrauber. Man öffnet die Kapsel, er steigt aus, etwas unsicher auf den Beinen, kein Begrüßungskomitee, keine Journalisten, keine Reporter, keine Kameras. Nur ein Arzt.

Und noch fünfzehn Minuten bis Buffalo …

Der Hubschrauber nimmt Kurs auf seine Stadt.

Noch fünf Minuten bis Buffalo …

Der Hubschrauber landet vor seinem Haus.

Er sitzt auf dem Boden, neben dem Körbchen. Kater hat auf ihn gewartet. Nun hält er Katers Pfote, wie es sich gehört, wenn einer hinübergeht, den man lieb hat. Kater wendet ihm den Kopf zu. Er schnurrt, schwach, aber unüberhörbar, sieht ihn an, leckt ihm die Hand.

Seine Frau sitzt auch da. Sie lächelt. Legt ihre Hand auf seine andere Hand.

*

Der Russe Juri Gagarin hat – die Welt weiß es – als erster Mensch in einer Raumkapsel einmal die Erde umkreist. Vom allerersten Menschen im Orbit weiß die Welt nichts, er wird schamhaft verschwiegen, ist er doch seiner Verantwortung nicht gerecht geworden. Er hat die historische Mission schei-

247

tern lassen, hat sie abgebrochen, eines dummen Schmuddelkaters wegen. Mit so einem kann man keine Ehre einlegen. So einer wird gestrichen.

Die Wahrheit ist dem Menschen nicht immer zumutbar.

Juri Gagarin wird als Held gefeiert, ewiger Ruhm ist ihm sicher. Der allererste Mensch, der die Erde aus 200 Kilometern Höhe gesehen hat, ist verschwunden im Dunkel der Raumfahrtgeschichte. Er braucht das große Universum nicht. Er sieht das Ganze im Kleinsten, schließt seine Hand um einen schwarzen Stein, den seine Frau am Meeresstrand gefunden hat, ebenso unendlich wie das All.

Schattenspiel

Ich hatte das Alleinsein satt. Es sei langweilig, jeden Morgen das gleiche Gesicht auf dem anderen Kopfkissen sehen zu müssen, hatte ein Freund erklärt, er liebe die Abwechslung. Ich stellte mir ein Gesicht vor, das mich morgens anlächeln würde. Das ich anlächeln würde. Ich begab mich auf die Suche nach diesem Gesicht.

*

Das erste gehörte einer Frau, die neben mir im Fitnessstudio schwitzte. Normalerweise mache ich einen Bogen um Fitness-studios. Aber ich habe einen leichten Bauchansatz, der müsse weg, hatte man mir gesagt, Frauen stünden auf Waschbrettbäu-che, nicht auf Rettungsringe. Ich stellte mir eine auf meinem Bauch stehende Frau vor – ein beängstigendes Bild, aber ich meldete mich trotzdem an.

Sie war eine schlanke, wohlproportionierte Statue. Auf meine Frage, warum sie sich hier abstrample, das habe sie doch nicht nötig, sagte sie – Klimmzug –, sie wolle sich ihre gute Figur er-halten – Klimmzug –, wer raste, der roste – Klimmzug –, wenn man erst anfange zu schludern, sei das der Anfang vom Ende. Klimmzug, Klimmzug, Klimmzug. Sie heiße Kristin.

»Daniel«, sagte ich. Ohne Klimmzug.

»Danny.« Sie lächelte mich an. »Du darfst mich auf einen Energydrink einladen.«

Ich stellte mir ihren Kopf auf dem anderen Kopfkissen vor, mir den Rest vorzustellen wagte ich nicht, und lud sie ein.

Kristin war die verkörperte Energy. Sie hatte keine Ruh im durchtrainierten Leib, sprudelte vor Aktivität, sogar ihre Unterwäsche war aktiv – Aktiv-Wäsche, so heißt das tatsächlich, meine Unterwäsche verhält sich eher passiv –, kaufte auch im Aktiv-Markt ein. Gestaltete Freizeit und Urlaub aktiv, nie hing sie rum, streckte nie, wie ich, alle viere von sich. Das imponierte mir. »Siehst ein bisschen heruntergekommen aus«, sagte sie, »du könntest deine Freizeit viel sinnvoller – und was du so zusammenfrisst …« Sie sagte, offenbar an meinen inneren Schweinehund denkend, wirklich »frisst« – »kein Wunder, dass dein Bauch – aber das kriegen wir schon hin. Vielmehr weg.«

Sie stellte mir ihr Ersatztrampolin ins Zimmer. »Jeden Tag zwanzig Minuten, dann wirst du staunen« – und einen Ganzkörperspiegel – »damit du dich immer kontrollieren kannst. Kontrolle ist wichtig.«

Ich war folgsam, in der Hoffnung, ihr näherkommen – näherhüpfen – zu können. »Erst der Bauch«, sagte sie, »vielmehr kein Bauch mehr, wenn der weg ist, dann …«

Der Bauch ging aber nicht weg, der klammerte sich an mich. »Mein Mann gehört mir!«, sagte mein Bauch. Und ich weigerte mich, ständig in den Ganzkörperspiegel zu blicken. Der darin herumhüpfende Hampelmann, seine ungeschickten Bewegungen, sein Straucheln, sein rotes Gesicht, und wie er schnaufte und schwitzte, desillusionierten mich. Einmal fiel ich aus Protest herunter und verknackste mir den Knöchel.

Der Bauch und der innere Schweinehund blieben. Kristin nicht.

*

Der Blitz hatte in den Router geschlagen, nichts ging mehr, weil alles an dem verdammten Ding dranhing, WLAN, Computer, Internet, Fax, Fernseher. Stundenlang hing ich in Warteschleifen am Telefon, niemand erklärte sich zuständig, jeder vertröstete mich. Das ging zwei Wochen so, dann beschwerte ich mich im Telekomladen. Dort lernte ich Chantal kennen, sie legte sich ein neues Smartphone zu, das alte habe sie schon zwei Jahre. Ein nervöser junger Mann verkaufte mir einen neuen Router, behauptete, es sei ein Kinderspiel, alles anzuschließen, er habe noch mehr ungeduldige Kunden, und machen Sie's gut!

Chantal hat es gut gemacht, nicht ich. Sie kennt sich aus, ist immer online. »Wie hast du das nur überlebt, zwei Wochen offline?«

Ihr Smartphone liegt auf dem Nachttisch – nicht auf meinem, so weit sind wir noch nicht –, sie ist immer erreichbar. Das I-Phone auch. Ich kannte den Unterschied nicht zwischen Smart- und I-Phone, ich hab nur ein Handy, ein Seniorenhandy, weil meine Finger kurz und dick sind und dort die Tasten größer.

Chantal ist auf Facebook, und Chantal twittert und chattet. Dass sie sich gerade die Haare gewaschen, ein neues Kuchenrezept ausprobiert habe. Mit Mango-Kurkumasahne. Die Welt ist ärmer dran, wenn sie's nicht weiß. Wer immer irgendwas kundtut, ob prominent oder nicht, Chantal gibt ihren Kommentar dazu. Fordert mich auf, auch meinen Kommentar dazu abzugeben, will mir einen *account* einrichten. Ich weigere mich.

Neulich war auch das neue Smartphone hin. Chantal war hibbelig, kribbelig und zappelig. An diesem Tag bin ich an den See gefahren, wo ich allein war, ganz und gar offline, auch der Himmel war offline, das Schilf, das im Wind schwankte, die

Wolken zogen offline gemächlich hintereinander her. Alles um mich herum offline.

Es kam, wie's kommen musste: Ich fühlte mich Chantal weder gewachsen noch verbunden. Sie verschwand im Netz.

*

Beatrice saß mir im Zug gegenüber. Sie war die Einzige, die nicht wischte und tippte, alle tippten und wischten. Sie runzelte die Stirn, sah auf von ihrem Kreuzworträtsel und fragte mich, wo im Jahre 333 eine berühmte Schlacht geschlagen worden war, und ich nannte ihr die Eselsbrücke, die wir uns in der Schule gemerkt hatten: »Drei, drei, drei, bei Issos Keilerei.« Das imponierte ihr. Als ich ihr sagte, sie trage den Namen einer Frau, die ein berühmter italienischer Dichter aufs Wunderbarste besungen habe, schmeichelte ihr das. Sie hielt mich für gebildet. Der Dichter war ihr egal. Die wunderbarst besungene Frau auch.

Beatrice war versessen auf Rätsel aller Art, je schwieriger, je mehr man um die Ecke herum denken musste, desto besser. »Magst du Sudoku?«

»Nein, krieg ich nicht hin.«

Beatrice beschloss, mir Sudoku beizubringen, das sei gut gegen Demenz.

»Ich bin nicht dement«, sagte ich.

Und sie: Man könne nicht früh genug …

Sie schaffte den dritten Sudokugrad – oder wie das heißt, das ist vergleichbar dem schwarzen Gürtel beim Judo. Was daher komme, dass sie so logisch denke, schon in der Schule in Mathematik alle an die Wand gerechnet habe. Keine Formel sei vor ihr sicher gewesen. Bei ihr geht alles auf. Da bleibt kein Rest. Auch nicht auf dem Teller, immer alles aufessen, dann scheint

morgen die Sonne. Hat Mutter immer gesagt, nun sagt sie's.
»Magst du Kriminalromane?«

»Eigentlich nicht.«

Beim Herumzappen durch die Fernsehprogramme erschrecke ich jedes Mal, wenn ich in die Mündung eines auf mich gerichteten Revolvers blicke. Ich schenkte ihr einen Krimi, bei dem am Schluss alles offen ist. Jeder hätte der Mörder sein können. Oder jede. Wenn es denn überhaupt ein Mord war, möglich wäre auch ein Selbstmord gewesen, ein Unfall oder sonst was. Die Sonne bringt nix an den Tag, der Mond auch nicht. Vorhang zu und alle Fragen offen.

Keine Ahnung, warum ich ihr den Krimi geschenkt hab, vielleicht aus Protest gegen unerbittliche Lösungen. Jedenfalls hat er unsere Beziehung ziemlich getrübt. Noch trüber wurde sie nach diesem Film auf ARD-Alpha über Kuhglocken und Geißen- oder Goaßenschellen und über einen alten würdig-verschmitzten Glockenmacher, der das Geheimnis des Kuh- und Goaßenschellenklangs in seinem Herzen bewahrte und es niemandem anvertraute. Er kannte jede Schelle, jeden einzelnen Schellenklang, konnte sie alle unterscheiden. Eine besonders betörend klingende, er hatte sie aus einem alten Kochtopf gemacht, nannte er die Stradivari unter seinen Schellen, und er küsste sie innig. Der alte Glockenmacher sagte es in Urbayrisch, es klang wie bei Carl Orff, und ich verstand nicht alles. Aber mir gefiel der Klang seiner Sprache, der Klang seiner Schellen und dass er das Geheimnis des Schellenklangs in seinem Herzen bewahrte und nicht preisgab, um nix in der Welt, wie er sagte.

Beatrice gefiel das nicht. Sie verabschiedete sich von mir nach einem Vierteljahr immer getrübteren Glücks.

*

Ich sah nur die Beine. Sie hingen zwischen den Zweigen herunter und baumelten. Der Rest versteckte sich im Geäst.

»Was machen Sie dort oben?«, rief ich.

»Herunterschauen. Und Sie? Was machen Sie da unten?«

»Ich schau Ihnen zu beim Herunterschauen. Aber warum sitzen Sie im Baum?«

»Um den Überblick zu haben.«

»Sie könnten runterkommen.«

»Ja, wenn ich willig wär.«

»Dann tun Sie's doch.«

»Ich bin nicht willig, runterzukommen. Ich bin willig zu tun, was ich will.«

»Immer?«

»Immerdar.«

*

So hat es angefangen. Und so ging es weiter. Ich besuchte sie jeden Tag, ihr Kletterbaum stand auf einer Wiese nahe meiner Wohnung. Und jedes Mal hatte ich den Eindruck, sie erwarte mich.

»Aber Sie können doch nicht ständig dort oben …«

Das tue sie ja gar nicht. Sie sitze dort, weil es ihr gefalle. Ab und zu komme sie schon runter. Sie müsse auch mal.

»Was müssen Sie?«

»Pinkeln. Und so.«

»Wie wär's mit jetzt?«

»Ich muss nicht müssen.«

»Dann kommen Sie einfach so runter.«

»Wenn Sie wunderschön bitten …«

Ich bat so wunderschön ich konnte. Sie kletterte von Ast zu

Ast, glitt am Stamm herunter und stand vor mir: geschmeidig, elegant, eine Wunderschönheit.

»Darf ich fragen …?«, fragte ich.

»Nein«, sagte sie.

»Warum nicht?«

»Weil Sie doch antwortlos sein werden.«

Ob sie immer so sei?

Ob sie immer wie sei?

So kletterfreudig. So unzuvorkommend. So eigen.

Das liege in der Tiefe ihrer Natur. Wenn es mir nicht passend sei …

Es passe mir, sagte ich schnell. Ich sei es nur nicht gewohnt.

»Was lieben Sie noch, außer auf Bäumen herumklettern?«

Ebenso verliebt sei sie in die güldne Sonne, der Wärme wegen, aber ebenso in den Dämmer, das Dunkel, das Stillesein, die Schweigsamkeit.

Dafür liebte ich sie gleich.

*

Ob sie mein Gefühl erwidert, weiß ich nicht. Ich weiß überhaupt nichts von ihr. Sie ist bei mir eingezogen, ohne sich zu zieren, ohne eine Bedingung zu stellen, ohne irgendwas mitzubringen als sich selber. Mein Bauch stört sie nicht. Ich weiß auch nicht, wie sie heißt. Nie sollst du mich befragen, hat Lohengrin seine Elsa beschworen, und als sie doch gefragt hat, ist der Schwan gekommen und hat ihn wieder mitgenommen.

Was sie sagt, hat Charme, Poesie, etwas Taufrisches und zugleich Altmodisches, es klingt wie übersetzt aus einer anderen, mir unbekannten Sprache. Im Zoo etwa, in den es sie oft zieht, entzückt sie die bewundernswerte Beweglichkeit der Löwenkinder, den Giraffen fehle es nicht an ehrenvoller Würde. Die Kapelle auf dem Hügel, zu der wir manchmal abends hinaufspazieren, beschmuse die Landschaft, die Apsis schmiege sich verliebt an den Chor, und der kleine Engel überm Türsturz sei von ausgeschlupfter Sanftheit.

Oft sitzen wir aneinandergeschmiegt da, kein Wort stört ein wunderbares, wohltuendes, herzwärmendes Schweigen. Gern legt sie ihren Kopf auf meinen Nichtwaschbrettbauch, sie mag es, wenn's drinnen gluckst und gluckert. Lese ich ihr etwas vor, ist sie ganz Ohr. Meine Stimme sei ein Kissen, weich, tief und warm – zum Hineinlegen. Manchmal schläft sie dabei ein. Ich fasse es als Kompliment auf. Sie mag es auch, wenn ich in einer fremden Sprache lese oder erzähle, etwa auf Französisch, *la chèvre de monsieur Seguin*, oder den Anfang der ›Odyssee‹, ein paar Brocken weiß ich noch: »Singe mir Muse das Lied von dem Manne, dem weitgereisten …« Das töne so melodisch, sagt sie.

Ich habe dem Freund, der mich vor dem immer gleichen langweiligen Kopfkissengesicht warnte, eine Karte geschrieben: Jeden Morgen das gleiche Gesicht ist wunderbar. Mein Kopfkissen und ich sind glücklich. Lange Weilen sind schön.

Dass sie manchmal nicht mehr da ist, wenn ich nachts meine Hand hinüberstrecke, daran muss ich mich gewöhnen.

Ob sie keine Angst habe, so allein im Dunkeln?

Sie macht wilde Augen. Sie sei nun mal ein Geschöpf der Nacht, eine Nachtfrau, Nachtfee, Nachthex. Eine Nachthexenfee. »Die Nacht, in der das Fürchten wohnt, hat auch die Sterne und den Mond«, sagt sie, das hat sie von Mascha Kaléko, einer, so sagt sie, Herzensdichterfreundin. Wache ich morgens auf, liegt sie wieder neben mir, und obwohl sie tief und gleichmäßig atmet, ist sie beim geringsten Geräusch hellwach. Sie riecht nach nassem Gras und nach Erde, manchmal riecht sie auch nach dem Komposthaufen im Garten. So wie sie hat noch keine Frau gerochen, nach Komposthaufen und etwas Silbrigglänzendem …

Das sei Sternenduft, sagt sie.

Sternenduft?

»Nachts geh ich Sterne fischen. Aus diesem Tümpelteich auf der Wiese, wo mein Baum …«

»Und den Mond, fischst du den auch?«

»Nein, der ist mein Leuchtmond.«

»Aber was machst du mit den Sternen?«

Sie sieht mich versonnen an und lächelt. Es gebe Sachen, die seien viel zu zart, um gedacht, erst recht, um gesagt zu werden. Aber es geschehe den Sternen nichts, in der nächsten Nacht funkelten sie wieder am Himmel.

Sie nennt mich ihr liebes altes Trampeltier. Ich hör es gern.

Manchmal bricht etwas Rebellisches, Freiheitsliebendes, meine gewohnte Ordnung Durcheinanderwirbelndes hervor. Sie stemmt die Hände in die Hüften, und ihre Gluhaugen sagen: Na los doch, lass uns diese langweilige Vernünftigkeit in Stücke reißen, alle Berechnungen, alle Pläne zerfetzen, alle Vorsichtigkeit zum Teufel jagen und nur nach unserem eigenen verrückten Willen leben!

Ganz versessen ist sie auf Murmeln. Ich bring ihr oft welche mit, Murmeln in allen Größen und Farben, matte, glänzende Murmeln, auch große, mit Innenleben, wie man sie früher als Briefbeschwerer benutzte, drinnen schneit es oder ein Fisch schwimmt herum, damit kann ich sie glücklich machen. Auch ist sie ein richtiger Putzteufel. Aber nur, was sie selbst angeht. Wie's im Haus aussieht, ist ihr egal, sie tut, ehrlich gesagt, keinen Strich. Eine aufgeräumte Wohnung, geputzte Fenster, gesaugte Teppiche – darauf legt sie keinen Wert. Ein bisschen Dreck, ein bisschen Staub und Kruscht und Krümel, das mag sie. Flecken auf Pullovern, Tischtüchern, Hosen bearbeitet sie mit Spucke. Das spart Waschpulver.

Und sie mag Bücher. Eine buchlose Wohnung ist für sie »ohne wärmende Gemütlichkeit. Bücher riechen gut, was alles da drin ist, riecht, die Leute, was sie sagen, denken, verstecken im Schweigen …« Sie sieht meine Bücher an, als hätte sie sie alle gelesen. Hat sie aber nicht, hat sie auch nicht nötig. Wenn man sich drauflege oder draufsetze, brauche man sie erst gar nicht zu lesen, der Inhalt teile sich einem auch so mit. Sie hat's mir vorgeführt. Nach einem halbstündigen Nickerchen auf Jane Austens ›Stolz und Vorurteil‹ hielt sie mir einen Vortrag über die komplizierte Beziehung zwischen der blitzgescheiten Elisabeth Bennet und Mr. Darcy, dem arroganten Schnösel, dem hätte sie am liebsten eins übergezogen.

Ich hab's auch versucht, aber ohne Erfolg. Ich bin ein Immernochleser.

*

Neulich saßen wir im Garten, hinter uns die Mauer, die ich selbst gebaut habe, eine weißgekalkte Steinmauer wie im Süden, darauf Kästen mit herunterhängenden Petunien in allen Blautönen. Ich liebe blaue Blumen, die Romantik, Eichendorff-Gedichte, Schumann-Lieder. Ich drehte mich um, bewunderte die Petunien, sah unser beider Schatten an der Mauer und war irritiert. Ich redete mir ein, dieser Schatten sei eine Sinnestäuschung, die mit der Sonne verschwinden werde.

»Ist was?«, fragte sie.

»Ich wollte nur sehen, ob keine Läuse an den Blüten …«

Am nächsten Tag das Gleiche. Wieder warf die Sonne unsere Schatten auf die weiße Mauer. Meinen Schatten kannte ich, der ist nichts Besonderes, aber ihrer schon. Ich drehte mich um, aber außer uns beiden war keine lebende Seele da, die einen Schatten hätte werfen können. Und er war keine Sinnestäuschung.

Abends sahen wir einen Film über die Serengeti. Ich stellte die Stehlampe so, dass das Licht ihren Schatten auf den Vorhang hinter ihr warf, und weil der Vorhang vor der geöffneten Balkontür hing und ein leichter Wind wehte, bewegte der Schatten sich sachte, etwas verzogen, aber ganz lebendig, wie die wunderbaren Felsbilder in den Höhlen der Steinzeit oder die Tiere, deren Silhouetten Picasso mit leichter Hand hinwerfen konnte.

Ein Baum wirft den Schatten eines Baumes.

Ein Haus den Schatten eines Hauses.

Ein Pferd den Schatten eines Pferdes.

Meine Liebste wirft den Schatten einer Katze.

*

Das kann einen schon ins Grübeln bringen. Und es ist ein klarer Verstoß gegen die Naturgesetze. Naturgesetze sind ewig. An ihnen ist nicht zu rütteln. Meine Liebste rüttelt und wirft den Schatten einer Katze.

Es gibt berühmte Schatten. Peter Schlemihl verhökerte seinen dem Teufel. Neil Armstrong warf als erster Mensch seinen Schatten auf die Oberfläche des Mondes. Aber noch nie hab ich von einem Fall gehört, in dem der Schatten eines Menschen keine menschliche Gestalt hat.

In dieser Nacht liege ich allein im Bett. Sie ist wieder mal fort, Sterne fischen im Tümpelteich bei Mondenschein. Ich wälze mich hin und her, frage mich: Warum tut sie das? Wirft sie mit Absicht diesen Schatten? Macht sie sich über mich lustig? Oder ist sie sich dessen nicht bewusst?

Im Unbewussten, heißt es, liege die wahre Natur eines Menschen verborgen. Und dieses Unbewusste, ihr Unbewusstes – will es mir ihre wahre Natur offenbaren? Will es sagen: diese Frau ist in Wahrheit eine Katze, die sich als Mensch tarnt?

Das würde manches an ihr erklären. Aber wie kann das überhaupt gehen? Wie macht sie das? Oder macht es ein anderer? Gibt es Schattenmacher, wie es Macher von Kuhglocken und Geißenschellen gibt, von denen dieser Film erzählte? Und wenn, macht er es aus Jux, aus Gemeinheit, oder verfolgt er einen anderen Zweck?

Am nächsten Morgen getrau ich mich zunächst nicht, die Augen zu öffnen. Was, wenn das Katzenhafte in ihr durchbricht, wenn sich eine Katze neben mir räkelt? Ich halte den Atem an, lausche – schnurrt da jemand? Nein, kein Schnurren. Ich strecke die Hand aus – da ist kein Fell, da ist ihr Arm, ist glatte, weiche Haut.

Nach dem Frühstück gehen wir wieder mal in den Zoo. Sie bleibt lange vor dem Raubtierkäfig stehen, und dann sagt sie das Gedicht vom Panther, der ruhelos in Gefangenschaft hinter den Stäben hin- und herläuft …

Ich sperr dich nicht ein, sage ich, und sie lacht, das könne ich auch gar nicht, sie sei ganz aus Freiwilligkeit zu mir gekommen, und wenn sie wieder fortgehe, tue sie auch das freiwillig …

Ich will nicht, dass sie wieder geht. Lieber eine Frau mit Katzenschatten als ein Katzenschatten ohne Frau.

Manchmal trennt er sich von ihr, jagt einem Blatt nach, verharrt vor einem Mausloch, kehrt aber immer wieder zurück und heftet sich brav an ihre Sohlen. Übrigens ist ihr Schatten gar nicht immer der einer Katze, meistens ist er ganz normal menschlich und weiblich. Ich weiß nicht, wovon das abhängt, ob von ihrer Stimmung, von meiner, vom Wetter, den Sonnenflecken oder den Mondphasen.

Das hat Folgen. Ich fange an, auch meinen Schatten misstrauisch zu beäugen. Noch ist es der Schatten eines Mannes mit leichtem Bauchansatz. Aber was für einen Schatten könnte ich werfen, wenn mein Unbewusstes, über das ich mir bisher wenig Gedanken gemacht habe, ans Licht der Sonne drängte? Einen Krokodilsschatten oder einen Elefantenschatten oder den Schatten eines Gartenzwergs?

Letzteres würde mich kränken.

Da ich nicht weiter weiß, bitte ich Herrn C. G. Jung, den berühmten Psychologen – oberste Reihe im Bücherschrank – um Rat.

»Sie haben sich das mit dem Schatten ausgedacht, Herr Professor. Was soll ich denn nun machen?«

Der Mensch, sagt Jung und hebt den Finger, müsse sich auseinandersetzen mit seinem Schatten, seiner dunklen Seite, sonst werde nie eine reife Persönlichkeit aus ihm, und er krebse ohne Sinn und Verstand in seinem Leben herum. »Wollen Sie das, mein Lieber?«

Nein, herumkrebsen wolle ich ganz bestimmt nicht. Und es sei nicht mein Schatten, der mich beunruhige, sondern der meiner Lebensgefährtin.

»Lebensgefährtin?«

»So sagt man heute. Oder auch Lebensabschnittsgefährtin.«

»Ein pfuiteuflisches Wort. Nun denn. Wie sieht er aus, der Lebensabschnittsgefährtinnenschatten?«

»Wie eine Katze.«

»Etwas ungewöhnlich. Ich hatte auch mal eine Katze, die pflegte auf meinen Manuskripten ein Nickerchen zu machen und durfte dabei nicht gestört werden. Liegt Ihre Lebens-, Ihre Abschnitts-, Ihre …«

»Nein, weder sie noch ihr Schatten schlafen auf meinem Schreibtisch. Ist Ihnen schon mal so was vorgekommen?«

Ihm sei, so Jung, ja nichts Menschliches fremd. Handle es sich aber um Katzliches, müsse er leider passen.

»Könnte vielleicht eine Therapie helfen?«

Die stieße in diesem Fall vermutlich an ihre Grenzen. Zudem: Wenn eine Therapie Erfolg haben solle, müsse ich damit rechnen, dass meine Gefährtin zu einer ganz normalen, vermutlich langweiligen Frau mit einem ebenso langweiligen Schatten würde. Eine Schattenkatze oder ein Katzenschatten sei doch was Originelles, findet Jung. »Was tut sie denn nachts, die abschnittsweise Gefährtin Ihres Lebens?«

»Sie fischt Sterne.«

»Was für ein wundervoller, poetischer Zeitvertreib«, ruft Jung begeistert. »Und was macht sie dann mit den Sternen?«

»Was man mit Sternen halt so macht. Irgendwas Zartes, das man in Worten nicht ausdrücken kann.«

»Natürlich. Dumme Frage von mir. Na, dann grüßen Sie Ihre Sternenfischerin ganz herzlich, und Ihren schönen Schatten auch.« Und Jung zieht sich zurück in Band sieben seiner Gesamtausgabe.

*

Ich versöhne mich also mit dem Schatten meiner Gefährtin, er sei so geschwänzt, geohrt, beschnurrbartet wie er wolle. Ich su-

264

che nicht nach einer Erklärung, bemühe mich nicht, das Rätsel zu lösen. Auch mache ich keine Pläne mehr, die hat sie zerfetzt, und ich habe die Fetzen weggepustet wie Löwenzahnsamen. Der schöne Augenblick ist mir wichtiger als eine ferne Zukunft. Weise geworden, halte ich mich an Wunder. Alles Wunderbare fordert Distanz und Respekt. Und Liebe.

Wenn sie mir morgen einen Stern anbringt und aufs Kissen schmeißt – sei's drum. Ich werde sie dafür loben und streicheln, ich werde den Teufel tun und versuchen, hinter das Geheimnis ihres Schattens zu kommen. Soll sie es bewahren wie der alte Schellenmacher das Geheimnis seines Goaßenschellenklangs.

Den Stern?

Den werfe ich in der nächsten Nacht zurück in den Teich. Gott der Herr hat seine Sternlein gezählet, dass ihm auch nicht eines fehlet. Sowas vergisst man nie, anders als die vier Grundkräfte der Physik oder die Gesetze der Thermodynamik. Fehlte dem lieben Gott eins, könnte ihn das verwirren, er müsste wieder von vorn anfangen mit der Zählerei, irgendwann würde er sich verheddern, und dann käme alles durcheinander, am Himmel und auf Erden. Das will ich nicht.

Das Glück ist eine Katze

Im Fernsehen kam das Musical ›Cats‹. Kurz darauf gab es bei Tchibo preiswerte Kratzbäume für Wohnungskatzen. Dann schickte ihr jemand eine Karte mit einer wilden, teuflisch aussehenden Katze von Picasso.

So etwas nennt man Synchronizität der Ereignisse. Synchronizität bedeutet zwei oder mehrere gleichzeitig stattfindende, nicht kausal aufeinander bezogene Ereignisse, welche von gleichem oder ähnlichem Sinngehalt sind. Der Sinngehalt in diesem Fall war ganz offensichtlich: eine Katze.

Konstanze Nägele – als sie gezeugt wurde, übertrug der Rundfunk gerade Mozarts ›Entführung aus dem Serail‹, ihre Eltern waren Mozartliebhaber, deshalb der musikalische Name – schreibt Geschichten.

Manchmal flutscht es, manchmal stockt es. Die Geschichte, an der sie gerade herumbosselte, war der Schmetterling. Rannte sie los, das Netz in der Hand, flatterte er davon. Um nicht vom leeren Monitor ihres Computers höhnisch angestarrt zu werden, setzte sie sich ins Auto und fuhr ins Blaue, vielmehr, es war November, ins Graue, Nasskalte, Diesige. Landete in einer mittleren Kreisstadt, etwa vierzig Kilometer entfernt.

Auf mittlere Kreisstädte ist Verlass. Eine ist wie die andere. Hat man Garagen, Tankstellen, Möbelhallen und Großmärkte hinter sich, einen Parkplatz erkämpft, kommt man in die kopfsteingepflasterte Fußgängerzone, in der Stöckelabsätze – heute »Highheels«, weil Englisch schicker klingt – gern stecken bleiben. Hässliche Zementbottiche stehen herum, stets im gleichen Abstand, bepflanzt mit Zwergwacholder, Heidekraut und lappig herunterhängendem Efeu. Das eingesargte Bächlein fehlt ebenso wenig wie die rotierende Kugel, auf der Kugel das juchzende Kind, daneben der ungeduldige Vater, die genervte Mutter. Immer dieselben. Die Städte leihen sie sich gegenseitig aus.

Neben der Kugel stand ein Mann: eindrucksvoller Kopf, weiße Mähne, gewaltiger Schnauzer, runde, lebendige, blitzblanke Augen. Kulleraugen. Nein, das war kein Kopf, das war ein Haupt. Es war – Einstein. Albert Einstein. Neben Picasso das Genie des letzten Jahrhunderts. Er hatte einen Bauchladen umgehängt. Kam jemand vorbei, griff er hinein, sagte ein paar Worte und drückte ihm etwas in die Hand. Das Geschäft blühte. Geschäft? Niemand zahlte. Er gab, lächelnd, die Leute nahmen, freudig. Nach einer Viertelstunde war der Bauchladen leer. Er langte hinter sich in eine Kiste und holte Nachschub.

Konstanze schlenderte zu ihm. Er schob ihr einen harten Gegenstand in die Hand, sagte etwas wie »Kommen Sie gut hinüber!« und strich leicht mit der Hand über ihre Wange. Einsteins Hand an Konstanze Nägeles Wange!

Im Café um die Ecke wärmte sie sich auf und wickelte das Ding aus dem Seidenpapier. Eine Katze. Blau, aus durchsichtigem Glas, etwa sechs Zentimeter groß, mit gespitzten Ohren, den Schwanz hatte sie anmutig um sich herumgelegt. Ein Ohr war etwas abgesplittert. Handschmeichler, Fingerschmuser nennt man sowas.

Konstanze behauchte sie, rieb ihr Glasfell glänzend und hob sie hoch. »Eine blaue Glaskatze«, sagte sie zu der alten Dame am Nebentisch.

Die holte aus der Handtasche eine ebenfalls blaue Glaskatze und stellte sie neben ihre Tasse.

»Er wollte kein Geld dafür«, sagte Konstanze.

»Natürlich nicht.« Die Verbindung von Katze und Geld war offenbar nicht nur unangebracht, sie warf auch kein gutes Licht auf Konstanzes Charakter.

»Nicht mein Geschmack«, sagte Konstanze. »Gekauft hätt ich die nie. Und am Ohr fehlt ein Stückchen.«

»Wie gut, dass er Ihnen eine geschenkt hat«, sagte die Dame, »sonst säßen Sie jetzt katzenlos da, allein mit Ihrem guten Geschmack. Meiner fehlt auch ein Stückchen Ohr. Allen Katzen fehlt eins.«

»Ich wollte Sie nicht kränken«, sagte Konstanze. »Und den Mann, der sie mir geschenkt hat, auch nicht. Immerhin sieht er aus wie Einstein.«

»Ja«, sagte die alte Dame, »der Einstein, das ist so einer.«

»War so einer«, sagte Konstanze. »Er ist natürlich nicht Einstein, er ähnelt ihm nur.«

»Finden Sie das wichtig, ob er es ist oder nicht?« Sie sah Konstanze fast verächtlich an.

»Vielleicht ist das eine Aktion des Tierschutz- oder des Katzenzüchtervereins. Oder Reklame für ein neues Geschäft mit Glasnippes. Ein Gesicht wie seins kennt man ja. Fehlt nur noch, dass er die Zunge rausstreckt wie auf diesem berühmten Foto.«

»Die heiße Schokolade hier ist ausgezeichnet. Schmeckt nach Zimt und Koriander.« Die alte Dame, der es egal zu sein schien, ob draußen der echte oder ein falscher Einstein mit blauen Katzen um sich warf, legte Geld auf den Tisch, gab ihrer Katze einen Kuss, packte sie ein, ergriff ihren Stock und verließ, ohne Konstanze noch eines Blickes zu würdigen, das Café.

Die ging entschlossen zurück und sah den Mann fest an: »Warum, Herr Einstein, verschenken Sie diese Katzen?«

Er zwinkerte. »Gefallen sie Ihnen nicht?«

»Ich hab nichts gegen Katzen. Ich wüsste nur gern, warum Sie hier stehen und alle Welt mit diesen Dingern beglücken. Es interessiert mich, weil ich Geschichten schreibe.«

»Ja, sowas kommt vor, Sie brauchen sich nicht zu entschuldigen. Kennen Sie Borges? Jorge Luis Borges, den argentinischen Dichter?«

Konstanze war entrüstet. »Natürlich kenne ich Borges.«

»Was für ein Geschichtenerzähler! Solche, wie er einer war, wachsen nicht nach. Borges schrieb mal über einen blauen Tiger. Wissen Sie, das hier ist die einzige Stelle, an der es nicht so zieht. Sie sollten seine Geschichte vom blauen Tiger lesen. Es ist eine seiner tiefsten. Sie ist unerklärbar.«

»Die kenn ich. Borges hängt über meinem Schreibtisch. Ein Verlagsposter zu seinem Achtzigsten. Die Geschichte heißt ›Blaue Tiger‹. Diese blauen Tiger«, legte sie los, »sind aber gar keine richtigen Tiger. Nur blau. Sie stören die logisch-vernünftige Ordnung der Welt, sind ein Symbol für das Irrationale und boykottieren die Gesetze der Mathematik. Drei blaue Tiger und vier blaue Tiger sind acht blaue Tiger. Oder vierzehn. Oder zwei. Die Tiger denken nicht daran, sich festzulegen.«

»Donnerwetter!«, sagte er und grinste.

»Aber Ihre Katzen sind eine Nummer kleiner, Herr Einstein, es fehlt ihnen jegliche Dämonie. Außerdem sind sie nicht ausgedacht wie die Borgestiger, sondern wirklich, ich hab ja eine in der Tasche. Also: Warum gerade Katzen?«

»Wären Ihnen Enten lieber? Oder ein Schaf?«

»Ich finde Ihre Katzen kitschig«, sagte Konstanze.

»Sie haben sie aber angenommen. Katzen sind empfindsam. Sie wird sich, ungestreichelt und unbeschmeichelt, nicht wohlfühlen bei Ihnen. Sollten Sie merken, dass sie traurig ist, verschenken Sie sie einfach.«

»Als Kind hab ich immer Katzen ins Poesiealbum gemalt. Ich will nur wissen – ich meine, es ist nicht gerade üblich –, Sie müssen doch einen Grund haben …«

»Außer Ihnen hat niemand gefragt. Die anderen freuen sich einfach darüber. Sie ist doch sehr hübsch. Ich hab sie selbst entworfen, ich zeichne nicht übel.«

»Ein Ohr ist ein bisschen kaputt.«

»Selbstverständlich. Das muss so sein. Die Katze ist originalgetreu. Jedes Detail stimmt. Als der Entwurf fertig war, gab ich die Katze in Auftrag an eine Firma in Zwiesel. Das liegt im Bayrischen Wald. Sie fertigte zehntausend Stück. Ich muss nachbestellen, ich hab nur noch achthundert.«

»Als Sie mir die Katze gaben, sagten Sie etwas, ich hab's aber nicht richtig verstanden. Etwas wie ›kommen Sie gut nachhause‹.«

»Kommen Sie gut hinüber! Das hab ich gesagt. Wir müssen alle einmal hinüber. Über den Jordan. Das Zeitliche segnen. Die Radieschen von unten sehen. Heimgehen. Wie dieser König. Er hatte eine Katze. Aus blauem Glas.«

»Ich versteh nicht – was hat die Katze mit dem König – mit was für einem König –, geht es Ihnen gut?«

Er grinste.

Konstanze Nägele schreibt zwar, aber in der letzten Zeit nur noch theoretisch. Diese blaue Katze, dachte sie, kann deiner lahmenden Muse aufhelfen. In ihr steckt eine Geschichte. Die Geschichte, die dir nicht eingefallen ist.

Sie lud Einstein ins Café ein.

*

Ihr Tisch, es war derselbe wie vorhin, stand am Fenster, es hatte angefangen zu schneien. Konstanze bestellte heiße Schokolade mit Zimt und Koriander, Einstein Kaffee mit Sahne und einem Schuss Rum. Die Bedienung hatte eine Kerze angezündet.

»Sie wollen also wissen«, sagte er, die Hände über die Kerze haltend, um sie zu wärmen, »wie ich darauf gekommen bin, Katzen zu verschenken.«

»Ja«, sagte Konstanze. »Bitte! Und wozu brauchte dieser König die Katze?«

»Er hielt sie in der Hand. Ich meine, er hatte längst keine Hand mehr. Er war ja tot, der König.« Einstein blies die Kerze aus.

»Das tut mir aber leid.«

»Tot seit dreitausend Jahren. Ich bin – ich war – Archäologe. Wir gruben im Auftrag des Archäologischen Instituts auf dem Peloponnes in der Nähe von Tyrins. Was für Steine. Ein Werk der Zyklopen. Durch sieben Mauerringe mussten wir uns graben. Im innersten Ring fanden wir ihn. Keine Grabräuber. Schwerter, Schilde, Krüge – alles noch da. Mykenische Kultur. Er ruhte, die Goldmaske auf dem Gesicht. Wo die Hand gewesen war, lag die Katze.«

»Der König hatte also eine Katze in der Hand«, sagte Konstanze. »Na und?«

Einstein lehnte sich zurück und sah durch sie hindurch. »Ich bin einmal die Treppe hinuntergefallen. Ich war fünf und mein Knie lädiert. Ich hatte Schmerzen. Da hat mir mein Patenonkel Hans eine Katze geschenkt. Aus blauem Glas. Die Katze brachte Knie und Welt wieder in Ordnung.«

»Ach so. Ihre Katze ist nichts als eine sentimentale Erinnerung.«

»Nein. Sentimentalität ist mir fremd. Ich hab sie sofort erkannt. Meiner Katze fehlte nämlich ein Stückchen vom linken Ohr. Sie gehörte zur Familie. Mein Onkel hatte sie als Kind von seinem Großvater bekommen, als er mit Masern im Bett lag. Ich hab sie geliebt. Wenn ich sie in der Hand hielt, ihren glatten Körper spürte, der langsam warm wurde, war ich glücklich. Später warf meine kleine Schwester sie mir nach, weil ich ihrer Puppe den Zopf abgeschnitten hatte. Die Katze zersplitterte in tausend Stücke.«

»Man konnte sie nicht mehr zusammenflicken?«

»Ausgeschlossen. Hin ist hin. Fast fünfzig Jahre später fand ich den König. Mit fünfzig versinkt man gern in Schwermut. Immer anderer Leute Knochen und Scherben ausgraben. Nur Trümmer. Warum tust du das?, fragte ich mich, sah keinen Sinn mehr in der Buddelei. Dann erblickte ich die Katze, die der König in der toten Hand gehalten hatte.«

»Katzen«, sagte Konstanze, »sehen immer gleich aus.«

»Sie verstehen auch gar nichts, meine Liebe. Diese blaue gläserne Katze aus einem dreitausend Jahre alten Grab auf dem Peloponnes war meine Katze. Ich wusste es sofort. Am linken Ohr fehlte ein Stückchen.«

Konstanze holte tief Luft. »Unmöglich.«

»Das hab ich mir zuerst auch gesagt.« Er leckte den letzten Tropfen vom Sahnekännchen. »Dann dachte ich an meinen Onkel Hans. Er hatte mir diese Katze geschenkt, als ich klein war und mein Knie so wehtat. Nun war ich groß, es tat mir mehr weh als nur mein Knie, und die Katze war wieder da.«

»Unmöglich«, sagte sie noch einmal und bestellte zwei Kirsch.

Er legte seine Hand auf ihre. »Es gibt Augenblicke, da muss man sich entscheiden, man muss sein Leben ändern. Manch einer braucht, wie Rilke, dazu einen archaischen Torso Apollons, mir genügt eine Katze.«

»Vielleicht hat Ihr Onkel die Katze irgendwie …«

Er zog seine Hand weg. »Mein Onkel«, sagte er entrüstet, »war ein zutiefst lauterer Mensch. Ich vertraute ihm mehr, als ich je dem lieben Gott vertraut habe. Nie hätte er, zudem seit dreiundzwanzig Jahren tot, heimlich meine blaue Glaskatze, die es ja gar nicht mehr gab, weil sie in tausend Stücke zersplittert war, in den versiegelten Sarkophag eines dreitausendjährigen Königs geschmuggelt.«

»Sie machen sich lustig über mich. Was Sie erzählen, ist wider alle Vernunft.«

»Ja, nicht wahr?« Er holte eine Streichholzschachtel aus der Tasche und zündete die Kerze wieder an. »Ich verstand. Steckte meine auferstandene Katze ein, beschloss, jetzt und für immer, das Unerforschliche ruhig zu verehren, und tauchte aus meiner Schwermut wieder auf. Ich will, dass auch andere wieder aus ihrer Schwermut auftauchen, dass es ihnen wieder gut geht, nachdem es ihnen vielleicht nicht so gut gegangen ist, dass sie sich einfach freuen. Auch Sie haben, wenn Sie erlauben, ziemlich verbiestert ausgesehen. Ich wusste sofort, Sie haben meine Katze verdammt nötig. ›Wer freudig tut und sich des Getanen freut, ist glücklich‹, sagt Goethe, übrigens auch ein Dichter.«

»Und darum verschenken Sie also blaue Katzen?«

»Ja. Das Glück ist eine Katze. Heute bin ich ein glücklicher Mensch. Mit eiskalten Füßen. Ich könnte noch einen kleinen Kirsch …«

Der Kirsch kam, er roch daran mit verklärtem Gesicht und trank das Gläschen aus. »Erinnern Sie sich an diese Borges-Geschichte? Der Erzähler fürchtet die blauen Tiger. Sie passen ebenso wenig in sein vernünftiges Weltbild wie meine blaue Katze in das Ihre. Ich hab es umgekehrt gemacht, hab mein Weltbild einfach der blauen Katze angepasst. Und mit einer blauen Katze geht man leichter hinüber.«

»Woher wollen Sie das wissen? Sie sind ja noch hier und ganz lebendig.«

»Der König hat gelächelt. Man sagt, die Goldmasken werden dem Gesicht des Toten ähnlich. Sein Tod muss leicht gewesen sein. Weil er eine Katze in der Hand hielt. Aus blauem Glas.« Er nahm ihre Hand zwischen seine beiden Hände. »Danke für Kaffee und Kirsch. Und kommen auch Sie gut hinüber. Muss ja nicht gleich sein, lassen Sie sich ruhig Zeit.«

»Aber diese Geschichte …«

»Die schenk ich Ihnen. Mir scheint, Sie haben sie bitter nötig.« An der Tür drehte Einstein sich noch einmal um und streckte Konstanze die Zunge heraus.

*

Fertig! Konstanze Nägele speichert den Text unter dem Dateinamen »Einsteins blaue Katze« und liest ihn ihrem Gegenüber auf dem Poster vor. »Wie gefällt er Ihnen, Señor Borges?«

Borges schüttelt den Kopf. Stößt den Stock, auf dessen Knauf er beide Hände gelegt hat, hart auf den Boden. »Eine blaue Katze sperrt man nicht ein!«

»Ich hab sie nicht eingesperrt, ich hab eine Geschichte über sie geschrieben. Einstein hat sie mir geschenkt.«

»Aber doch nicht, um sie zu vergattern mit unnützen Wörtern, überflüssigen Sätzen.« Seine blinden Augen blicken durch Konstanze hindurch, vielleicht sieht er ein nächtliches Plateau im schwülen indischen Dschungel, auf dem ein traumblauer Tiger umherschweift.

»Aber ich wollte doch nur wissen, Señor Borges …«

Er zieht die Brauen zusammen. »Ausgeschlachtet hast du dieses bedauernswerte Geschöpf. Hast es in den Käfig einer Geschichte gesteckt. Wenn du dich schon an Katzen vergreifen musst, warum durch das geschriebene Wort, das von vernichtender Dauer ist? Der Buchstabe tötet. Warum glaubt heute jeder, schreiben zu müssen, ohne zu bedenken, was er damit anrichtet? Er mindert frech den Reichtum der Sprache und verschlimmert nur den sowieso schon dürftigen Zustand der Literatur. Keiner mehr, der wie in alten Zeiten hinausgeht auf den Markt, die Straßen, und den Mund auftut und erzählt, weil nur das gesprochene Wort, das leichtfüßige, geflügelte, den Dingen Leben und Freiheit lässt.«

»Aber Sie selbst haben doch auch Geschichten geschrieben, Señor Borges, für die Sie sogar den Nobelpreis nicht bekommen haben – eine der wichtigsten Auszeichnungen – ich meine, es ist eine Auszeichnung, ihn nicht zu kriegen.«

»Das Schreiben ist ein Laster, das ich missbillige, von dem ich aber bedauerlicherweise nicht lassen konnte. Ich hege den dringenden Wunsch, dass man meine Person, sollte sie tatsächlich existiert haben, woran ich, wie so manch anderer, berechtigte Zweifel habe, und jedes Wort, das ich schrieb, ganz schnell und gründlich vergessen möge.«

So sagt der Meister und schüttelt sein grimmiges Haupt.

Durch Konstanze geht ein Ruck.

Sie hängt Borges ab, rollt ihn zusammen, schiebt ihn unters Bett. Betrachtet lange die Katze. Die scheint verändert, der vorher so schöne Glanz des Fells ist nun stumpf. Der Gefangenenchor aus ›Fidelio‹ fällt ihr ein: »O, welche Lust in freier Luft …«

Die Katze sieht sie an.

»… den Atem leicht zu heben«, singt der Chor. »Nur hier … nur hier … nur hier, nur hier ist Leben …«

»Nein«, sagt die Katze leise, »hier nicht.«

»Dann hat Borges also recht?«

»Und wie!«

»Dann lauf! Du sollst frei sein. Ich entlass dich aus meiner Geschichte.«

»Ich darf auf und davon? Wohin ich will?«

»Wohin du willst.«

*

Die Katz ist weg. Vielleicht zog es sie zu jenen sagenhaften blauen Katzen, die lange vor uns Menschen die Erde bevölkerten und mächtige Reiche schufen. Oder zu jenen dunklen Katzen der Nacht, die in heiligen Hainen schnurrend Zwiesprache halten mit den Sternen im Sternbild der Katze, von wo sie einst gekommen sind. Kann auch sein, sie verweilt eine Zeitlang in dem Bild, das ein Zöllner namens Rousseau gemalt hat und das noch unentdeckt auf einem Pariser Dachboden liegt. Über ihr scheint ein sanfter Mond, ein nackter Mann spielt Flöte, und mit den verklingenden Tönen verblasst auch die Katze, weil ihr drum ist, sich nun einem blauen Tiger zuzugesellen, einem zahmen, natürlich. Die Anzahl ihrer beider Ohren wechselt, richtet sich nach der Farbe der Wolken, die über sie wegziehn, oder dem Geruch, den der Wind vorbeiträgt. Kann auch sein, sie sitzt auf dem Dach der Welt, froh schaut sie herunter auf alle Einsperrer in Käfige, Sätze und Bilder. Gut steht ihrem blauen Fell der weiße Schneeglanz, das Gefunkel ewigen Eises.

Fürchte dich nicht, meine blaue Katze, sagt Konstanze leise. Was ich geschrieben habe, lösche ich wieder. Ab heute werde ich sparsam umgehen mit Wörtern. Je mehr unnötige wir machen, je mehr wir gebrauchen, desto rascher verbrauchen wir sie, desto kleiner wird die Zahl der möglichen Geschichten. Einmal werden alle erzählt sein.

Nein, nicht alle!

Eine Geschichte fehlt noch. Sagt Schlumpel. »Über mich.« Schlumpel ist meine Katze.

»Über dich hab ich schon drei Bücher geschrieben. Das reicht.«

Schlumpel findet nur drei Bücher mickrig. Aus Erfahrung weiß ich, wenn sie sich mal was in den Katzendickkopf gesetzt hat, ist nichts zu machen.

»In Gott's Namen, wenn's denn sein muss!« Ich setze mich an den Computer und schreibe, wie immer, einfach drauflos. Bin jedes Mal auf den nächsten Satz gespannt. Manchmal fällt mir einer ein, manchmal keiner. Ideen sind wie Katzen, sie kommen nicht auf Kommando. Bei Ideenebbe gönne ich mir einen Espresso, rupfe Unkraut oder hüpfe auf dem Trampolin, das angeblich meine Gehirnzellen so auf Trab bringt, dass sich Ideen geradezu überstürzen. Oder auch nicht – wenn das Trampolin zu laut quietscht.

Doch dann meldet sich die Idee und sagt mir, wie's weitergeht. Die Geschichte nimmt Gestalt an. Die Heldin, also Schlumpel, lehrt Mäuse und Kater das Fürchten und zeigt allen, wo der Bartel den Most holt. Nach fünf Seiten erklärt der Computer, er habe für heut genug, fühle sich eh nicht ganz wohl, wenn ich nicht Schluss machte, werde er abstürzen, und schickt mich an die frische Luft. Konrad, der Gefährte meines Lebens, geht mit. Wir spazieren nach Unterweschnegg, das drei Kilometer hinter Oberweschnegg liegt, und setzen uns auf die altehrwürdige Bank gegenüber dem Ortsschild. Unterweschnegg ist nicht mehr ganz, das U, das w und ein g sind müde geworden, heruntergefallen und längst im Gras vermodert, was aber niemanden schert. Wir sitzen ganz gemütlich da, strecken die Füße aus, und Konrad lässt Flugzeuge abstürzen, das ist eine seiner Lieblingsbeschäftigungen und geht so:

…nter…eschneg … liegt in der Einflugschneise nach Zürich, die Flieger drehen über unseren Köpfen eine Kurve und nehmen Kurs auf den Flughafen Kloten. In einem bestimmten Moment sind sie genau über Herrn Müllers Haus, und mit etwas Glück sieht man sie im Müller'schen Kamin verschwinden. Neulich hat Konrad Herrn Müller gefragt, was er mit den Flugzeugtrümmern in seinem Kamin mache, wo er die entsorge, und unser guter Müller – wir kriegen immer seine Äpfel, weil er keine Äpfel mit Wurm mag – hat ihn lange und nachdenklich angeschaut. Die Äpfel kriegen wir aber immer noch. Mit Wurm.

Abends lese ich mir vor, was ich geschrieben habe, und merke, da stimmt was nicht. Die Geschichte hat ein Loch. Schlumpel ist weg, ist nicht mehr in den Sätzen, die ich so liebevoll um sie herumgeschrieben habe.

Als ich das Konrad mitteile, grinst er, was ich unfein, wenig hilfreich und herzlos finde. Ich werfe ihm vor, er sei gefühlsmäßig abgestumpft, kein Wunder, wer ständig ohn' Erbarmen Flugzeuge abstürzen lasse …

Ich versuche weiterzuschreiben, aber eine Geschichte, deren Heldin sich aus dem Staub gemacht hat, lahmt. Mein Gefühlszustand ist entsprechend. Ich schicke Konrad allein nach Unterweschnegg, seinem menschenverachtenden Laster frönen, und schreibe einen bitterbösen Brief an einen guten Menschen, der das nicht verdient hat und nicht wissen wird, wie ihm geschieht. Als ich auf Briefmarkensuche in Konrads Zimmer gehe, sehe ich, dass er vergessen hat, seinen Computer auszumachen. Der Bildschirm ist nicht leer. Da steht eine Geschichte, und in der Geschichte hockt sie. Meine Schlumpel ist in ein erotisches Abenteuer verwickelt. Eine *amour fou* mit einem roten Kater. Beide im Zustand wildester Rolligkeit. Wörter und Sätze vibrieren geradezu. Da wird gebalzt, gefaucht, gekreischt, gekratzt, gehauen, was das Zeug hält. Da fliegen die Fetzen, hauptsächlich rote Katerfetzen.

Als Konrad heimkommt, fragt er, warum ich so grimmig gucke. Ich schleudere ihm ins Gesicht, was ich entdeckt habe: »Meine Katze in deiner Geschichte! Das ist Diebstahl, hundsgemeiner Raub! Und auch noch – ich kann's nicht anders sagen – in einem Porno! Wie konnest du …«

»Ging ganz leicht«, sagt er, »in deiner Geschichte war's ihr zu langweilig. Ich hab ihr ein Leckerli versprochen, eins von denen, die so nach Fisch stinken, nach dem vierten Leckerli ist sie umgefallen und hat die Geschichte gewechselt. Es gefällt ihr viel besser in meiner. Der Kater, mit dem sie's treibt, sagt sie, sei eine Wucht und kriege hinterher immer gehörig Dresche. Damit er bloß nicht glaube, er sei der Größte.«

»Aber wenn sie nun von dem Kerl, wenn der sie – also wenn sie Mutter wird?«

»Dann hast du genug Stoff für weitere Geschichten. Fünf Katzenkinder! Ich freu mich schon drauf. Und jetzt fahr ich schnell zum Bauernmarkt, Salatsetzlinge holen.« Und verschwindet.

»Schlumpel«, flöte ich, »komm zurück. Oder willst du wirklich schon wieder Junge? Keine Ruh bei Tag und Nacht? Und dauernd suckelt jemand an dir rum. Denk mal drüber nach!«

Eine Stunde später hab ich sie wieder. Ich schreibe wie wild weiter. Schreib ihr ein neues Körbchen, eine Dose Hühnerfrikassee, eine Quietschmaus, eine Katzenplüschdecke mit Pfotenabdrücken, einen Kratzbaum …

Inzwischen ist Konrad zurück, pflanzt die Setzlinge, verlangt Apfelküchle mit Vanillesoße zum Abendessen und verzieht sich in sein Zimmer. Ich hör das wüste Geklapper der Tasten seines Computers.

Am nächsten Morgen überfällt mich eine grandiose Idee, die meiner Geschichte eine überraschende Wendung geben soll. Schlumpel wird staunen!

Schlumpel staunt nicht, weil sie nicht mehr da ist. Trotz Plüschdecke und Quietschmaus.

Ich stürme in Konrads Zimmer. »Wie hast du sie diesmal rumgekriegt?«

»Das war nicht ich. Das war er. Er hat gesungen.«

»Wer ist er?«

»Ihr roter Galan. Komm, komm, geliebte Katze, komm, komm, und reich mir deine Tatze. Da ist sie geschmolzen, wie du, wenn Fritz Wunderlich – ist mit einem Satz in meine Geschichte gesprungen, hat ihm zuerst die Tatze gereicht, dann eine geschmiert, und dann ging's schon wieder los.«

»Der Kerl muss aber laut gesungen haben. Und was für ein blödes Lied!«

Das blöde Lied, so Konrad kühl, sei von Mozart, wenn ich von dem schon mal gehört hätte.

»Lieber Konrad«, sage ich, »es muss etwas geschehen. Wir

können Schlumpel doch nicht andauernd aus einer in die andere Geschichte zerren.«

»Ganz recht. Sie bleibt in meiner.«

»O nein. Schlumpel ist meine Katze.«

So geht das vorerst verbale Gezerre eine Weile hin und her. Wir benehmen uns wie die beiden Frauen in Brechts Geschichte vom ›Kaukasischen Kreidekreis‹, die sich vor Gericht um ein Kind streiten. Beide behaupten, die Mutter zu sein. Der Richter befiehlt, jede möge einen Arm des Kindes packen, dran ziehen, und wer stärker ziehe, dem gehöre es. Der Ausgang ist bekannt. Und ich sehe Konrad und mich, jeder eine Schlumpelpfote, an der er zerrt, ich höre Schlumpels kläglliches Maunzen – und dann hält jeder eine halbe Schlumpel in der Hand …

»Wollen wir das wirklich, Konrad?«

Nein, das will er nicht. Weshalb er vorschlägt, Schlumpel die Wahl zu überlassen. Diese, inzwischen aus Konrads Geschichte herausgesprungen, hockt auf dem Fensterbrett, schleckt sich den Bauch, erklärt, sie habe genug von uns Streithammeln, und gerade laufe der Seppi von gegenüber durch ihren Garten, verharre vor ihrem Mausloch, was der sich einbilde, da müsse sie doch dringend die Besitzverhältnisse klären. »Tür auf!«

Sie saust durch in den Garten, bleibt unterm Wacholder stehen, hebt eine Pfote, duckt sich, versammelt sich wie zum Sprung, springt aber nicht, noch nicht, denn Seppi tut es ihr gleich, und so hocken die beiden, Katzenaug in Kateraug, geben schauerliche Töne von sich, was für ein Duett, sie zittern und ruckeln und zuckeln, tun, als würden sie gleich los und einander an die Gurgel springen, springen und zergurgeln sich aber nicht, und so geht das weiter, bis wir genug von dem

Katzentheater haben und nach Unterweschnegg entfliehen, wo wir friedlich auf der Bank hocken und Flugzeuge in Herrn Müllers Kamin abstürzen lassen.

Langsam fällt das sch aus dem Ortsschild …

Zum guten Schluss

»Falls Gott die Welt geschaffen hat, war seine Hauptsorge sicher nicht, sie so zu machen, dass wir sie verstehen können …«, sagt Albert Einstein.

Ich habe ihn gefragt, ob ich den Satz etwas abändern dürfe. Einstein mochte Katzen – ein Freund von ihm nannte sogar seinen Kater »Professor Einstein« –, war sofort einverstanden, das sei ganz in seinem Sinn. Weshalb der Satz nun so klingt:

»Falls Gott die Katze geschaffen hat, war seine Hauptsorge sicher nicht, sie so zu machen, dass wir sie verstehen können.«